タイのかたち

Akagi Osamu 赤木攻

めこん

目次

第4章 「チャート・タイ」の創出

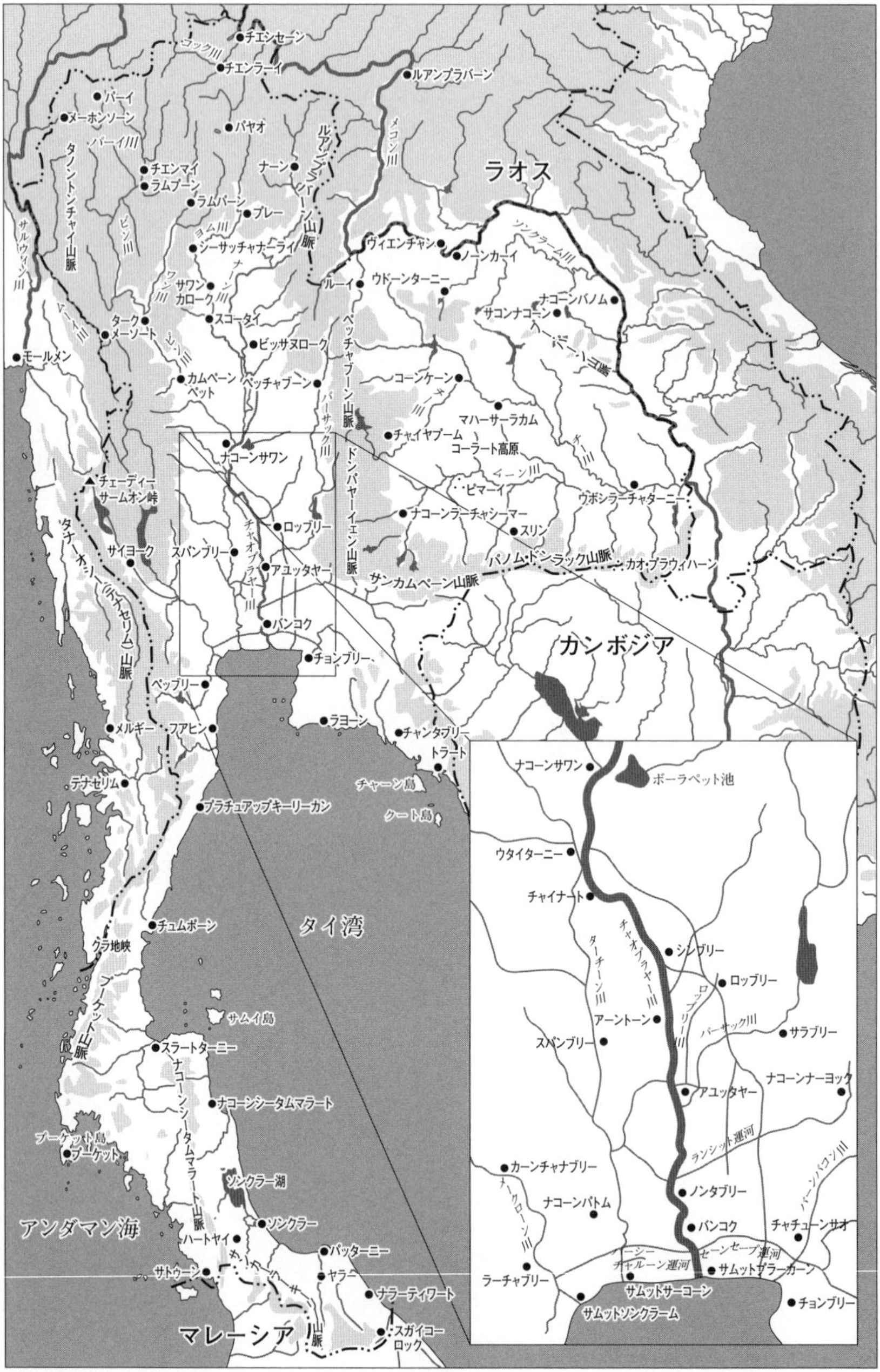

ラオス
カンボジア
タイ湾
アンダマン海
マレーシア
チエンセーン
コック川
チエンラーイ
ルアンプラバーン
パーイ
メーホンソーン
パヤオ
パーイ川
タノントンチャイ山脈
チエンマイ
ラムプーン
ナーン
ラムパーン
プレー
ルアンプラバーン山脈
メコン川
ヨム川
ピン川
シーサッチャナーライ
ナーン川
サルウィン川
ワン川
サワンカローク
スコータイ
ターク
メーソート
ヴィエンチャン
ノーンカーイ
ソンクラーム川
ルーイ
ウドーンターニー
ナコーンパノム
サコンナコーン
パーン川
ピッサヌローク
モールメン
カムペーンペット
ペッチャブーン
ペッチャブーン山脈
コーンケーン
チー川
パーサック川
マハーサーラカム
チャイヤプーム
コーラート高原
ナコーンサワン
ドンパヤーイェン山脈
ムーン川
ピマーイ
ウボンラーチャターニー
チェーディーサームオン峠
ナコーンラーチャシーマー
ロッブリー
スリン
タナーオシー（テナセリム）山脈
サイヨーク
スパンブリー
チャオプラヤー川
アユッタヤー
パノムドンラック山脈
カオプラウィハーン
サンカムペーン山脈
バンコク
チョンブリー
ペッブリー
ラヨーン
メルギー
フアヒン
チャンタブリー
トラート
テナセリム
プラチュアップキーリーカン
チャーン島
クート島
チュムポーン
クラ地峡
プーケット山脈
サムイ島
スラートターニー
ナコーンシータムマラート山脈
ナコーンシータムマラート
プーケット島
プーケット
ソンクラー湖
ソンクラー
ハートヤイ
パッターニー
サトゥーン
ヤラー
ナラーティワート
サンカーラーキーリー山脈
スガイコーロック
ナコーンサワン
ボーラペット池
ウタイターニー
チャイナート
ターチーン川
チャオプラヤー川
シンブリー
ロッブリー
ロッブリー川
アーントーン
パーサック川
サラブリー
スパンブリー
アユッタヤー
ナコーンナーヨック
ランシット運河
カーンチャナブリー
メークローン川
バーンパコン川
ノンタブリー
ナコーンパトム
バンコク
チャチューンサオ
パーシーチャルーン運河
セーンセーブ運河
サムットプラーカーン
ラーチャブリー
サムットサーコーン
サムットソンクラーム
チョンブリー

序章　タイにはタイ人はいない

一九六七年、私がタイへ留学し、チュラーロンコーン大学文学部の教室でタイ人学生と机を並べ始めてしばらくしてからのことであった。周囲の学生の容貌がどうも一様でないことに気が付いた。よく観察すると、各人の肌の色はもちろんのこと、目鼻立ちが異なる。アジア系というよりヨーロッパ系と思われる顔立ちの者も多く、不思議に思った。ターバンを巻いた学生もいた。学部長も、肌は黄色であったが、どちらかと言えば顔は欧米系で、体格もずば抜けて大きかった。学生の話では、英語学科の色白の気品のある女性教官はタイ、ロシア、アメリカ、日本の血が混じっているということだった。それにしても、いったいどの顔立ちが典型的なタイ人なのか、留学の二年間が終わっても私にはわからなかった。

それ以来、私の頭からは、「タイ人とは何か」という問いが離れなかった。離れないどころか、「タイ学」を志し大学という場での教育研究生活に入ったこともあり、より真剣に「タイ人」について思索するようになった。

その後の長い教育研究生活の中で、私は、現在のタイという国家がきわめて多様な民族（人種）的グループから構成されていることを徐々に理解していった。

一〇年ばかり前にタイで参加したある研究書の編集会議で次のような経験をしたが、もはや驚くこともなかった。その会合の参加者は全部で一二名ぐらいであったが、私以外は皆タイ人であった。編集作業が終わって、コーヒーを飲みながら雑談していた時、なぜか委員の中でもっともタイ人らしい人はだれだという話題になった。各人の先祖の話にもなり、クメール系、華人系、モーン系、ラーオ系、マレー系、インド系…などと話は弾んだのだが、その場のだれもがティピカルなタイ人ではないという結論に達した。ある委員は民族（人種）的視点から純粋タイ人を措定するのは無理であると話し、「タイにはタイ人はいない(タイには、これがタイ人であると断言できる典型的な人ないしはグループは存在しない)」という一見矛盾した結論にその場は落ち着いたのであった。

そうした私の経験を裏打ちしたのは、オン・バンチュンの著になる『シャム：民族的多様性』である。[*1] 二〇数名のごく一般の「タイ人」へのインタビューによるライフヒストリーを基本に、その人物を描き、さらに多くの関係文献を駆使しながら、各人が帰属する民族の歴史や文化にも深い解説を試みた秀作である。ここに登場する人々は、クメール系、モーン系、ムスリム、華人、ラーオ系、タイ・ユワン、ミエン、インド系、ベトナム系、プータイ、タイ・ヤイなどなどきわめて多様であるが、彼らこそが現在のタイの一般庶民の実像であることを示している。

この書に「序」を寄せたタムマサート大学元学長で歴史家であるチャーンウィット・カセートシリは、著者のオン・バンチュン自身を「モーン人で、普通人(タイ人)ではない普通人(タイ人)である」という逆説的表現で紹介している。

いずれにしても、タイには、オン・バンチュンや彼が取り上げた庶民のように、「タイ人ではないタイ人」がほとんどで、私が古くから探し求めていた典型的タイ人は、どうやら存在しないことがわかってきた。結局は、「タイにはタイ人はいない」という考えに達したのである。

本書では、この「タイにはタイ人はいない」というモチーフを土台に、遠まわりではあるが、「タイのかたち(タイとはどんな国なのか)」を考えていくことにする。

一九六〇年代に日本に紹介された地域研究という考えに触発されて、タイ研究＝「タイ学」に取り組み始めた私の本来の関心ごとは、「タイとはどんな国か」であった。つまり、「タイのかたち」を探し求めることであった。タイというインドシナ半島に位置する東南アジアの中の一つの国民国家の個性を知ることであった。それは、タイ国の鳥瞰図を描くと言い換えてもよいだろう。もちろん、そのためには、個々の事実（歴史事象も含む）を掘り下げてこと細かに調べ研究することがたいそう大切である。しかし、私は頑固な反要素還元主義者ではないが、そのレベルで留まっている限りでは、タイそのものの全体像は見えてこないと思う。やはり、時には、上空からタイを眺めて鳥瞰図を描いて初めてタイがよりよく理解できる。私にとっての「タイのかたち」は、その鳥瞰図に近いものである。

「タイのかたち」という鳥瞰図にも様々な種類があるだろう。ここで取り上げる「タイのかたち」は、タイという国民国家およびタイ国民の形成過程（歴史）から導かれる特徴である。つまり、「タイ人がいないタイ」という国家がどのようにして生まれ、どのような特徴を備えているのかを探っていくことになる。そして、この「タイのかたち」の把握が、現在のタイ社会理解にいかに有効であるかに話を進めたい。

本書の内容を先取りし、もう少し具体的に敷衍しておきたい。

交易に適した土地であるアユッタヤーには外から様々な人々が来住し（外来人）、彼らが一四世紀半ばから約四〇〇年間も継続するクニをつくった。そのクニを、「外来人国家」と呼ぶことにする。[*2] そして、その後も続くことになる「外来人国家」の特徴は、後継者たちがクニの中心を、チャオプラヤー川を少し南下したところ（バンコク）に移した後も、基本的には変わらなかった。

ただ、「外来人」が建設したクニは、西洋のこの地域への進出に刺激され、一九世紀半ば頃から近代（国民）国家への変容を迫られた。その際、核となった「外来人国家」は「サヤーム（シャム）」と呼ばれることが多かったが、

＊1　［オン 2010］
＊2　「外来人国家」については第3章以下で詳述するが、私の造語であり、本書を貫く中心テーマである。

まだ固定した正式なクニ（国家）名は存在しなかった。その後の近代化過程で支配下（領域）に組み入れられることになった周辺地域の主たる民族の名称である「タイ」を借用して国名に採用したのは、最終的には一九三〇年代末であった。「国民国家タイ」としては、国名と連携した「タイ人（民族、国民）」の創出が急務となった。

そこで、「外来人国家」の周辺に居住していた本来的タイ族やその他の種族に加えて、拡大していく領域内の「外来人」とその末裔、およびその後も新しく流入した夥しい「外来人」のすべてを、「タイ人」という錦の御旗の下に国民として糾合したのである。種族（エスニック・グループ）としては本来互いに異なるのだが、皆が「タイ人」にされていった。だから、外見から見ても多様な「タイ人」が生まれたのである。また、中央集権化が進んだ一九世紀末以降は、「外来人」またはその末裔との混血が急速に拡大した。この混血による「ハイブリッド」こそが、我々が現在目にしている一般タイ人である。

以上が、私が強調する「タイには、（典型的）タイ人はいない」事象の背景である。

したがって、近代（国民）国家建設の上で、もっとも苦労することになるのは、こうした多様な「タイ人」を国民として統合するためのタイとしてのアイデンティティーの模索と構築であった。タイ的価値の探索ないしはタイ文化の創出といってもよい。アユッタヤーを継承した権力の中心であるバンコクは、アユッタヤー以上に「外来人国家」的要素が強く、元来そこには今日タイ文化と呼ばれるものは、王権とタイ語および仏教を除けば、ほとんど存在しなかった。実際、「（タイ）民族」が意識され始めるのはラーマ四世時代頃からであるが、以後約一〇〇年という長い時間をかけて、タイという国家創りが試みられてきたのである。

もう一つ、重要な点に触れておかねばならない。それは、ほとんどのタイ人および我々を含む外国人が、タイという国家の起源がスコータイであり、スコータイ王朝→アユッタヤー王朝→トンブリー王朝→バンコク王朝と直線的に発展してきたと理解しているが、それは間違いである。現在のタイに直接つながる最初の国家（クニ）はアユッタヤーであり、スコータイではない。だから、アユッタヤーを出発点とし、その社会を根底に置き、その後の歴史を捉えていかねばならない。とりわけ、アユッタヤーが変転を経ながらも、約四〇〇年もの長い間続いたことを重く見なければならない。バンコクはアユッタヤーを継承しており、現在のタイの社会的性格の基本はアユッタヤー時代に形成されたのである。タイ社会を紐解くカギも、アユッタヤーという社会の解析にあると言っていい。本書でアユッタヤーについての言及が多いのはそのためである。

アユッタヤーがバンコクに継承され、その後どのような過程を経て現在のタイに発展していったかを検討することにより、明瞭な「タイのかたち」が見えてくるはずである。

本書で論じる主要テーマは、おそらくは、「民族と政治体（クニ　polity）」の問題に関わっている。一般に、ある政治体の形成は、有力な一つの民族（民族共同体的基盤）による場合が多い。たとえば、ベトナムの場合キン族が約八六％を、ミャンマーの場合もビルマ族が約七〇％をそれぞれ占めている。しかし、タイの場合にはその中心的民族が存在しなかった。中心的民族を欠きながらも一つの政治体を形成し、長い過程を経て今日では国民国家に成長したケースである。政治的に民族そのものも仮想のものを置き、外来の多様な民族がその仮想の一つの民族に昇華し、一つの政治体に包摂されていき、想像とはいえ国民国家に進展したと捉えることができる。[*3]ただ、それは今日一般的に言われる「多民族国家」とも素直には呼べないし、ましてや「単一民族国家」ではない。

もちろん、本書は、最終的には「タイという国の現在を理解する」目的を持っている。「タイという国はわから

＊3　アントニー・D・スミスは、近代におけるネイションの形成について、大きく「領域主義」と「エスニシティ主義」があるとし、前者が西洋で後者が東方でそれぞれ顕著であったと述べている［アントニー　1999: 153-180］。しかし、タイの場合は、両方ともあてはまらないと言える。とりわけ、「エスニシティ主義」が固まらなかったため、独特の特徴を帯びたネイション形成になった。

ない」という話をよく耳にする。たとえば、クーデタを二度も引き起こしたここ一〇数年間の政治的混乱は、私たちにとって理解に苦しむところである。そうした「わからないタイ」への理解を深めるために、一つの新しい「タイのかたち」を提示しようとするものである。

第1章　地政学的背景

タイを中心に地図を少し拡大して見てみると、ベンガル湾と南シナ海に挟まれ、マレー半島に伸びる地域が目に入ってくる。まさに、この地域が「インドシナ半島」と呼ばれる地域で、その名称は西側のインドと東側の中国（シナ）という二つの大国（大文明）の狭間に位置している地理的特徴から来ている。このインドシナ半島は、現在では「東南アジア大陸部」と呼ばれることの方が多いが、いずれにしても、そのインドシナ半島ないしは東南アジア大陸部には、現在ではタイの他に東からベトナム、ラオス、カンボジア、ミャンマー（ビルマ）といった国々が存在する。

このインドシナ半島は、人間にとってどのような生存環境の地なのであろうか。また、この地は、古来人間とどのような関係を持ったのであろうか。まず、そのあたりを少し見ておきたい。

■ほどほどに豊かな自然　インドシナ半島は、熱帯モンスーン気候帯に属している。つまり、五月の上旬頃から大洋から湿った南西風が吹き始め、全域が雨季に入る。そして、一〇月頃からは、逆に大陸から乾いた北東風が吹き、乾季が訪れる。このように、季節風がこの地域の気候の最大の特徴であり、とりわけ、乾季に際立つ北東風は古くから航海に利用され、「貿易風」と呼ばれたのはよく知られている。

この地域は、日本のような四季の移り変わりはなく、日中の気温は大体三〇度前後で、朝晩は一〇度台に下がる場合も多い。また、もっとも暑い四月頃には四〇度を超える場合もある。年間の降雨量は平均一二〇〇〜一五〇〇ミリであるが、南部ほど多く、おおよそ二〇〇〇ミリを超える。一般的に、乾季には水不足が深刻化し、農業はもちろんのこと、生活そのものも過酷な条件下に置かれる。また、年間を通しての高温と好ましくない衛生環境は、マラリアなどの細菌や寄生虫に因る多種の感染症の蔓延を許し、長く瘴癘の地として知られていた。

地形的には、山地、盆地、平原、それにデルタに分かれる。チベットや雲南から流れ下る大河川として、ホン川、メコン川、チャオプラヤー川、サルウィン川、エーヤーワディー川があり、それぞれ下流域には大規模のデルタをつくった。デルタの土壌は肥沃と言われているが、インドシナ半島全体を眺めると、農業適地はそれほど広いとは言えない。しかし、モンスーン気候がもたらす高温多湿の恩恵を受け、古くからイネを中心とした穀物栽培が発達していた。稲作は山地においても焼畑により行なわれていた。バナナやイモ類の栽培の歴史も古い。

山林や山地には多様な資源が存在した。林産物としてはチークや紫檀をはじめとする材木が豊富で、古く日本に輸入された蘇芳《すおう》などもこの地の産物であった。生物(動物)地理区では東洋区に属し、ゾウ、トラ、サイなども棲息していた。江戸時代に武士の鎧に使用するためシカ皮が大量に輸入されたのも有名である。詳細を述べる余裕はないが、鳥類や魚類も種類が多様で、ナマズの類の淡水魚などは重要なタンパク源である。

しかし、そうした「ほどほどに豊かな自然」に恵まれてはいたが、人間の生存環境としては満点ではなかった。とりわけ、マラリアなどの多様な疫病をはじめとする風土病の存在は、人口増を許さなかった。[*1] この小人口から来る慢性的労働力不足は、古くからこの地域の統治者がもっとも頭を痛めた問題でもあった。

■海路と陸路の交差点　歴史的に、このインドシナ半島から大きな文明は生まれなかった。大きな政治的中心が形成されなかったと言ってもいい。強いて言えば、一一～一三世紀に現在のカンボジアを中心にベトナム、ラオス、タイ、マレー半島部まで及ぶ広域の勢力圏を築いたアンコール帝国をあげることができるかもしれない。また、いくつかの小さな権力核(クニ)が各地に生まれ、盛衰を繰り返したのは間違いない。しかし、現代国家に直接かつ連綿とつながるような大きな権力核は自然生成的には育たなかった。

地図上でインドシナ半島を少しズームアウトして見ると、明らかにインドと中国という大文明圏の中間に位置していることがわかる。両文明圏を結ぶ通商路になるインドシナ半島部には、海岸を中心に、古代より船が寄港し、船員が休憩し、水などの必需品を積み込む港があちこちに発達した。これらの港の中には、そうした用益に従事する人々が集まり、町に発展する場合も多かった。そして、それらが拡大した、いわゆる「港市 port city」が数多く誕生した。しかも、一六世紀頃からはこの通商路はヨーロッパ圏にもつながり、後に「海のシルクロード（絹の道）」、「香辛料の道」または「陶器の道」などと呼ばれるようになった。「港市」によっては、陸路で集まる後背地からの産物を船に積み込むなど、港を中心に商業が大層発達した。本書で主人公となるアユッタヤーは、そうした「港市」の典型である。

また、ゾウの鼻と形容されることも多いマレー半島部からスマトラ島やボルネオ島、さらにはジャワ島やスラウェシ島などをつなぐ南北海路も、上述の東西海路に絡んで古代から発達しており、シュリーヴィジャヤやムラカ（マラッカ）などといった代表的「港市」が形成された。

加えて、インドシナ半島部は、海路だけではなく、陸上でもヒトやモノが往来する陸路や水路がそれなりに発達していた。とりわけ、家畜を利用して隊商を組み移動する者も多かった。マレー半島の西側にはインド洋に面した「港市」であるタヴォイ（ダウェー）やメルギー（メルグイ。ベイッ）があり、そこからテナセリム（タナーオシー）山脈を越えてメナム平野に至る陸路が確保されており、インドなどから届いた物資がアユッタヤーへ運ばれた。逆に、アユッタヤーの後背地から集積された物資がインド洋側に流れた。また、メナム平野から北のチエンマイや東の東北部（イサーン）、ラオス、さらにはベトナムや中国への通路もいくつかのルートが存在した。それは、スコータイ王朝第三代目の王ラームカムヘーン時代の版図が、西はペグー、東北はヴィエンチャン、東はメコン

＊1　一六九六年にアユッタヤーで生じた伝染病の蔓延では、約八万人以上が死亡した。また、一七一一年にも大規模な疫病が発生し、都の住人の約半分が死亡したという［ワラーンカナー 2007: 87］。

川流域、北はプレーやナーン地方、南はナコーンシータムラート地方までに及んでいたと言われていることからも推察されよう。

このように、インドシナ半島は、ジャワ島などの島嶼部を含めて、海路陸路を問わずきわめて古くからヒトとモノの往来（移動）が全域で頻繁にあった。しかも、この地域に生まれたクニの間では大小の戦役が絶えなかったが、その度に住民は兵士として出兵させられ、かつ相当数が捕虜として強制移住させられた。先述の通り、概して人口が少なかったこの地域では、クニにとって労働力が最高の財産であり戦利品であったからだ。もっとも、捕虜の中には機会を見ては逃亡する者も多く、ヒトの流動性を高める一因となった。

おそらくは、周囲を海に囲まれた島国である日本と比較した場合、このヒトの流動性の高さは我々の理解を超えており、[*2]この地域を考える場合には常に考慮しておかねばならない地政学的な基本ポイントである。

■多様な民族　民族をどのような形で確認するかはきわめて難しい。民族を表象する完全なメルクマールがないからであろう。やはり、不完全ながらも、言語に頼る以外にないのかもしれない。ここでも、民族＝言語集団との考えに立ち、現在のタイ国の領域で使用されている言語集団を参考までに見ておきたい。

信頼できる調査によれば、[*3]現在タイ国内で使用されている言語の総計は六〇余に及び、それらは五つの語族のいずれかに属している。五つの語族とその占める割合は次のとおりである。

①タイ語族約九四％
②オーストロアジア語族約四・三％
③シナ・チベット語族約一・一％
④オーストロネシア語族約〇・三％

⑤モン（Hmong）・ミエン語族約〇・三％

また、より下位のカテゴリー（語群）による分類で、話者数の多い順に並べると、次のとおりである。

①中部タイ語三九％
②東北部タイ語二八％
③北部タイ語一〇％
④南部タイ語九％
⑤タイ・クメール語三％
⑥コーラートタイ語、プータイ語、クーイ（スワイ）語、ヨー語、タイルーイ語、ラーオロム語、カレン語がおのおの一％
⑦その他の言語が一％未満

この調査によれば、タイ語族に属する言語を使用している者が圧倒的に多いが、実に六〇余の言語が日常的に使用されている。そのことからタイの国内の民族数も六〇余であるとは断定できないにしても、相当多くの民族が現在も固有の言語を使用しているのは間違いない。また、民族的には本来タイではなくても、現在ではタイ語を日常的に使用しているケースが一般的と考えなければなるまい。序章で言及したオン・バンチュンの『シャ

＊2　たとえば、強制移住の具体的例を取り上げた論稿［ソンブン 1996］などが参考になる。
＊3　［スウィライ他編 2004］

ム：民族的多様性』で紹介された人々の多くも、日常的にはタイ語を話している。ともあれ、この調査データは民族の多様性を十分に示唆している。

この民族多様性は、現在でもタイ社会を考える上で重要であるが、後で詳述するように過去へさかのぼると、タイという国家の形成の出発点となるアユッタヤーを中心とした世界では、現在よりも多様な民族＝言語集団が居住し、かつ往来していたと推測される。それらの民族の中で目立ったのは、タイ・カダイ語（タイ諸語）系やオーストロアジア語系、チベット・ビルマ語系、シナ語系、オーストロネシア語系の言語集団よりも、セム語系（アラビア語）やインド・ヨーロッパ語系の言語集団であった。具体的には、アラブ人、イラン人、インド人、ポルトガル人、オランダ人、フランス人、ギリシャ人などであった。日本人も、まったく異なった民族ではあったが、相当数が居留していた。

おそらくは、ここに挙げた民族（種族）以外にも多様な人々が居留または定住していたにちがいない。陸路と海路の交差点にたとえられるような位置にあるタイの地に様々な形で関わった人々（集団）は数えきれないはずである。いずれにせよ、ここで確認しておきたいのは、タイは過去から現在まで一貫してきわめて多様な外からの民族を抱えてきたという一点である。

第2章　「スコータイ神話」

タイを語る場合、ほとんどの人が「タイの歴史は、スコータイ王朝に始まる」と説明する。また、実際、タイの歴史の教科書にもそう記述されている。しかし、まず、このスコータイ王朝がタイの出発点であるとの言説を否定しなければ、「タイのかたち」を語ることはできない。

■スコータイと「スコータイ」　スコータイないしはスコータイ王朝は一二四〇〜五〇年頃に創建され、一四三八年まで独立を保ったが、その後はアユッタヤー王朝の属国となった。ナーラーイ王時代(一六五六〜八八年)の頃まではまだしも、その後はビルマ軍の侵攻もあり、スコータイは見捨てられて、都そのものも廃墟と化してしまった。その後旧都の周囲に人々が住み着いたが、彼らには都は無縁であった。

二〇〇年ばかり続いたスコータイ王朝の詳細な歴史はまだまだ明らかにされていないが、栄えた時期があったに違いない。とりわけ、第三代のラームカムヘーン王(在位一二七五〜九九または一三一七年)治世の一時期には、西はペグー、南はナコーンシータムマラート、さらに東北はヴィエンチャンに至る広大な地域を影響力下に置いたという。しかし、以下に述べるように、そのスコータイとはまったく別の文脈から、もう一つの「スコータイ」が創り上げられ、それが一般にスコータイの真の姿であると信じられてきた。

繰り返しになるが、タイのことを少しでも学んだ人であれば、「スコータイ」がタイ族の最初の国家であり、優れたリーダーであるラームカムヘーン大王を擁し、繁栄を謳歌した時代を築いたと教えられ、そのように理解しているに違いない。確かに、タイの「公定ヒストリー」(上から与えられた歴史)の上では、「スコータイ」はきわめて重要な位置を占めている。タイ族最初の国家である以外に、言語、文芸、美術、経済、社会、宗教(仏教)などのあらゆる分野で大きな発展が見られ、通商の自由が保障され、敬愛で結ばれた国王(支配者)と臣下・人民(被支配者)の関係は親子関係に似ていて、まさに父親的温情主義の支配—被支配関係が存在したという。「スコータイ」王朝は、平和で豊かな社会として描かれ、タイの「理想郷」であり、タイの「黄金時代」であるとされた。タイ（民族）の純粋で至高の価値（文化）が宿っているのが、「スコータイ」であると教えられてきた。

こうして創り上げられた「スコータイ」は、連綿として、今日も生きている。たとえば、スコータイの廃墟は、現在、史跡公園としてみごとに修復されている。史跡そのものは過去のものであるが、近代国家タイの建設にとって必要であった「民族の故郷」に仕立て上げられたスコータイには、相当の資本が投入され美しく装飾が施され、タイ民族の「麗しの故郷」として観光宣伝に駆り出されている。もっとも、「スコータイ」が連綿として生き続けているのは、主として、政治的言説の中であり、たとえば「国民の父であったプーミポン国王は、ラームカムヘーン王を回想させる」といった類いである。現在でも、上述の「父王観念」（スコータイ時代の理想王像）が生きている。一九八八年に、プーミポン国王の還暦を記念して、史跡が「スコータイ歴史記念公園」としてオープンした背景も、そこにあると言える。スコータイの都そのものはずいぶん遠い過去のものであるが、「スコータイ」は今なお元気であり、けっして過去のものではない。

しかも、後述するように、スコータイ王朝→アユッタヤー王朝→バンコク王朝という「三都タイ史（単線史）」が「公定ヒストリー」に組み込まれるや、タイ族最初の国家「スコータイ」は「理想郷」として崇められ、スコータイ王朝は「タイ民族の黄金時代」として語り継がれてきたのであった。「タイ民族にとっての至高の価値が存在するスコータイ」、「純粋のタイ精神が宿るスコータイ」は、「栄光のスコータイ」としてタイの国家神話に昇華したのであった。

■「スコータイ」の誕生は二〇世紀　より具体的に、「スコータイ」誕生の経緯を見てみたい。

「スコータイ」の誕生の時期はそれほど古くない。スコータイ王朝が滅んで約五〇〇年を経過した二〇世紀のはじめである。それまでは、スコータイへの関心はなく、言及もほとんどなされることはなかった。とりわけ押さえておかねばならないのは、スコータイの継承者とされるアユッタヤー王朝やバンコク王朝初期において、スコータイへの言及がないことである。たとえば、「ポンサーワダーン」と呼ばれるタイの王朝年代記は一九世紀に整備されたものと言われているが、『アユッタヤー王朝年代記』には、繁栄したスコータイ、ないしはアユッタヤーのモデルとしてのスコータイといった記述はない。また、「スコータイ」の黄金時代の象徴である「ラームカムヘーン王碑文」がラーマ四世（在位一八五一～六八年）の手で発見されたのは一八三三年であるが、当時のタイ社会はほとんど無反応であった。[*1]

いかにスコータイが関心の外に置かれていたかがよくわかるエピソードがある。ラーマ五世（在位一八六八～一九一〇年）は、在位二五周年を迎えた一八九三年に発した記念宣布の中で、自らはタイの歴史の中で第三八代目の国王であると述べている。[*2] つまり、五世の頭の中には、アユッタヤー、トンブリー、バンコクの各王朝しかなく、明らかにスコータイ王朝は抜けている。ところが、その後徐々に五世の認識が変化して、アユッタヤー王朝以前の歴史が気になり、先祖探しが始まるのである。

スコータイがタイの歴史に本格的に取り込まれたのは、実は二〇世紀に入ってからであり、「チャクリー改革」の末期であった。その時になり、スコータイはタイ族最初の国家として公的に認定されるとともに、「スコータイ」に仕立てられることになった。

具体的には、「スコータイ」の出発点は、一九〇七年であった。五世は、同年「歴史倶楽部（ボーラーンカディー・

＊1 この「ラームカムヘーン王碑文」およびその周辺については、これから何度も言及することになる。
＊2 ［サーイチョン 2014a: 65–68］

サモーソーン)」を立ち上げた上で、識者にタイ人の起源を明らかにし、アユッタヤー以前の都を歴史の中に加えることを要望した。ヨーロッパ諸国に対抗するためにも、輝かしい「過去(歴史)」を創る」ことを要求したのである。

「スコータイ」の誕生に大きく寄与したのはラーマ六世(在位一九一〇~二五年)であった。その出発点は、まだ皇太子時代であったが、一九〇八年に出版した『プラルアンの都回遊(ティオ・ムアン・プラルアン)』と題するスコータイ訪問記である。スコータイを含む北部タイの民俗と歴史に関する旅行談であるこの書は、スコータイの栄光について一般向けにタイ語で書かれた最初のものと思われる。

「プラルアン」とは、タイ北部に伝わる年代記(たとえば『ヨーノック年代記』や『北方年代記』など)にも登場する伝説上の王である。空を飛翔し、人間を石に変えてしまうなどの超自然的能力を備えていたという偉大な王の存在は、北部では民衆の間でもよく知られていた。ただ、バンコクではほとんど知られていなかったこの伝説上の王を、ワチラーウット皇太子は北部諸国の旅の経験から持ち出し、スコータイ王朝の歴史の中に組み込んでしまったのである。そして、六世として即位した後も、事あるごとに演劇、詩、歌曲、歴史著作などの中で取り上げ、理想王として賞賛した。[*3] 栄光の「スコータイ」は、六世によりまず演出されたと言ってよい。

それから七年後の一九一四年に、ダムロン親王(一八六二~一九四三年)による長い序が付された『御親筆本王朝年代記』が校訂出版された。[*4] この書に、初めてスコータイがタイ族の最初の国家として記述され、スコータイ王朝→アユッタヤー王朝→バンコク王朝という単線史観が誕生した。「スコータイ(黄金)神話」も同時に誕生したのである。単線史観と「スコータイ」は双子である。

その後も、ダムロン親王、ラーマ六世、ウィチット・ワータカーンという三人の知識人により、「スコータイ神話」はより一層昇華されていくことになる。

■シャム危機：パークナーム事件　国家形成において、黄金時代や英雄に関する神話は重要な役割を担う。とりわけ、神話は共同体が「危機」に瀕した際に強力な力を発揮する。[*5] サヤーム（タイ）の場合も例外ではなかった。それまで継承されてきた正当性に断絶が生じ、正当性そのものが危機状態に陥った際、救世主となったのは「スコータイ（黄金）神話」であった。

チャクリー王朝におけるそうした「危機」の最初は、一八九三年に生じた「パークナーム事件」であった。「シャム危機」とも呼ばれるが、メコン川左岸の領土獲得を求めていたフランスがチャオプラヤー川河口を軍艦で封鎖してタイに軍事的圧力をかけ、要求を呑むよう強要した事件であった。この事件に、チャクリー王室は大きなショックを受け、揺らいだ。ラーマ五世は体調を壊し、肉体的にも精神的にも虚脱状態に陥り、生きる意欲を失うほどであった。[*6] 王室の周辺でも、この事態にうまく対応できないのではと憂慮する声も増えた。五世は一九一〇年の崩御直前までその対応に苦慮し、領土の「割譲」という極限の対処により何とか最悪の事態からは脱した。ともあれ、一九世紀末から二〇世紀初頭にかけては、チャクリー王朝最大の「危機」意識が充満した時期であった。

この「危機」意識を和らげたのは、王弟の一人であるダムロン親王であった。同親王は、植民地化への危機を、「偉大な過去」とつなぐことにより克服しようとした。より具体的には、タイという国家の「正式な歴史」を整備し、国家の初源として、ラームカムヘーン王という素晴らしいリーダー（英雄）を得た「スコータイ」という黄金

＊3　［吉川 2012: 86］
＊4　［石井 1999: 175］
＊5　［アンソニー 1999: 225–243］
＊6　［トンチャイ 2003: 260–261］

時代を持ち出すことに成功した。それは、タイが素晴らしい過去を持った国であることを西欧に示すためであった。

加えて、タイ族のより古い時代に遡る出自を明らかにする必要もあった。ダムロン親王は、八世紀半ばに雲南省に南詔という王国を興したタイ族はその後「南下」し、一三世紀頃現在の地に落ち着いたが、それは周囲の他民族支配による圧迫からの解放(自由)を求めた移動の歴史であったと説いた。タイ族の本来的故郷を明示し、そこから外部勢力の侵略の脅威を撥ね退けながら発展してきた歴史を単線で示したのである。つまり、これまでも、タイは外部からの侵略に耐えて発展してきたのであり、今回の「危機」も国王のもとに一致団結して乗り越えようという主張であった。具体的には、植民地勢力の侵略には譲歩しながらも「線引き(国境の画定)」で対応し、国内的には中央集権化を断行することで、「危機」を克服しようとした。

単線史観には、タイの東北部や南部をも含む広大な領域を支配したとする「スコータイ」を持ち出すことにより、文化や民族が明らかに異なり潜在的脅威となり得るそれらの地域の問題を、ひとまず覆い隠す働きも含まれていた。

「歴史学の父」と称されるダムロン親王の膨大な関連著作は、もちろん、歴史学の発展に貢献した、しかし、大局から見れば、同親王の歴史探求は、当時タイが直面していた「危機——植民地化」への対応の一環でもあったと言える。

■絶対王政批判とラーマ六世　バンコク王朝における二つ目の「危機」は、ラーマ六世の統治そのものであった。六世は、本来的な歴史家ではない。ただ、一二歳(一八九三年)からの多感な九年間をイギリスで過ごしている。青年時代に留学した初めての国王である。だから、彼の統治には西洋の近代国家に肌で接した経験が色濃く滲んでいる。近代国家に必要なのは国民であり、価値観の共有であることを、六世は直感していた。より具体的に言えば、必要なのは、「タイ国民（民族）の創生」であり、「ナショナリズムの植え付け」であることを痛感していた。

そのせいか、同王は歴史そのものを直接扱うことはほとんどなかったが、歴史観に溢れた著作を多く残している。それは、同王が、タイという近代国家を創り上げるために、タイ的価値――国王への忠節、仏教への帰依、独立――を求めて過去を探索したためである。さらに言えば、当時は、西欧思想の流入と相俟って、絶対王政への批判が主として官僚層や中間層の間に生まれ、王室や官僚トップといった六世にもっとも近いところでも国王個人への批判が飛び交っていたこともあり、同王の旺盛な著作活動はそうした批判への反論のためでもあった。

六世は、絶対王政への批判を、新しい主従関係の構築、国王の役割の再確認により阻止するため、国家の意味づけへ主体的に関与し、「公定ナショナリズム」の創り出しに精力を注いだ。そして、その「公定ナショナリズム」を臣民＝人民の間に広めようと、果敢に著作出版活動などを試みた。[*7] まさに、絶対王政が揺らいだ時の君主の苛立ちの表れであった。

六世の考えの核心は、二つあった。一つは、民族、仏教、国王（王制）の一体化であった。これらの三要素を一つにまとめ、独立した概念として打ち出すことであった。六世は、即位当初からはそうした考えを機会がある度に発言している。三つを一つにまとめる三位一体化により、国王への批判をかわそうとした。[*8] つまり、「ラック・タイ」の一要素である国王への批判は、他の構成要素である仏教や民族の批判に通ずる。だから、国王への

＊7　ラーマ六世の「公定ナショナリズム」への考え方については、［村嶋 1987］を参照されたい。

＊8　［キーイチョン 2014a: 172］。一九二九年に、サガー・カーンチャナーカパン（クンウィチットマートラー）が、この考えを『ラック・タイ（タイ的原理、タイの国体）』と題する著作にまとめ、王立学士院恩賜賞に選ばれた。以後、「ラック・タイ」という用語が確立した［クンウィチットマートラー 1935］。

不忠誠は仏教や民族＝国家への裏切りとなるという論理である。もう一つは、「民主的国王」概念の創出であった。国王といえども冷酷な権力者ではなく、思いやりのある人間性を有した主人であることを演出し、政治意識に目覚め始めた一部中間層へ「民主的国王」をアピールしようとした。

その際、六世が考えついたのは、「スコータイ」の国王を理想型として持ち出すことであった。先に触れた「プラルアン」への異常なこだわりは、その一環であった。同王は膨大な量の劇台本、詩、歌、随筆などを創作したが、慈悲深い国王と従順な臣民の関係といったトーンを大事にした。[*9] 彼の著作の多くがその対象を、アユッタヤー時代よりも栄光の「スコータイ」に向けているのは、王政国家の理想像を描きやすかったためである。

■人民党革命　バンコク王朝における三つ目の断絶ないしは「危機」は、言うまでもなく、一九三二年に生じた人民党革命であった。この事件により、権力の核心が王族から軍部を含む官僚に移行した。当然のことながら、新しい権力を正当化する作業が必要であった。そこに登場し、その理論的作業を全面的に請負ったのは、ウィチット・ワータカーン（一八九八〜一九四六年）であった。

彼は、当時の代表的知識人であり、ダムロン史観に新しい味を付加する。その中心的作業は、一口で言えば、「スコータイ」のさらなる昇華であり、「スコータイ」の純化であった。あの一三世紀に興ったスコータイこそは、タイ文化・精神の真髄の宿るところであることを、さらに強調した。タイ民族の故郷であり、拠って立つ基盤である「スコータイ」を、アユッタヤーやバンコクは「真似た」が、悪いことにクメール文化（神王観念）や中国文化の取り入れにより、「不純化」してしまい、堕落させてしまった。再度、本来の「スコータイ」に回帰しなければならない。そのためには、国王は「神王」ではなく「偉大な人」であるべきだし、堕落をもたらした王族に代わって非王族が権力を握るのを認めなければならない旨の論理を展開した。それは、神ではなく人としての国王、および非王族による権力掌握――人民党革命――の正当化であった。[*10]

後述することになるが、人民党革命から約一〇年を経て迎える第二次世界大戦下において、かつて「シャム危機(パークナーム事件)」でフランスに割譲した領土は、「スコータイ」が示すように本来はタイ族固有の領土であると唱道し(大タイ主義)、日本の支援を得て返還を成功させ、また武力によりシャン州までをも占領したピブーン政権の領土拡大政策を正当化したのも、ウィチット・ワータカーンであった。

■「スコータイ」の揺らぎ　以上述べたとおり、植民地化の危機を契機に二〇世紀のはじめにチャクリー王室により本格的に持ち出された「スコータイ」は、その後に生じた六世時の王政の弱体化および一九三二年の人民党革命という「危機」をも辛うじて克服するという大きな役割を果たした。ダムロン親王を「ロイヤル国家主義史観者」、ラーマ六世を「公定国家主義史観者」、ウィチット・ワータカーンを「超国家主義史観者」などと呼ぶように[*11]、それぞれの史観に若干の差異はあるものの、「スコータイ」を基盤としていることに変わりはない。「スコータイ」は、ほぼ一〇〇年にわたってタイの正当性の位置を保ってきたのである。

しかし、その「スコータイ」が、ここに来て揺るぎ始めているのも、また事実である。その兆候は、「スコータイ」の内容を根底で支えてきた代表的存在である「ラームカムヘーン王碑文」に対する史的批判が生まれた一九八〇年末頃に端を発している。

上述の通りラーマ四世の手により一八八三年に発見された同碑文は、一二九二年にラームカムヘーン王自身が

＊9　[Beemer 1999: 90–105]
＊10　[Beemer 1999: 110–111]
＊11　[Beemer 1999: 11–12]

刻んだとされており、人々の豊かな暮し、通商の自由、公平な裁き、慈悲に溢れる父たる王が存在する幸せの国としてスコータイは描かれている。ダムロン親王などがその史観の根拠とした多くは、この碑文に基づいていると言える。

ところが、その碑文が実はラームカムヘーン王時代のものではなく、後世の作であり、もっとも可能性があるのは発見者である四世自身の作であるとの学説が現れてきたのである。その代表は、タムマサート大学の美術考古学者ピリヤ・クライルークであった。[*12] また、著名なタイ研究者であるマイケル・ライト Michael Wright は、仏教に詳しくかつ西洋世界のヒューマニズムや自由主義をも理解していた四世が、即位前の僧侶時代に、タイ社会の望ましい将来像を描いた青写真(評論)ではないかと推察している。[*13] この学説の正誤は今なお最終決着はついていないが、世界のタイ学界に大きな衝撃を与えた。[*14] 加えて、タイ(民族)最初の国家または理想郷(黄金時代)としての「スコータイ」や単線史観に対する批判が、地方史研究の深まりとともに、同じ頃から高まり、現在に至っている。

しかも、こうした学界における史的批判の高まりは、現代タイにおける権力の正当性を含めた政治的言説を支援してきた「スコータイ」の地位の低下をもたらし始めていると言わざるを得ない。もちろん、教育を通して社会化され国民の間で共有されている「スコータイ」の力を消し去ることは、おそらくは今後ともできないであろう。しかし、歴史学の動向にもよるが、「スコータイ」に疑問符が付された以上、その力は弱くなっていくに違いない。とりわけ、南タイ(危機)問題に代表されるような、ここ二〇年の間のタイ社会の変動を、「スコータイ」はもはや説明し擁護する力を失いつつある。タイは一九〜二〇世紀にかけて何度か生じた「危機」を「スコータイ」でもって克服してきたが、もはや「スコータイ」は現在タイの拠り所としても、未来への指針としても耐えられなくなりつつある。

いずれにしても、スコータイがタイという国家の起源ではないことだけは、よく理解しておかねばならない。少し強い調子で「スコータイ」を否定的に説明し過ぎたかもしれないが、けっしてスコータイというクニが存在したことを否定しているのではない。主としてタイ族からなるムアン（クニ）としてのスコータイは存在し、繁栄した。しかも、後述するように、アユッタヤー王朝の発展にも大きく関与した。しかし、タイという現国家の直接的起源ではないことだけは強調し確認しておきたい。

*12 多くの者がその説を述べているが、もっとも整備された研究成果を世に問うたのは一九八九年に刊行されたピリヤ・クライルークの大作『ラームカムヘーン王碑文　美術史的分析』［ピリヤ 1989］である（なお、本稿では、二〇〇四年にタイトルを『ラームカムヘーン王碑文　サヤーム国政治史文芸』に変更して出版された改訂版［ピリヤ 2004］を使用する）。以後、学界で活発な議論が重ねられた。

*13 ［マイケル 2003］

*14 たとえば、［吉川 2012: 82-100］,［スチット編 2003)］,［アノータイ 2004］,［Wyatt 1994］および［Woodward 2015］などが参考になる。

第3章　三つの世界

さて、現行の「仏暦二五六〇（西暦二〇一七）年タイ王国憲法」の第一条は、「タイ国は一体にして不可分の王国である」と謳っている。周知のごとく、一九三二年に人民党革命により絶対王政から立憲君主制に移行したタイでは、憲法改廃を頻繁に行ない、今日までの約九〇年間に二〇の憲法を制定している。ただ、この「不可分条項」は、本格的憲法の最初とされている「仏暦二四七五（西暦一九三二）年サヤーム王国憲法」以来、ほぼすべての憲法で今日まで保持されている。

なぜ、「不可分条項」を憲法の冒頭に置かねばならないのか。そのことが注目されることはあまりないが、タイという国家の成立過程の一つの重要な特徴を示唆していると言わねばなるまい。それは、タイ国は本来一体ではなく、将来も分離または分割されるおそれがあるとの認識を歴代の統治者は頭のどこかに強く抱いてきた証である。異なる民族や異なる文化を持ったいくつかの地域が歴史的に統合された結果がタイ国であることを、いま一度思い起こしておく必要があるという忠告でもある。

「タイのかたち」を考える出発点はそこにある。タイという国家の政治、経済、社会、文化などの様々な事象を考える上で、この「不可分条項」の存在とその意味するところを理解しておくことはきわめて有益である。

そうした考えに立ち、以下に重要で基本的な枠組みを提示したい。それは、「三つの世界」論である。簡単に言えば、現タイ国は大きくは「三つの世界」から構成されているという考えである。その「三つの世界」とは、「サヤーム世界」、「タイ世界」、および「マレー世界」である。それぞれ、「ウルチ米世界」、「モチ米世界」、「ムスリム世界」と呼ぶこともできるように、この「世界」は「文化圏」と呼び換えてもいい。いずれにしても、明らかにそれぞれが異質な「世界（文化圏）」である。

これから、「三つの世界」のそれぞれについて、その特徴を説明していきたい。とりわけ、タイという近代国家形成に際しもっとも中心的役割を果たした「サヤーム世界」がいかなる世界であったかを検討し、タイ的要素の乏しい「外来人国家」であったことを明らかにしたい。

また、本来のタイ族が多く居住する「タイ世界」では、突出した強力な権力核が生じることはなく、盆地を中心に「ムアン」と称するクニが存在し、自足的生活を基本とする独自の社会を形成していた。ただ、「サヤーム世界」からの身分制を骨子とする支配が及び、人々は徭役、兵役、徴税などの要求に応じざるを得なかった。それは、「ムアン」の長を通しての「サヤーム世界」による間接統治であった。

一九世紀になり、西欧列強との交渉で本格的にタイの領土に組み込まれることになる「マレー世界」は、ムスリム文化の色濃い世界である。もっとも、交易相手としては古くから「サヤーム世界」と微妙な相互関係に置かれた。たとえば、一六世紀後半から一七世紀にかけてもっとも繁栄したパッターニーはシャム湾に面する有力「港市」の一つであり、アユッタヤーはシャム湾の支配権を握るためにも軍事力を行使し「属国（朝貢国）」に押し留めようとした。そのため、両者の間には緊張関係が生じた時代もあった。それは、大きくはシャム湾の支配権をめぐる「サヤーム世界」と「マレー世界」との間の競争と確執であった。

以下、タイという国家をその後形成することになるこれらの「三つの世界」をそれぞれ見ていきたい。

断っておかねばならないのは、以下の説明では、「三つの世界」の内の「サヤーム世界」について紙幅を多く割き、「タイ世界」および「マレー世界」へのそれが少ない点である。私自身が有する情報の偏りにもよるが、タイにおける研究でも圧倒的に「サヤーム世界」に関するものが多いことによる。そのことは、やはりタイという国が「サヤーム世界」を中心に形成されてきたことの裏返しでもある。

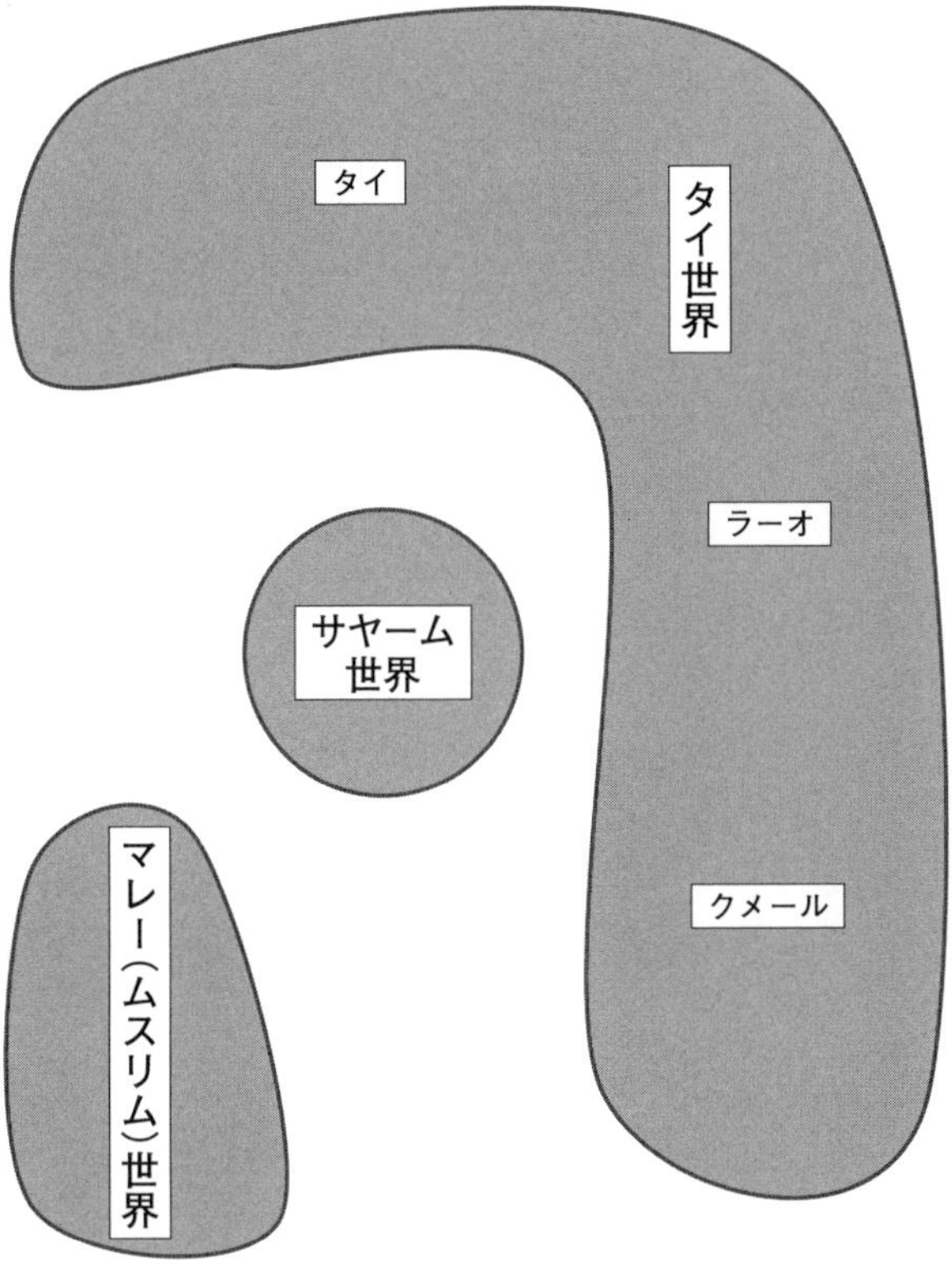

三つの世界

1「サヤーム世界」／「外来人国家」

「サヤーム世界」は、現在のタイという国家の形成主体ないしは形成基盤となった世界である。地理的に言えば、チャオプラヤー川下流域の広大なデルタとその周辺地域であり、チョンブリーからラヨーンにいたる東部も加えていいであろう。その地域に展開したアユッタヤー王朝とバンコク王朝が創り上げた世界である。とりわけ、一四世紀半ばに成立し、一八世紀半ば過ぎまでの約四〇〇年にわたって存続したアユッタヤー王朝を中心とした世界である。したがって、ここではアユッタヤー王朝の分析が最大の仕事となる。

ところで、「サヤーム世界」の「サヤーム」とは、一九三九年に国号が「タイ」と決められる以前にあって、不明瞭な国号として使用されていた「サヤーム（シャム）」である。この「サヤーム」については従来から多くの議論がなされてきたので[*1]、ここでは立ち入らないが、古くから主としてアユッタヤーやバンコクを含むチャオプラヤー川の下流域を指す呼称であったのは確かである。また、語源的にもタイ語ではなくサンスクリット語の可能性が高く、しかも他称である。そうした「サヤーム」という語が有する外来性は、後述するこの地域の特徴とも相通じるところがある。

（1）アユッタヤー

さて、ここからアユッタヤーという王朝またはクニがどのような性格を備えていたかを本格的に見ていくことにする。つまり、アユッタヤーがどのような人間で構成され、彼らは何を生業とし、そこでの政治（権力構造）はいかなる姿をしていたのかを考えながら、話を進めていきたい。

何度も繰り返すが、このアユッタヤーが今日のタイ国の出発点であり、その社会的性格は生き物にたとえればDNAのごときもので、今日のタイ社会にも根強く生きている。つまり、アユッタヤーの原像を知ることは、現在でもタイ社会を縛っているDNAが何であるかを探す作業に等しい。

約四〇〇年間にわたるアユッタヤー朝の存続を支えた基盤は、交易であった。南シナ海に開かれたシャム湾の近くに位置するという立地条件が、東アジア世界との交易を可能にした。さらに、陸路でもメルギーやテナセリムにつながる西のルートが存在し、ベンガル湾を経てインドやペルシャなどの西方世界との交易が行なわれた。たとえば、これらの交易ルートに乗り、一七世紀にタイから日本に輸出された商品の主なものは、鹿皮、蘇芳、エイの皮、ラックカイガラムシ、牛皮、水牛皮、沈香《じんこう》、錫、象牙、蜜蠟、牛の角、水牛の角などである。とりわけ、鹿皮は鎧などに使用され、大量に日本へ送られた。王室はこうした交易を独占し莫大な富を手中にした。[*2] そ

＊1　この議論は、［吉川 2012］の第八章「シャムとタイ」で、よくまとめられている。
＊2　「ワラーンカナー 2007: 21-32」

の富がアユッタヤー王朝の王権を長期にわたって支えたのである。

以上のようなアユッタヤーの「港市国家」としての交易の実態については、言及するつもりはない。ここでは、アユッタヤーの交易システムを実際に担ったのはだれかを考えてみたい。そのことにより、アユッタヤーというクニの基本的性格を明らかにすることができるからである。

結論を先取りすれば、交易システムの重要部分に従事したのは、「タイ人」ではなく「外来人」およびその子孫たちであった。その意味では、アユッタヤーはタイ人のクニではなく、「外来人」がここを基地に交易経営を行ない莫大な富を築いたクニであった。このような特徴を備えた権力構成体であるクニこそが、「外来人国家」である。

以下に、その「外来人国家」について述べていくことにする。現バンコク王朝は、アユッタヤー王朝の継承者である。現在のタイに、「港市国家」であり「外来人国家」であったアユッタヤーはどのようなDNAを残しているのか。大層気になるところである。

■権力の核心と統治システム　アユッタヤー王朝を建てた勢力は、どこのだれだったのか。その詳細はわからないが、当時ごく小さな権力核を形成していたロッブリー王家とスパンブリー王家が関与していたのは間違いないだろう。つまり、一四世紀半ばごろにロッブリーおよびスパンブリーの地域の二つの有力家系が協力してこのアユッタヤーの土地に王国を建てたことになる。王朝の初期では両家の覇権争いが続き、七代目のインタラーチャー王(在位一四〇九〜二四年)に至りスパンブリー王家が勝利を収めた。その後も、さらに三つの王統が登場するが、権力の核心に座っていたのはこれらの王家であった。

その王家を中心に交易が営まれ、そこから得られる富により王家による政治権力体＝王国が生まれたのであった。王国の統治形態は八代目のトライローカナート王(在位一四四八〜八八年)の時代に整備されたと言われる。まず、領域的には、首都アユッタヤーとその周辺は「畿内」と呼ばれ、その中心はおおよそナコーンサワン、ロッブリー、サイヨーク、ペッブリーを囲む地域で、首都から弁務官（知事）が派遣され直接統治下に置かれた。アユッタヤー王国といえば、通常この範囲を指した。それは、私が「サヤーム世界」と呼ぶところの空間とほぼ一致する。その外部にはいくつかの「地方国」が連なり、王族や貴族が中央であるアユッタヤーから長として赴くこともあった。基本的には、状況により半独立・半従属の形で運営されていたと考えてよい。「地方国」のさらに外部には、「属国（朝貢国）」と称されるクニが存在した。ラーンナー・タイ、シップソーンパンナー、シャン、モールメン、ジョホールからマラッカにわたる広範囲の諸国が該当していたが[*3]、これらのクニに課せられていたのは原則として三年に一度の朝貢のみであり、アユッタヤーの弱い支配（影響）下にあった国々と言える。

トライローカナート王が導入した統治の要である身分制は、官僚組織の整備と一体化したもので、「サックディナー制（権威田制）」と呼ばれている。簡単に言えば、個々人の社会的身分を「ライ」という面積単位で表示した。上は副王の一〇万ライ、下は奴隷と乞食で五ライであった。さらに、四〇〇ライを境に上位の者を「プーディー（良民）」とし、下位の者を「プライ（平民）」とし区別した。この「プライ」は、さらに、国王に直属し一定期間の賦役労働を義務とされる「プライ・ルワン」、王族や貴族（高級官僚）に所属し使役に服する「プライ・ソム」、および王都圏から遠距離に居住し賦役の代わりとしてスワイ（物納税、庸）を納める「プライ・スワイ」に分かれていた。これらの「プライ」は「ムーン・ナーイ」（組頭）と呼ばれる長により日常的な賦役や移動を管理されていたとされている。

ちなみに、一七〜一八世紀のアユッタヤーの王都圏の人口は、時代によっても波があるが、約二五万〜三〇万

＊3　ほとんどが、「サヤーム世界」ではなく、「タイ世界」または「マレー世界」に位置していた。

人と考えられる。[*4] また、「地方国」を含めても人口は六〇〇万人未満と推定されている。

■王室独占貿易と「外来人」　アユッタヤー王朝の中央政府には、「チャトゥ・サダム制」(四本柱制)が置かれていた。内務、宮内、大蔵、農務の四省で、交易を担当していたのは、大蔵省(プラクラン)であった。国王から交易権限を委任されていた大蔵卿こそ、信任が厚い人物でなければならなかった。この大蔵省には港湾局なども置かれていたが、交易を担当したのは商品大蔵局(クロム・プラクラン・シンカー)であった。実際に交易事業を営む商品大蔵局には、大勢の有能な官吏が必要であったに違いない。しかし、すべての官吏を王族と貴族でまかなうことは無理であった。とりわけ、交易には外国との情報のやりとりはもちろんのこと、造船、航海、商取引、流通といった様々な段階で特殊な能力を持った人材を必要とした。そうした人材の多くは「外来人」であった。そのことは、「サックディナー制」の存在を示す重要史料である『三印法典』[*5]に収められている「文官位階田表」や「武官・地方官位階田表」[*6]を眺めてみれば、通訳や船員などをはじめとして、多くの職階で明らかに「外来人」である者が就いていることでわかる。たとえば、ジャンク船の船長として「チュンチュー」なる名称が出てくるが、中国語の「船首」に由来すると推察される。

また、後述するように、ただ単に経済分野だけではなく、政治的にも社会的にも重要な局面には「外来人」が関与していた。その背後には、王室独占貿易という経済と政治が直結したクニの基本的システムの存在を指摘しなければなるまい。[*7]

その恰好な事例は、交易権と王位の関係で、交易権をめぐる争い(経済)は王位継承・争奪戦(政治)とも言え、この二つが王族や貴族の間では最大の関心ごとであった。たとえば、第二六代の王であるプラーサートトーン(在位一六二九～五六年)は、前王ソンタム王時代に官僚として交易に関与し巨大な富を築いた王族の一人であったと言われている。あの山田長政をナコーンシータムマラートに都落ちさせ、日本人村を焼き討ちしたのもこの王であるが、背後には交易をめぐる利権が関係していたと推される。実際、同王は、即位するや、熾烈な王位争奪戦で自分に敵対した有力王族・貴族官僚を抑圧し、交易上で知り合った有能で親密な「外来人」を新たに貴族として取り立て、自らのバックとした。[*8] 貿易実務に就いていた「外来人」にとっても、中央政府に取り立てられるのは大出世であった。

第二九代のナーラーイ王(在位一六五六〜八八年)時代は「港市国家」としてのアユッタヤーの繁栄を代表する時代だが、同王の即位はほとんどが「外来人」グループの力による。即位過程は少々複雑であるが、プラーサートトーン王が一六五六年に死去するや、ナーラーイの兄であるチャオファー・チャーイが即位したが、ナーラーイはわずか二日でこの王を追い出し、代わりに叔父シースタムマラーチャーを即位させた。にもかかわらず、二ヵ月後にはナーラーイ自らが王位を簒奪し、即位したのである。同王は王位簒奪戦にはもちろん王宮内の王族や貴族を動員したが、主力となったのはアユッタヤーに居住する「外来人」貴族や「外来人」有力商人とその影響下に

＊4　たとえば、[ペッチャルン 2007: 208]では二五万人、[ワラーンカナー 2012: 13-14]では四〇万人としている。
＊5　ラーマ一世の命により、ビルマとの戦で消失を免れたアユッタヤー時代の文書を収集し、同時代の現行法を校閲編纂した法律集。一八〇五年に完成。内容は、法律論をはじめとして、今日で言う公法や私法などの広い分野をカバーしており、旧制度下の社会、経済、政治などを知る上での貴重な史料とされている。もっとも、膨大な法令の短期間での編纂作業には校訂作業も加わったため、それぞれの法令が制定時の元の姿をとどめていない可能性も多く、実際の扱いには慎重さが求められている。その性格については、[クリッサナー 2004]が参考になる。
＊6　[Ishii, Akagi, Tanabe 1974]
＊7　「王室管理貿易」と「外国人居留民」という二つの角度から「港市国家」アユッタヤーを考察した[石井 1992]を参照されたい。
＊8　[ワラーンカナー 2007: 79, 91]

ある者であった。ナーラーイ王が動員した「外来人」は一〇〇〇名にのぼるとされ、ペルシャ人部隊だけでも一〇〇人が加わった。他にマレー人、ジャワ人、チャム人、ポルトガル人など多様な「外来人」部隊が王位簒奪戦に参加した。[*9]

即位後のナーラーイ王の「外来人」重用は言うまでもなく、「外来人」系官僚の取り立てや「外来人」の貴族への抜擢などが進んだ。こうした潮流は、さらなる「外来人」のアユッタヤーへの流入を促進し、アユッタヤーはますますコスモポリスの性格を強めていった。

■日本人反乱　「外来人」は、多くの場合、出身地または民族により集団化し、その利益や影響力を保持するのが普通であった。そして、王位継承に積極的に関与することもあれば、なにがしかの不利益を被った際には暴力を行使し権力に逆らう場合もあった。

日本人も例外ではなかった。アユッタヤー在住日本人グループによる反乱が一六一二年に生じており、一般には「日本人反乱（王宮占拠事件）」と呼ばれている。[*10]

この反乱は、エーカートッサロット王（在位一六〇五～一〇年）の後継として即位したソンタム王（在位一六一〇～二八年）が、有力貴族官僚の一人であったオークヤー・クロムナーイワイを謀反容疑で処刑したのがことの発端であった。オークヤー・クロムナーイワイは当時のアユッタヤー在住日本人の首領的存在であったため、彼の処刑に激怒した日本人集団二八〇人が王宮を包囲し、ソンタム王を拘束し、処刑の裏で暗躍した四人の高級官僚の身柄の引き渡しを求めた。ソンタム王が要求を受け入れて、四人は日本人集団により処刑され、事態は収まった。

この事件の詳細はわからないが、日本人集団（日本人義勇部隊）がいかに大きな力を持っていたかをよく物語る反乱である。このソンタム王の信頼を得て、アユッタヤーでだれもが認める実力者として活躍したのが山田長政

（一五九〇?～一六三〇年）であるが、この反乱時にアユッタヤーに既に渡来していたかどうかは定かではない。渡来していたとすれば、この反乱で大手柄を立て、それがその後の彼の出世の出発点となった可能性が高い。

■マッカサン反乱　アユッタヤーではきわめて多くの「外来人」が活躍したが、「外来人」出世のシンボル的存在は、フォールコン（一六四七～八八年）である。一六七八年にアユッタヤーに渡来した一介のギリシャ人が、通訳や会計担当として頭角を現し、ナーラーイ王の寵愛を受けて、短期間で大蔵卿まで昇進し、交易を一手に手がけて巨大な富を蓄えたのであった。しかし、大きな政治権力を手に入れ、その余勢を駆って強力な親仏政策を展開したことが、逆にアユッタヤーをフランスに売る売国奴として反対派からの強い糾弾を受けた。結局は処刑されたが、その一生はアユッタヤーにおいて権力的地位を極めた「外来人」の有り様の一つの典型であった。ちなみに、フォールコンの妻は日本人であった。

ところで、一六八六年八月に「マッカサン反乱」という事件が生じている。[*11] マッカサンというのはインドネシアのセレベス島（スラウェシ）のマカッサル付近に住むスンニー派の種族で、交易ないしは海賊行為が契機で、その後裔も含めてアユッタヤーに相当数居住していた。[*12] 彼らが中心となってナーラーイ王追放の反乱が起きたので

＊9　［ワラーンカナー　2007: 81-83］
＊10　［チットラジン　2008: 133-138］，［パーサヨーン　2010a: 66-68］
＊11　［チットラジン　2008: 191-199］
＊12　バンコク時代になっても、それなりの数のマッカサンが居住していたと考えられる。今日でも、マッカサンという地名がバンコクの中心に残っている。エアー・リンクのバンコク終点駅の付近であり、かつては車輌工場など国鉄の諸施設が集中していたところである。

ある。その背景は明白ではないが、ナーラーイ王とフォールコンによる親仏政策により諸権益を失ったマレー系やペルシャ系の商人グループが復権をかけて起こしたのではないかと見られている。[*13]

この反乱の鎮圧に当たったフォールコンは、ポルトガル人、イギリス人、フランス人の傭兵を前面に立てたため、彼らの間にも多くの死者が出た。また、この反乱では多くのマッカサン人が極刑に処されたこともあり、[*14]アユッタヤー時代の恐怖事件として後世に語り伝えられている。

■華人反乱　「華人反乱」と呼ばれる反乱は、第三三代のボーロムマコート王(在位一七三三〜五八年)の即位直後の一七三四年に生じている。前王であるターイサ王時代の華人系「外来人」であった大蔵卿の更迭、象牙や錫などの取引停止、さらには華人系商船の自由な取引の禁止といった新国王の一連の措置が、華人たちの間に不満を蓄積させていった。実際は、オランダ人、フランス人、イギリス人などの「外来人」商人に対する徴税なども厳格になり、「外来人」社会一般に不満は溜まっていたが、当時は対中交易がもっとも盛んであったこともあり、新王登場により華人系商人が不利益をより多く被ったのであろう。華人約三〇〇人と群集が王宮を襲撃した。[*15]反乱は鎮圧されたものの、アユッタヤー地域に大きな混乱を生み、恐怖を感じた「プライ」をはじめとする大勢の者が森の中に逃亡した。

これら三つの反乱は、「サヤーム世界」の中心域であるアユッタヤー王国で展開されていた政治にいかに「外来人」社会が大きく関与していたか、いや「外来人」社会そのものがどれほど政治を左右していたかを如実に物語っている。

■交易による受益者　「外来人国家」アユッタヤーで交易による利益を受けていたのは、王家(王室)や王族や貴族（高級官僚）は当然のことであるが、それだけではなかった。交易という大きなシステムを支えるには、大勢の者を必要としたが、そこに関与する者はそれなりの利益を得た。

たとえば、社会の下層に属していた平民であり、「タイ世界」に居住していた下層民の「プライ・スワイ」の一部も受益者の一員であると言える。交易対象となった多くの物資が動物や林産物であることから、実際の物資の供給者であった「プライ・スワイ」は、税としてアユッタヤーに送った残り物を個人的に販売する場合もあった。また、「プライ」を直接管理する役目を負っていた「ムーン・ナーイ（組頭）」なども、役得により手に入れた物資を販売し利益を得ていた。[*16]

「サヤーム世界」と「タイ世界」の間の基本的関係は、前者の後者に対する兵役を含む労働力の徴用、税の徴収といった支配の形をとったが、林産物を中心とした物資の採集と輸送が両者の間をつないだ最大の契機であった。しかし、最初の段階である物資の採集から最終段階である船舶への積み込み、さらには船舶の操縦といった交易システムに関係する者は、多くが受益者であったと言える。

物資の収集段階ないしは輸送段階では「タイ世界」の「プライ・ソム」や「プライ・ルワン」が主として関わっていたと思われるが、彼らもいくらかの役得を得た可能性がある。また、その収集や輸送の段階でも指導に当たるリーダー格の者は、現地の「プライ」ではなく、地方に派遣された専門的知識を有する者であった可能性が高い。また、物資がいったんアユッタヤーに届いた後は、計量や梱包などに携わる者、会計事務や通訳業務を行な

＊13　〔ワラーンカナー　2007: 92–95〕
＊14　〔ショワジ　1991: 442–449〕
＊15　〔ワラーンカナー　2007: 95–97〕
＊16　〔ワラーンカナー　2007: 103–123〕

う者、さらには船舶への積み込み管理人などが関わった。そうした作業を監督するのは、大蔵省（プラクラン）に所属する官僚であった。船舶を建造する造船所では、技術を有する労働者を必要とした。物資を載せた船舶を操り外国へ出かける船員も、操縦術以外にも外国事情などの知識を持った人々であった。

つまり物資が現地から離れるに比例して諸々の技術者や専門家を必要としたが、彼らこそが大きな受益者であった。とりわけアユッタヤーの周辺では多様な人々が多様な仕事で関与したが、彼らは大きな利益を得た代表であった。たとえば、大工、機械修理工、履物・衣服製造者、通訳、獣皮処理業者、ブローカー、船舶業者、市場経営者、飲食業者、売春業者、賭博場経営者などである。

以上の受益者のほとんどは「外来人」ないしは「外来人」系であったと推察される。「タイ世界」の民は基本的に農民であり商業に関する知識はもとより関心も低かった。さらに、「プライ」が多く、彼らは労役に従事しなければならず、おのずと自由が制限されており、交易に関係できる者は限られた。

「外来人」が受けた大きな利益は、ボーロムマコート王時代に本格的に門戸が開かれた徴税請負人への道であった。徴税請負人にはある程度の資力と能力を要したが、そうした条件に適合する者には「外来人」が多かった。利益に敏い「外来人」の多くの者が徴税請負人に応募して、任用され、官僚としての身分を認められた。その中からは、高級官僚や貴族になる者や有力家系が生まれた。[*17] それは、本来的「外来人」から脱皮する過程の大きな出発点の一つでもあった。

■**「外来人国家」**　「サヤーム世界」の中心であるアユッタヤーは、確かに「港市国家」であった。ただ、それは交易という一つの経済的角度から見た特徴を表すタームである。私は、政治社会や文化をも含む特徴を併せた、より包括的で適切なタームとして「外来人国家」を提唱したい。「外来人国家」とは、簡単に言えば、「外来人」が主体となって形成し運営する国家である。

「外来人国家」は、その絶対的条件として外に対して開かれていなければならない。オープン体制は、交易の基本である。アユッタヤーもその例外ではなく、外から来る者をまったく拒まなかった。陸路海路を問わず、あちこちからアユッタヤーに人々が集まった。

アユッタヤー政府は、交易を営むために彼らには通商と居住の自由を保障した。中州であったアユッタヤーの南側の川向こうと南下するチャオプラヤー河岸には日本人、オランダ人、ポルトガル人、ベトナム人、マッカサン人、インド人など、「外来人」の居住地が並んでいた。その他にも、華人はもちろんのこと、バラモン（民族ではない。バラモン教の信者ないしは司祭者で、インド系の外来人が多く、今日でも世襲制慣行が強い）、タイ・ヤイ、ペルシャ人、チャム人、ベトナム人、ビルマ人、クメール人、マレー人、アラブ人、フランス人、ポルトガル人、イギリス人などなどが居住し、[*18]その種族は三〇以上に達し、アユッタヤーの街では様々な言語が飛び通っていた。外から人が容易に入り込み、それなりに自由な生活を営むことができることが、「外来人国家」生成の基本的条件であったが、アユッタヤーはそれを完備していた。

次に、「外来人国家」ではクニの経済や社会の基本をも「外来人」が担っており、政治権力を左右する力を持っていた。アユッタヤーの場合、政府の権力が「外来人」によって規定された。とりわけ、絶対権力者であり、交易独占権を有していた国王と「外来人」有力者の関係は、統治の基本を規定した。前述の通り、王位継承に際し、「外来人」社会は自らが親しい王族を国王に就けることに奔走した。また、国王の施策が自らに不利な影響をも

＊17　［ワラーンカナー 2007: 146–149］
＊18　［ワンナシリ，プリーディー編 2011: 255–262］

たらす場合には、退陣を要求して反乱を起こす場合もあった。

留意しておかねばならないのは、アユッタヤーの場合、「タイ世界」や「マレー世界」および「地方国」や「属国」から移住して来る者も多かった。逆に、アユッタヤーの中心部からそちらへ逃亡や移住する者も、同じように多かった。つまりは、「プライ」や奴隷も、その種族は、厳密に言えば、多くはラーオ、クメール、ビルマ、モーン系の者であり、雑多であった。とりわけ、アユッタヤー時代における幾多の近隣諸国との戦争は大量の捕虜を生んだが、彼らは連行され「タート・チャルーイ（捕虜奴隷）」となった。また、強制移住もしばしば断行され、時には大規模になった。インドシナ大陸の各地で繰り広げられたであろう戦役を逃れてアユッタヤーの支配圏に移住してくる者もあった。つまり、アユッタヤー王国の交易システムの底辺を支えた「プライ」や「タート」も種々雑多な民族で構成され、彼らの多くも「外来人」であった可能性が高いと言えよう。おそらくは、人の水平移動の大きさは相当の程度であったと考えておかねばならない。

確かに、「プライ」はいずれかの「組（ムー）」への所属が義務付けられており、移動の自由も規制されていた。「畿内」に居住する「プライ」については、「ムーン・ナーイ（組頭）」による管理がある程度徹底していた。しかし、実際には厳格に規制することはきわめて困難であった。とりわけ、「外来人」の場合は、その移動はかなりの程度ゆるやかであった。

もう一点付け加えておかねばならないのは、こうした移動と婚姻が重なり、各地に「外来人」の子孫が次々と誕生していったことである。そして、結局は、彼らがタイ人になっていったのである。

地理的水平移動と並んで、階層間における社会的垂直移動、とりわけ上層への移動も相当の程度存在した。前述したとおり、王族や貴族、さらには官僚として認められた「外来人」は、さらに身分を高めることが可能であった。そのため、官僚機構の多くの部分を「外来人」ないしは「外来人系」が占めることになった。有能な「外来人」と既存の有力家系との婚姻も、垂直移動性を高めた。また、交易システムに近いところにいた「ムーン・ナーイ」や「プライ・ソム」の中には商業の魅力を知り、手を出す者があった。彼らの中にも、チャンスを得て商人の地位を獲得し身分を向上させた者もいた。いずれにせよ、「外来人国家」では、人の水平(地理的)および垂直(社会的)の移動が容易で、人々の生活や身分を向上させるための好条件が準備されていた。

(2)「クンナーン」

「サヤーム世界」において王権と統治を実質的に支えていたのは、王族はもちろんのことであるが、「クンナーン」と呼ばれる層の人々であった。ここまでは、この「クンナーン」という言葉の使用を避けてきたが、アユッタヤー社会の実際を担っていた中・上層の人々であり、その正体を理解しておかねばならない。

■「クンナーン」とは　「クンナーン」とは、簡単に言えば、アユッタヤー王朝からバンコク王朝の伝統的統治制度下における高等官(勅任官)のことである。より具体的には、サックディナー四〇〇ライ以上の官吏のことである。また、俗に「プーディー(良民)」と呼ばれることもある。ここまでは「高級官僚」または「貴族」、ないしは「貴族官僚」といった言葉を使ってきたが、彼らこそが「クンナーン」の代表であった。

「クンナーン」という呼称の由来(語源)については、正確にはわからない。ただ、二つの語からなる合成語であるとの説が有力である。アユッタヤー時代以前にあっては「国主」を意味していた「クン」と「貴人の妻または女性」を意味する「ナーン」との合成であるとする。つまり、原義は「高官とその令夫人」となる。きわめて奇妙な語であるが、この呼称は、高官が儀式に夫妻で参列する慣行から来ているのではないかという。[*19] 国王に関わる重要な儀式には、高官は夫妻で参列する義務があった。現在でも、国王に忠誠を誓う伝統的な飲水誓忠儀礼をはじめとして、多くの公式の場には高級官僚は夫妻で参列するのが一般的である。

もう一つ興味深い説がある。元々、「クン」には「養う」、「ナーン」には「高位の女性」という意味がそれぞれあり、「クンナーン」とは「(複数の)高貴な女性を養うだけの力がある男(官僚)」という意味であるという説である。実際、この説は、一八七三年に米人宣教師のDan Beach Bradleyにより出版されたタイ最初の本格的な辞典で、古いタイ語と新しいタイ語を結ぶ辞典として定評があるタイ語辞典*Dictionary of the Siamese Language*に基づいている。[*20]

さて、当然のことながら、伝統的統治制度下にあっては、「クンナーン」は「国王の下僕」であり、その人事の裁量権はすべて国王に集中していた。つまり、「クンナーン」になるには、国王の裁可を必要とした。そのため、有力者は自らの子弟が国王の目に留まるのを目的に、こぞって小姓ないしは近習として国王に子弟を献じる慣習が存在した。

「クンナーン」の資格としては、次の四点が重視された。①生まれが良い(大臣家系などの有力出自)、②年齢(三八歳以上)、③軍事や行政に関する知識を有する、④賢明である。[*21] つまり、「クンナーン」は、家柄もよく、人生経験もあり、知識の旺盛な人物である必要があり、広い度量、強い忍耐力、戦闘における勇敢さ、交渉能力などが登用の検討事項となった。もちろん、忠節心、勤勉性も求められた。

■身分表示装置　国王に認められ「クンナーン」に任じられた者は、その位や職務内容がやや複雑なシステムにより表示された。簡単に言えば、一人の「クンナーン」は、「位階(ヨット)」+「欽賜名(ラーチャ・ティンナナーム)」

＋「職位（タムネーン）」＋「サックディナー（権威田）」という四つの要素の組み合わせで表示された。

まず、「位階」である。アユッタヤー初期にあっては、最上位はクンで、大臣クラスの者に与えられた。以下、ムーン、パン、ナーイ、ナーイローイ、ナーイシップと続いていた。一五世紀半ばから一六世紀半ばにかけて、インドやクメールの影響を受けてか、プラヤー、プラ、ルワンなどの「位階」が登場する。その後、オークヤー、オークプラ、オークルワン、オークフンなる名称も生まれた。また、オークフンの地位は徐々に下がり、ナーイローイやナーイシップにいたっては、平民用になってしまうなど、その変遷は相当著しいと言わねばならない。たとえば、アユッタヤー末期には、最高位としてチャオプラヤーが登場する。また、チャオムーン、チャムーンは近習局内でのみ使用されるようになった。

ちなみに、史上最高位の「位階」としてはトンブリー王朝時代に設けられたソムデット・チャオプラヤーがあるが、叙せられた者は後のラーマ一世であるチャクリー将軍であった。バンコク王朝になり、ラーマ四世時代以降に三名が叙せられたが、いずれもブンナーク家系に属している。

二つ目は、「欽賜名」である。官吏は原則として「職位」が単位となるが、「欽賜名」はその職位に就いた者に国王から下賜される名称である。また、言語的には、パーリ語またはサンスクリット語とタイ語を混在させる場合が多い。サンスクリット語は、日本語における漢語のような位置にあり、サンスクリット語を使用することにより品の良さを演出する慣行がある。

身近な例としては、先にも触れたが、アユッタヤー王朝で活躍したと言われている山田長政は、「位階」は「オ

＊19　［カンラヤー　2009: 12–13］
＊20　［マーノップ　1990: 116–120］
＊21　［サンキート　2009: 62］、［カンラヤー　2009: 13］。

ークヤー」)、「職位」は日本人義勇隊長で、「セーナーピムック(軍隊の領袖)」が「欽賜名」であった。肝心なことは、一般には、個人名ではなくこの「欽賜名」が呼称として使用された。それが、タイの史料に「やまだ・ながまさ」という個人名が見出せない大きな理由である。そのため、「欽賜名」制度は個人を抹殺する制度であると言われている。確かに、当該の「職位」に新しい者が就任すれば、原則として、その者も当該の「欽賜名」を名乗ることになる。したがって、山田長政以外の者でも、多くの者が「セーナーピムック」を名乗ったに違いない。たとえ山田長政が大きな功績を挙げたとしても、どの時期の「セーナーピムック」であるかがわからなくなるから、個人の功績は薄められてしまう。

三つ目は、「職位」である。総理大臣(サムハ・ナーヨック)、国防大臣(サムハ・クラーホーム)、式部長官(チャーンワーン)、会計主任(サムハ・バンチー)などがそれである。そこには、所掌や権限と責任が示されていると考えられる。

四つ目は、「サックディナー(権威田)」である。先述したとおり、「ライ」という面積単位を使用し、その身分を数字化したものである。「クンナーン」の地位や身分の上下の最終的判断は、この「サックディナー」による。「サックディナー」は、裁判と関連していたとされ、科料などの積算基準として使用された。「サックディナー」と「位階」が釣り合っていない場合も多い。おそらくは、国王の恣意性が働き、お気に入りには「位階」や「職位」が低い場合でも、高い「サックディナー」を与えることがあった。つまり、けっして完全に体系だった身分制度ではなかった。

また、「サックディナー制」を、封土を介在した主従関係を骨子とする封建制度であるとする説が古くからあるが、間違いである。あくまでも、数字は社会的な上下関係(権威)を示す指標にすぎず、封土を与えた史実はない。タイでは、土地の給付と身分関係を結びつけた封建制度が成立しなかったことは、よくよく理解しておかねばならない。

■数と実態　「クンナーン」とは、繰り返しになるが、この「サックディナー」が四〇〇ライ以上の高級官僚を言う。ちなみに、「クンナーン」をさらにランク付けをすれば、下位「クンナーン」（四〇〇～八〇〇ライ）、中位「クンナーン」（一〇〇〇～三〇〇〇ライ）、上位「クンナーン」（五〇〇〇ライ以上）となるであろう。[*22]

「クンナーン」の全体的規模がおおよそいかほどであったのかを知る手がかりとして、バンコク王朝のラーマ一世時に編纂された『三印法典』に収められている「文官位階田表」および「武官・地方官位階田表」[*23]にリストアップされている四〇〇ライ以上の「権威田」を有するポスト（職位）を計算すると、ほぼ次の通りである。

下位「クンナーン」

四〇〇ライ－四〇六ポスト

五〇〇ライ－一二九

六〇〇ライ－二七七

八〇〇ライ－一六九

小計九八一ポスト

中位「クンナーン」

＊22　［カンラヤー　2009: 27］

＊23　［Ishii, Akagi, Tanabe　1974］

一〇〇〇ライ―七九
一二〇〇ライ―一四
一四〇〇ライ―一八
一六〇〇ライ―二二
二〇〇〇ライ―一〇
二四〇〇ライ―七
三〇〇〇ライ―六六
小計二一六ポスト

上位「クンナーン」
五〇〇〇ライ―二〇
一〇〇〇〇ライ―二〇
小計四〇ポスト

総計一二三七ポスト

これらの数がポスト数を正確に反映しているとは言えないが、伝統的統治制度下の政府の規模のおおよそを示しているのではなかろうか。つまり、約一〇〇〇～一五〇〇人程度が貿易を基盤とした王政国家を支えていたと言える。とりわけ、権力のもっとも中枢は、上位「クンナーン」の中の二〇～三〇人程度で占められていたと言える。

さて、「クンナーン」たちの実際の仕事は、それほど楽ではなかった。担当部局の仕事については本来的な権限と義務があったが、一般的にもっとも精力を注いだのは、労働力の管理、つまり「プライ・ルワン」の管理であった。「ムーン・ナーイ」を通しての配下の「プライ・ルワン」が関わる労役、徴税、裁判についての管理監督が日常的に重要な業務であった。特に、「プライ・ルワン」が重い労役や納税に嫌気を感じ逃亡するのを防ぐ必要があった。加えて、国王への業務報告義務が課されていた。

「クンナーン」の国王への忠誠は絶対であった。とりわけ、飲水誓忠儀礼への出席は絶対で、これを欠席することは謀反と見られた。「クンナーン」間の相互監視も結構発達しており、「クンナーン」の異常な言動は国王に通達された。また、厳しかったのは移動制限で、自由な往来や旅行は無理であった。加えて、「クンナーン」といえども、集会などは厳しく禁じられていた。特に上位の「クンナーン」間の隠れた会合（集会）などは原則禁止されていた。

国王は、「クンナーン」の異常な蓄財にも目を光らせた。身分不相応な暮らしをすれば、処罰を受けたという。また、「クンナーン」本人が死亡した場合、遺産を報告し、その中に高価な下賜物が含まれていた場合は返却義務もあるなど、遺産の一部を国庫に返納する規則があった（この返納部分を、「パッタヤー」と称した）。このように個人が異常に裕福になるのを防ぐ仕組みが、「クンナーン」世界の規則や慣例の中にいくつか組み込まれていた。王の独り勝ちを徹底する一つの方策であった。

とはいえ、「クンナーン」の生活は、平民に比べれば、数倍の裕福さであった。「クンナーン」の利益は、一般に「キン・タムネーン（食職）」と呼ばれる制度によりもたらされた。この制度をわかりやすい日本語に置き換えるとすれば、「役得」がぴったりであろう。「クンナーン」の地位を利用して得た利益のうち国庫に納入した残りは、自分のモノにできたのである。つまり、それが俸給であった。加えて、公的にも認められた数々の「役得」が存在した。家族をはじめ取り巻きの者に対する労役の免除、納税の免除のほか、「プライ」の私的使用が可能であった。

また、まさに特権と呼べると言えるが、「クンナーン」は裁判事件では代理人を立てることができ、国王からの許可がない限り本人が取り調べを受けることはなかった。また、「サックディナー」の高低により定められた数の者を「サミエン・タナーイ」(秘書ないしは執事のような役か?)として持つ権限を有した。「クンナーン」は、四〇〇〜八〇〇ライで三人、一〇〇〇〜一六〇〇ライで六人、二五〇〇ライ、三〇〇〇ライで九人、五〇〇〇ライで一二人、一万ライでは一五〜三〇人を持つことができた。[*24] 裁判時には彼らを自分の「タナーイ(代理人)」として立てることができた(現在では、「弁護士」を「タナーイ」と呼ぶが、その起源か?)。

その他、国王謁見の権利、私的雇用権の確保、刑罰の減刑など諸々の便益を供与された。給与に類するものは、上述の通り、存在しなかったが、功績の大きい者には年金が与えられる場合があったようである。しかし、基本所得は「役得」であり、徴収した諸々の税や手数料の中から、一部を所得とした。定められた額の国庫納入金の残額が所得となったのである。つまりは、「プライ」からの税の徴収額が多いほど、また地位を利用した事業を上手に展開すればするほど所得が増えた。彼らは、当然のことながら、所得の「ごまかし」に力を入れた。いわば、独立会計的処理の中から所得を得ていたと言えよう。現在のタイ社会の最大で深刻な問題である官界を中心とした賄賂(汚職)の大きな源泉の一つは、この辺りにあると考えてよい。

「クンナーン」たちは、伝統的社会の中で、国王に忠誠を誓いながらも、ぎりぎりのところで自分の利益を追求していた。もっとも重要なことは国王の信用を確保することであったが、他の「クンナーン」や「クンナーン」以外の関係者も含め、互いに慎重な交際が要請された。そこでは、個人ベースの人間関係が形成され、可能な限り富と権力の追求に明け暮れるのである。簡単な言葉で言えば、ネポティズムの蔓延である。ここでも、現在のタイ社会の病の一つの源が見えてくる。

確かに、「プライ」などの平民が「クンナーン」になるのはきわめて難しかったが、社会的垂直移動を可能にする狭い通路がないわけではなかった。ナレースワン王時代には、「プライ」から「クンナーン」に登った例への言及がある。[*25] 運良く下層官僚として従事した者が、上司にその能力を認められて、中層官僚になり、さらに国王に認められ「クンナーン」に登用される場合もあった。また、国王の高い評価を得る大きな戦功、白象の発見、「クンナーン」の不正告発などは、「クンナーン」に抜擢される契機になり得た。[*26]

■「クンナーン家系」の形成　もう一つ、「クンナーン」を考える上できわめて重要なことがある。西欧や日本の身分制度と大きく異なる点でもあるが、「クンナーン」は制度的には世代継承性を有しない。このタイの伝統的身分制度である「クンナーン」は原則一代限りであり、世代を超えた継承性を持たない。つまり、個人限りである。そのため、継承に伴う儀式や慣習はまったく存在しない。もっとも、功績の多かった者が退職後においても欽賜名などを使用する場合はあったが、それは例外であった。一代限り、または個人限りという「クンナーン」制の非継承性は、国王以外の強力な権力の出現を防ぐためで、同じ効果を目的とする「欽賜名」および「パッタヤー」よりも徹底した制度であった。

しかし、制度的非継承性よりも重要なことは、「クンナーン」の実態に見られる継承性である。つまり、「クンナーン」は世代継承ができない制度ではあったが、現実には「クンナーン」に日常的に接触する機会を有するなど、その周囲にいる者が「クンナーン」になる可能性がもっとも高かった。親族などの身近に「クンナーン」を持つ者が、「クンナーン」誕生の候補となった。というより、「クンナーン」自身が、自らの子弟や親族を「クンナー

＊24　［サンキート 2009: 59］
＊25　［パーサコーン 2010a: 45-52, 181］
＊26　［サンキート 2009: 64-65］

ン」にする懸命な努力を行なったのである。前にも述べた「子弟を近習として献上する」慣行は、その表れである。だから、実際には有力「クンナーン」を中心に、「クンナーン」の子弟が「クンナーン」になる現実（世襲）が存在したのである。

この「クンナーン」の継承性は単なる継承性ではない。なぜならば、その継承性こそが、「クンナーン家系」とも呼ぶべき有力家系を形成し、その家系が現代に至るもタイの支配層として君臨してきたと言えるからである。「クンナーン」は、八方手を尽くしその子弟や親族を次々と世代を継承する形で「クンナーン」に就かせ、有力家系として定着していった。とりわけ、そうした家系はタイ社会のもう一つの権力層である王族との交流（婚姻）により、さらなる影響力を蓄積した。

現代のタイ社会において、「クンナーン家系」とその影響下にある家系がいかに強大な力を持っているかを正確に具体的に把握することは困難である。しかし、政界や官界をはじめとして、タイ社会のあらゆる分野で指導的立場にある者の多くが「クンナーン家系」に属していることを示す唯一の手掛かりとして、姓に注目しなければなるまい。

タイで一般に姓が普及するのは、ラーマ六世が姓の使用を義務付けた一九一三年頃からである（「仏暦二四五六年創姓法」）。その際、「クンナーン」たちや有力者の多くが、先祖からの家系と業績を表す姓の下賜を同王に対して願い出た。王は六〇〇〇件を超える願い出に応え、それぞれの家系にちなんだ姓を下賜したが、「クンナーン」家系の場合始祖の名前を織り込んだ姓が多かった。こうした下賜姓のおかげで、相当数の「クンナーン家系」の存在がおぼろげながらも見えてくる。その代表的「姓」（家系）をあげてみよう。*[27]

☆アパイウォン　☆アマータヤクン　☆イントーンポン

☆イントーンヨーティン
☆ウォンサーロート
☆カンラヤーナミット
☆コッチャセーニー
☆サワットチュートー
☆シーペン
☆シリワッタナ
☆シンスック
☆シンハセーニー
☆スッチャリットクン
☆スッパミット
☆スンタラーチュン
☆スントーンサーントゥーン
☆セーンチュウートー
☆ソンティラット
☆チャーチッククラット
☆チャンタロートウォン
☆チュートー
☆トーンイン
☆ナ・パッタルン
☆ナ・バーンチャーン
☆ナ・ポームペット
☆パオローヒット
☆パモーンスート
☆ブラナシリ
☆ブラーノン
☆プラーンクーン
☆ブンナーク
☆ブンロン
☆ブンヤラッタパン
☆ペンクン
☆マーニットヤクン
☆ヨムナーク
☆ヨマーパイ
☆ラッタナクン
☆ローチャナクン
☆ワッチャロータイ

これらの家系の特徴は、ほとんどの場合、その始祖がきわめて古いことである。プラーサートトーン王（在位一六二九~五六年）時代に始まりラーマ六世時代まで実に一五代の国王に代々仕えたアマータヤクン家系は、その典型であろう。もっとも多いのは、アユッタヤー王朝末期からトンブリー王朝、バンコク王朝初期に功績のあっ

＊27　主として、［カンラヤー 2009］や［プラユット 1977］などを参考にした。

た「クンナーン」を始祖とする家系である。それらの始祖は、交易で富を築いた「外来人」が多い。たとえば、アパイウォンはクメール系、カンラヤーナミットやラッタナクンは華人系、コッチャセーニーはモーン系、さらにシンハセーニー、チャンタロートウォン、ブラナシリ、ブンヤラッタパンはアユッタヤー時代のバラモン系である。現在でも、「ブンナーク・クラブ」[*28]という親族の会を持つほどに有名なブンナークはペルシャ系である。加えて、王妃となった者の親族が「クンナーン」として取り立てられるケースが多く、チュートーなどはそれに該当する。また、「クンナーン」には側室も含め妻の数が多く、当然子孫が多かった。ラーマ三世時代にチーク材取引で富豪となったプラヤー・シーサハテープ(トーンペン)はペルシャ系とモーン系の混血で、シーペン姓の始祖であるが、本妻以外の側室が五六人に及んだ。その子は男性だけでも二四人で、その中からまた多くの「クンナーン」が生まれ、継承されていったのである。[*29]

このアユッタヤー王朝からバンコク王朝にかけて国王の取り巻きとして活躍した「外来人」が「クンナーン」として登用され、その中でも有力な「クンナーン」は子々孫々にわたってその地位を継承する努力を重ねたため、「外来人」を始祖とする「クンナーン」家系が実に数多く生まれた。というより、彼らこそがバンコク王朝においても王族と並んで支配層を形成し今日に至っている。

(3)アユッタヤーの街

王族とともに支配層を形成した「クンナーン」は主として「外来人」有力家系により構成されていたと説明したが、アユッタヤーの街に居住していた一般人はどのような人々であったのかも考察してみなければなるまい。ただ、アユッタヤーの住民とその生活の実際を知ることはなかなか難しい。ここでは、その手がかりをアユッタヤーの街の風景に求めてみたい。しかも、その一部にすぎない市場（タラート）に注目してみたい。市場は、いつの時代も、モノを介在して人と人が交わる場であり、多くは街の中心であった。アユッタヤーの街にも多くの市場が存在し、多様な人々が集まった。市場の名称や場所、さらには取扱商品を、外来性という視点を中心に見てみたい。[*30]

■市場の数と場所　アユッタヤーは「水の都」であった。都の中心は島であり、ロッブリー川、パーサック川、チャオプラヤー川の三河川に囲まれていた（したがって、ピン川、ワン川、ヨム川、ナーン川、ノーイ川、ターチーン川なども つながっていた）。王宮や主要寺院が存在するその島は全体が城壁で囲まれていたが、運河が縦横に走っていた。また、アユッタヤーの都は中心である島（城壁内）と城壁外に大きく分けることができたが、城壁の外を流れる三河川も大小の運河につながっており、河川と運河からなる水運網がクモの巣のような形状をなしていた。まさに、水運（舟）が中心の交通体系が出来上がっていたのである。外からの様々な物資が容易にアユッタヤーの都に運ばれ、アユッタヤーからも林産物を中心とした商品が海外に送り出された。

アユッタヤー住民（推定人口は、おおよそ二五万〜三〇万人）の住居は、水辺が中心であった。通商路である河川や

＊28　英語名は、The Bunnag Lineage Club である。会員数は約五〇〇〇人と言われる。この家系についてはその始祖などを含めて後述する。タイにある程度長い期間滞在し、タイ社会と交際の経験がある者であれば、ブンナーク姓の者が知り合いにいるはずである。
＊29　［カンラヤー 2009: 111］
＊30　以下、主として［ペッチャルン 2007］,［ワラーンカナー 2007: 134–136, 154–161］による。

パーサック川
菩提樹三本川（パーンクワット運河）
ロッブリー川
サームウィハーン寺
ハントラー運河
ドゥシッターラーム寺
アヨータヤー寺
メーナーンプルム寺
モンドップ寺
プーカオトーン仏塔
チャオプラヤー川
前王宮
（副王）
クンセーン寺
元のロッブリー川
ナープラメーン寺
プラードゥー寺
クディーダーオ寺
マヘーヨン寺
ヨム寺
クンユワン寺
タムミッカラート寺
王宮
カーローン寺
ラーチャブーラナ寺
シーサンペット寺
マハータート寺
バーンバート運河
パーサック川
モンコンボピット寺
プララーム寺
カサットラーティラート寺
ピチャイ寺
クンムアンチャイ寺
後王宮
スワンナダーラーラーム寺
ボーロムプッターラーム寺
ペット要塞
ヤイチャイモンコン寺
コケオ寺
チャイワッタナーラーム寺
パナンチューン寺
チャオプラーブ寺
プッタイサワン寺
オランダ人村
聖ヨゼフ教会
イギリス人村
ポルトガル人村
日本人村
マカッサル村
タキエン運河
チャオプラヤー川

運河に面した場所に、人々は概して小さな家屋や浮家を用意した。当然のことながら、舟の往来の激しい場所には商店が生まれ、市場が形成された。アユッタヤーの都には約一四〇の市場が存在したが、次の四ヵ所の水上市場が代表的であった。①ウォンバーンカチャ水上市場、②チャム運河口市場、③マイローン濠市場、④元寺（アユッタヤー寺）運河口市場である。

中でも、チャオプラヤー川とパーサック川が合流し、あらたにチャオプラヤー川として南に流れる地点のペット要塞の近くに位置していた①は、最大の市場であった。実際、よく知られているように、ペット要塞から南下するチャオプラヤー川の両岸は「外来人」が密集していた地域であった。東岸は、要塞から南へ約四八〇メートル位のところにオランダ人村があり、その南にイギリス人村、次いで日本人村が位置していた。西岸は、要塞から六〇〇メートルの位置にポルトガル人村があり、教会も二ヵ所存在した。ポルトガル人村からさらに四〇〇メートル南にはマカッサル人村があった。さらに南にはマレー人集落が並んでいた。加えて、要塞の対岸のパナンチューン寺の近くは華人街であった。

いずれにせよ、この辺りは船がアユッタヤーから外洋に出ていく出入り口であり、交通の要所であるがゆえに最大の要塞が建設されたのであるが、アユッタヤーの都全体の中でも外来人が多く住む地で、彼らのほとんどが商業に従事していたと言えよう。ちょうど市場が位置するあたりはバーンカチャと呼ばれ、流れが渦を巻いていたので、ウォン（巻く）という言葉が前に付されたという。

また、②はプッタイサワン寺の近くであったが、その名称に「チャム」なる言葉が入っている。ムスリムであるチャム族は二世紀末にベトナムに興ったチャンパーの末裔で、航海術に優れていた。おそらくは、そのチャム族が外来し住み着いていたのであろう。この辺りには、インドやジャワからやってきたムスリム住民も多く、同じく商業に従事していた。

城内には六〇の市場が存在していた。約三分の二が生鮮物を、残りの三分の一が乾物を扱っていた。乾物市場では、販売のみならず、家内工業的な生産も行なわれていた。これらの市場は道路沿いにあり、早朝と夕方は買い物客などで混雑した。これら六〇の市場の内でその名称に外来性要素を含んでいるのは、「中国市場」、「中国門市場」、「モーン市場」、「バラモン村市場」である。また、都の城外には三〇の市場があったとされており、その名称に外来性が確認できるのは「中国村市場」、「ベトナム貴族寺市場」、「ラーオ市場」、「オランダ人店舗裏市場」などである。こうした名称は、明らかに、外来人集落の存在と市場の関連性を示すものであろう。とりわけ、「ベトナム貴族」という言葉が使用されているのは、有力なベトナム系の「クンナーン」などとの何らかの関係があったことを示唆している。

このような外来性を持つ名称の市場の主人公は、ほぼ「外来人」であった。たとえば、「バラモン村市場」の店舗で従事している者はバラモン教信者であった。また、一見名称は普通でも「外来人」が事業主である市場が多かったと推察される。城内の市場の一つである「牛・水牛寺市場」がそうである。この市場では、アヒルや鶏およびその肉が商われていたが、事業者はモーン人、ビルマ人、ケーク（マレー系・インド系・中東系のムスリムの総称）たちであった。

また、城外市場の中にも「外来人」集落の近くにあり、外来人と密な関係を持った市場が多かった。「ラーオ市場」はラーオ人、「尼さん渡し場市場」はポルトガル人、「オランダ人店舗裏市場」はオランダ人、「シン寺市場」は日本人、「平ら渡し場寺市場」は華人、「鉄森市場」はクメール人といった形で市場が存在した。

■市場の商品　市場に並んでいる商品は、実に多様であった。食料品、衣料、大工道具、動物、身装品、仏具、台所用品、編み具、筆記用具、香料、舟用品、薬、楽器、寝具、灯火具、織布、家具、葬儀用品、酒類、花火…

など生活必需品はほぼ揃っている。こうした商品の中には、外国からもたらされたものも多かった。たとえば、中国からは生糸、絹布、陶器、薬、食品などが。日本からは銅、鉄、フカヒレ、茶、昆布、クラゲ、醬油、酒、スルメ、味噌などが。インドからは布、宝石、小麦粉、バターなどが。半島部からはトウガラシ、香辛料、白檀、籐類などが。ヨーロッパからは銀、布、装飾品、ワイン（スペイン、ペルシャ、フランス）、ビール（イギリス）、コーヒー（アラビア）、ココアなどが、アユッタヤーに運ばれ、市場に出回った。

当然のことながら、そうした商品の流通には、これまた、多様な人々が関わっていた。アユッタヤーの外からやってきて商業に従事し居を構えた者は実に多かった。彼らは、その出身地などにより、大きくは次の三つのグループに分かれた。

①近隣グループ……捕虜奴隷、強制移住者、移住者などで、ほとんどがアユッタヤー周辺ないしは近隣の地域出身者である。多くはモーン人、ラーオ人、クメール人で、シャン人、カー族（少なくとも一七世紀以前から東北部を中心にメコン川流域に居住していたモン・クメール系先住民）、ビルマ人なども含まれる。

②遠路グループ……ベトナム（トンキン、アンナン）人、華人、日本人、ムスリム（インド、アラブ、トルコ、ペルシャ、中東など）、ポルトガル人で、彼らが通商に果たした役割は大であった。

③会社代表グループ……イギリス、オランダおよびフランスの東インド会社から派遣された者およびその関係者。

以上のような「外来人」がアユッタヤーの市場、つまりは商業と交易、および住民の生活の底辺を支えていたのであった。

■**ハーフの世界**　近隣または遠路を問わず、外から陸路ないしは海路でアユッタヤーの都にやってきて、市場を拠点に商業に従事した者の多くが定着したと考えられる。「外来人」は、基本的には一部の華人やムスリムを除いては城内には居住を認められず、城外の河川や運河沿いに住む場合が多かった。当初は同じ民族や同じ宗教の信者同士が固まって住み、集落が生まれるのが普通であった。そうした集落の近くには、前述の通り、集落の特徴を反映した市場が発達した。しかし、長い年月の間に民族間の通婚が進み、アユッタヤーには多様な「ハーフ（ルーク・クルン）」が誕生していった。この「ハーフ」こそが、アユッタヤーの交易を支え、ひいてはアユッタヤーの中核を担う層に成長していった。中には、国王により功績が認められ、「クンナーン」に叙せられる者も多かった。

「ハーフ」どころか、世代を経ると「クオーター」なども誕生し、混血が一挙に進んだ。彼らこそがアユッタヤー生まれの真のアユッタヤー人であった。中には、船舶に関する技術を習得し職人として働く者や、直接船に乗り込む者もいたが、多くは市場で商人として活躍した。日用品の製造などを手掛けたのも、多くは「ハーフ」たちであった。アユッタヤーの街は「ハーフの世界」であった。

アユッタヤーの市場は、多様な人種や民族、多様な言語、多様な文化が混ざり合い、溶け合う見事なハイブリッドの展示場であった。

（4）ムスリムの故郷

アユッタヤーは、タイ在住ムスリムの故郷でもある。また、外来人の中でもムスリムは華人と並んで代表的な存在であり、現在のタイ人の中核につながるムスリム系の層はアユッタヤーが育んだのであった。その背景として、ムスリムのアユッタヤー社会への参入の一端を垣間見てみよう。

現在、アユッタヤー県は八一万三三〇人の人口を擁する（二〇一六年内務省行政局）が、宗教別人口の割合は、信頼できる統計に基づいているわけではないが、古くから仏教徒八九・五％、ムスリム一〇％、キリスト教徒〇・五％と言われてきている。国家統計局による全国平均（二〇一四年）の、仏教徒九四・六％、ムスリム四・二％、キリスト教徒一・一％、その他〇・一％と比べても、ムスリムが多い。県内の宗教施設も、仏教寺院五一三カ所、モスク六四ヵ所、教会一六ヵ所となっており（二〇一六年国家統計局）、モスクの数が他県よりも比較的多い。

今日でも、ムスリムが圧倒的に優勢である半島部の南部地方（マレー世界）とは事情は異なるが、アユッタヤーにおいてもムスリムの存在は大きいと言わなければなるまい。否、アユッタヤーのみならず、バンコクなど「サヤーム世界」においては、街のあちこちにモスクが多数存在しているように、社会や文化の中心にムスリムが大きな地位を占めているのは間違いない。

■初期の外来ムスリム　一般には、東南アジアの本格的なイスラム化は一一世紀頃に始まったとされる。きわめて早い時期にペルシャ（イラン）人をはじめとするムスリムがこの地域に到来したと考えてよい。タイ文字で刻まれた最初の碑文として著名な「ラームカムヘーン王碑文（スコータイ第一碑文）」（一二一九年）には「バザール bazar」というペルシャ語が出てくるが、明らかに現タイ国あたりにムスリム商人が存在したことを示している（ここでは、同碑文はスコータイ時代のものであるとする）。また、ラーマーティボディー二世（在位一四九一〜一五二九年）の治世に当たる一五一五年に出版された *A SUMA ORIENTAL* という書に、タイ（サヤーム）にムーア人、アラブ人、ペルシャ人などといった多数のムスリムが住んでいると、ポルトガル人旅行者が記述している、という。[*31]

そうしたムスリムの中に、一六世紀後半タイへ渡来したイラン人の二人の兄弟がいた。兄がシェイク・アフマド（タイでは、チェーク・アマッドと呼ばれている。一五四三〜一六三一年）で、弟がマハマッド・サイットであった。その名前からして、スーフィズムの関係者と思われる。また、イラン南部のカーゼルーンまたは北西部のアルダビールあたりの出身かとも推測されている。いずれにせよ、その海外渡航の動機やタイへやってきた理由は定かではない。

ソンタム王（在位一六一〇〜二八年）が即位し、アユッタヤーが門戸を大きく開放した時期には、少なくとも二人は既にタイへ来ていた。この時期も、海外の各地から多くの者がアユッタヤーに集まっていた。日本からの「外来人」として有名な山田長政（一五九〇?〜一六三〇年）がタイへ渡ったのもこの時期であり、おそらくはこの兄弟とも交流があったに違いない。この兄弟は商業（交易）で成功を収め、兄シェイクはアユッタヤーのイラン（ペルシャ）人ないしはムスリム社会の代表的存在であるチュラー・ラーチャモントリー[*32]に就任し、徐々に公的地位も上昇してソンタム王の認めるところとなり、「クンナーン」への道を登っていったのであった。

最初にシェイクが授かった位階と欽賜名はチャムーン・チョンパックディーで、就いた官位はラーチャ・オンラック・ティー・プラタムルアット・クワー（右警察局側衛）であった。「国王の護衛官」としての出発と言ってよい。国王の護衛官に「外来人」を登用する慣習がチャイヤラーチャーティラート王（在位一五三四〜四七年）の時代から生まれたと言われている。

そして、シェイクは、プラーサートトーン王時代（在位一六二九〜五六年）にはさらに信頼を得て、右港湾局長として軍事力と経済力の双方を手にし、実質的に権力核に加わった。プラーサートトーン王自身が平民（プライ）の出身で、新しい王統を樹立したこともあり、旧来の有力「クンナーン」の追い出しを図り、新しい者を「クンナーン」上層に抜擢したため、シェイク一派の昇進にも弾みをつけた。

アユッタヤー社会のムスリムの代表が、王宮の信頼を得て高級官僚に就任していったのである。シェイクの死亡後も子孫がその権力的地位をさらに高め継承していく。また、バンコク王朝のラーマ一世のホン、ラーマ二世のチット、ラーマ五世のラマーイなどの妃がシェイク家系出身者であるように、婚姻による王室との関係強化も進んだ。こうして、シェイクの子孫は様々な有力家系に分派していった。[*33] その代表格としては、よく知られているブンナーク家系があげられるが、同家系はソンタム王時代以降バンコク王朝の一九世紀末頃まで実に三〇〇年近くの長きにわたって王朝政府の中枢的要職を占め続け、影の王家とも言われるほどであった。

関係年表

一五一一年　ポルトガルがマラッカを占領
一五一六年　ポルトガルと条約締結

＊31 その旅行者はトメ・ピレス (Tome Pires) で、一五一二〜一五年の間マラッカに住み、東南アジアを旅行し記録を残した［ソーンサヴット 2009: 53–55］,［パーサコーン 2010a: 80–81］。

＊32 「チュラー・ラーチャモントリー」とは、シェイクの時代に生まれたムスリム社会の代表または最高指導者とも言える職位で、現在まで継続している。シェイクは初代で、一六〇二〜二七年まで在位し、ムスリム社会を含むアユッタヤー王朝の動向に大きな影響を与えた。伝統的には国王によりシェイク家系の有力者が選任されたが、戦後はタイ国内のムスリムの最高指導者として位置づけられ、県イスラム委員会代表委員会などの推薦を受けて選出されるようになった。タイ国イスラム中央委員会委員長を兼ねる。二〇一〇年から務めるアーシット・ピタックムポン氏は第一八代目である。なお、現代におけるチュラー・ラーチャモントリーの役割については、［Plubplung 2015］の考察が参考になる。

＊33 有名なブンナーク家系以外にも、たとえば、シーナワラット、シーヨット、ワラワーティー、コーチャーイットハーク、ノンタケートなどの有力家系が生まれた。

一五三四年　チャイヤラーチャーティラート王即位（〜一五四七年）
一五四七年　ヨートファー王即位（〜一五四八年）
一五四八年　ウォーラウォンサーティラート王即位
　　　　　　チャクラパット王即位（〜一五六九年）
一五六九年　アユッタヤーが陥落し、ビルマの属国に
　　　　　　プラマヒンタラーティラート王即位
　　　　　　マハータムマラーチャー王即位（〜一五九〇年）
一五八四年　ナレースワンによりビルマから独立を回復
一五九〇年　**ナレースワン王**即位（〜一六〇五年）
一六〇五年　エーカートッサロット王即位（〜一六一〇年）
一六〇六年　エーカートッサロット王ポルトガル領ゴアに使節を送る
一六〇八年　オランダがアユッタヤーに商館を設置
　　　　　　エーカートッサロット王オランダに使節を送る
一六一〇年　**ソンタム王**即位（〜一六二八年）
一六一二年　イギリス東インド会社がアユッタヤーに商館を設置
　　　　　　日本人が王宮へ乱入
一六一二年頃　**山田長政**がアユッタヤーへ
一六二八年　チェーターティラート王即位（〜一六二九年）
一六二九年　アーティッタヤウォン王即位

一六三〇年　**プラーサートトーン**王即位（～一六五六年）
一六五六年　山田長政がナコーンシータムマラートで死去
　　　　　　チャオファー・チャーイ、スタムマラーチャーの両名が相継いで短期間即位
一六七八年　**ナーラーイ**王即位（～一六八八年）
一六八〇年　**フォールコン**がタイに渡る
一六八四年　ナーラーイ王がフランスに使節を送る
一六八七年　フランスに二回目の使節を送る
一六八八年　フランス使節がバンコクを占拠
　　　　　　フォールコンが処刑される
　　　　　　ペートラーチャー王即位
　　　　　　バンコクのフランス軍を追放
一七三三年　ボーロマコート王即位（～一七五八年）
一七六七年　アユッタヤー陥落（アユッタヤー王朝終焉）
一七六八年　トンブリー王朝成立、タークシン王即位
一七八二年　タークシン王が処刑される。ラーマ一世即位
一八〇九年　ラーマ二世即位

■出身別居住　アユッタヤーに渡来したムスリムも、出身によりいくつかのグループに分かれ、居住地も異なっていた。その大まかな出身地と居住地をあげると次の通りである。

①インド、イラン、アラブ系……ムーア人と呼ばれ、主として城壁の南側、現在のアユッタヤー・ラーチャパット校のあたりを居住地としていた。大ムスリムとも呼ばれ、在アユッタヤーのムスリムの主流であった。シーア派が多数。

②チャム系……ベトナム南部から移住。プッタイサワン寺近くのクーチャーム運河を中心に居住。チャム・ムスリムと呼ばれた。スンニー派。

③マレー、パッターニー系……パッターニー出身者はロートチョーン寺付近に、マレー出身者はタキエン運河口辺りにそれぞれ多くが居住した。

④インドネシア系……スラウェシ島のマカッサル出身のグループが多く、マッカサン・ムスリムと呼ばれていた。また、ジャワ島出身者のジャワ・ムスリムも多かった。彼らは、タキエン運河近くのチャオプラヤー河岸に居住していた。

■ナーラーイ王へのムスリムの貢献　一七世紀初期のアユッタヤー王朝において、シェイクという優れたリーダーの活躍により、「外来人」であるムスリムは権力的地位を確保し、強力な社会勢力として君臨した。当然のことながら、先にも述べた通り、アユッタヤー王朝を特徴づける王位継承争いにも大きく関与することになった。アユッタヤー王朝の王位継承争いが王族や「クンナーン」の間での争いから広範な「外来人」を含む争いになってきたのは、交易が盛んになって「外来人」の流入が増加し、彼らが一定の社会的基盤を持ち始めたエーカートッサロット王時代（在位一六〇五〜一〇年）以降のことと言われている。ムスリム勢力以外にも、ポルトガル人や日本人などの勢力が王位継承争いに参加した。

たとえば、前にも述べたが、ソンタム王やプラーサートトーン王の即位の背後では、ムスリム勢力と日本人勢力が大きな役割を果たした。双方とも一定規模の精鋭部隊を擁しており、その軍事力が決め手であった。「外来人」の有力勢力が支援した者が国王になる状況が生まれた。ソンタム王の母の兄の子である（エーカートッサロット王の子であるとの説もある）実力者シーウォーラウォンは、ソンタム王の死去のあと同王の弟や長男を短期間ではあるが国王に就けたが、結局はその二人を処刑して王位を簒奪し、自らがプラーサートトーン王として即位した（一六二九年）が、その一連の動きを支持した最大勢力はムスリムであった。[*34]

ムスリム勢力は、さらに大きく成長し、プラーサートトーン王死去（一六五六年）後の王位継承争いには中心的役割を果たした。つまり、ナーラーイ王誕生に大きく貢献したのであった。その王位継承経過は、次のようにきわめてイスラム色の濃いものであった。

プラーサートトーン王が死去した際、有力な王位継承候補者は三人いた。①ナーラーイ（父はプラーサートトーン王。母がソンタム王の王女）、②チャオファー・チャーイ（ナーラーイの兄）、および③スタムマラーチャー（ナーラーイの叔父、プラーサートトーン王の弟）であった。

最初に動いたのはチャーイで、自らの軍勢を率いて王宮を占拠し、即位を宣言した。その時支援したのは、華人系「クンナーン」であったと言われている。ナーラーイはすぐに権力を奪還したが、自らは即位せず、スタムマラーチャーを就任させた。そのナーラーイの対応は、おそらくは、周囲の権力状況を確認するためであったに違いない。ナーラーイは様子を見た上で、わずか二ヵ月後に改めて権力奪取作戦に出た。明らかに、プラーサートトーン王死去直後からナーラーイは王位簒奪を狙っていたが、兵力の強化を図って万全の準備を行なうために

＊34　山田長政をリーダーとする日本人勢力もその即位を支援するが、即位後のプラーサートトーン王は山田と反目し、日本人勢力の壊滅作戦を展開した。山田がナコーンシータムマラートに送られ、一六三〇年に毒殺されたのは有名である。以後、アユッタヤーにおける日本人勢力は衰退してしまった。

時間稼ぎを行なったのであろう。もっとも、スタムマラーチャー王がナーラーイの妹を妾にしたのに立腹し、王位転覆を図ったとの説もある。

スタムマラーチャー王側もナーラーイ側を警戒して兵力の増強に余念がなかった。また、対抗策として、オランダ勢力を味方にしようと努めた。そのような状況下でナーラーイ側が考えた策略が、ムスリムの祭り「タセーヤット祭(正月)」の利用であった。当時のアユッタヤーにあって、「タセーヤット祭」は盛大な行事の一つで、都をムスリムの大行列が練り回った。国王も観覧し、行列を称えるのが慣例であった。そこで、その年は行列のスタムマラーチャー王への表敬を願い出て、行列の中に兵をひそかに加えておき、王宮に侵入し拠点を押さえる戦術を実行したのであった。王宮内に侵攻した兵士たちは簡単に武器を押収し、スタムマラーチャー王を逮捕したのであった。[*35]

このような経過を経ての即位であっただけに、ナーラーイ王が即位後ムスリムたちに人事を含む多くの報酬を与えたのは、当然のことであった。ムスリムがバンコク王朝に至るまでもの長い間政府内にあって高い地位を保持し得た大きな理由は、このナーラーイ王の即位時のいきさつとその治世における通商権の確保などの権力基盤の整備にあったと言える。

■ムスリム勢力の拡大と定着　ところで、ナーラーイ王時代にムスリム勢力の拡大と定着に寄与したことで知られる代表的イラン系「クンナーン」を二人あげておきたい。[*36]

一人はアブドゥン・ラットサット(爵位・欽賜名オークヤー・ピチット)である。彼は、クロム・タークワー(右港湾局)で実権を握り、官界でも経済界でも権勢を振るったが、私益を肥やすということできわめて評判が悪かった。しかも、台湾や中国にも交易の手を広げたこともあり、オランダと衝突した。異常な私財の蓄積がナーラーイ王の知るところとなり、財産没収の上投獄された。豚肉を強制的に食べさせられるなど、残虐な方法で処刑されたという。

もう一人のイラン人はその後継者で、アカー・ムハマット（爵位・欽賜名オークプラ・シーナワラット）であった。実は、前述のシェイクの弟はその後イランへ帰国したが、イラン人妻との間に生まれた息子をタイへ送り、シェイクに預けた。それがアカー・ムハマットであった。シェイクは自分の息子ないしは孫であるかのように面倒を見、後に自分の娘と結婚させた。アユッタヤーのムスリム社会で相当な地位にあったアカーがアブドゥン・ラットサットの後継者に命じられた。彼は善人で能力があるときわめて評判がよかった。まさに、ムスリム社会のリーダーであり、かつアユッタヤー社会全体の重要人物に成長し、約二〇年間君臨した。

アカー・ムハマットは交易の権益を巡ってオランダと対立したという。オランダが華人やベトナム人の勢力に近づこうとしたため、アカーは英国との関係を深めようとした。英国系の会社にいたフォールコン（一六四七～一六八八年）を登用したのも彼であった。もっとも、アユッタヤーのムスリム社会が分裂し、反対派から彼は公金横領で訴えられた。ナーラーイ王も激怒し、結果として失脚することになる。ちなみに、その後を継いで実力者として本格的に台頭するのがフォールコンである。

上述した通り、アユッタヤー王朝には大量のムスリムが外来し、初期は主に交易に従事したが、その中から王宮と深い関係を持ち、「クンナーン」として取り立てられ、政府の要職を占める層が出てきた。主としてナーラーイ王時代にタイ社会の中にその基盤を確立したムスリムとその子孫は、代々王権との距離を測りながらバンコク

＊35　［チットラシン　2008: 173–174］,［パーサコーン　2008: 110–114］
＊36　以下、［パーサコーン　2008: 117–137］,［パーサコーン　2010a: 140–150］による。

王朝でも活躍し、タイ社会の政治と経済の中枢を担ってきた。

しかし、考えさせられる大きな問題がある。まずは、宗教の問題である。少なくとも、イスラムと仏教の接合が考察の対象にされなければならない。それも、純粋な宗教上の接合ではなく、社会的な接合である。ムスリムと仏教徒が互いの宗教を横に置いて、なぜ共同して生活を行なうことができたのか、なぜ両者の婚姻が進んだのか、なぜ共同で政治を運用することができたのか、などを考察する必要がある。もちろん、他の地域からの「外来人」も含めて、「外来人」一般と土着民の関係もその延長線上にあり、考究されねばならない。

また、考察されるべき問題は、アユッタヤーで演じられた「外来人」の民族性である。ムスリム、華人、日本人と仮に三つの「外来人」を取り上げても、政治(権力)への関心度に差がある。アユッタヤーにおいて王位継承をはじめとする政治闘争に直接関与したのはムスリムと日本人が顕著であり、量的には他を圧倒していた華人は政治への関心が比較的低かったと言える。少なくとも、華人勢力が王位継承に大きく直接関与した形跡は薄い。なぜ、そのような差異があるのか、追求してみなければなるまい。

少し視点を変えると、アユッタヤーのムスリムを代表とする「外来人」の活発さとは裏腹に、土着民の不活発さが気になる。たとえば、交易に従事し、積極的に海外へも進出する者の少なさである。船員として交易船に乗り込むのもほとんどは華人系などの「外来人」で、土着民は少ない。しかも、国内でも商業などに果敢に取り組む者もきわめて少ない。「サヤーム世界」の中心域で行なわれていた交易業はほとんど「外来人」に占領され、土着民はそこに入り込むことがなかった。さらに言えば、確かに、「タイ世界」のタイ族は本来盆地の民であり農業の民であり。海洋や商業への進出には関心が低かったことも指摘しておかねばならない。

（5）スコータイ王朝による乗っ取り？

第2章の「スコータイ神話」で何度も述べたように、スコータイ王朝からアユッタヤー王朝に直線的に政治権力が移行したのではない。一三世紀から一四世紀にかけてタイ族のクニ（小国）が現在のタイの版図内外にいくつも生まれたが、その中でも現在のタイ国につながるという点ではスコータイ王朝も重要な存在であるのは間違いない。定説では、スコータイ王朝の創始は一三世紀中頃過ぎで、一四世紀中頃の建国とされる[*37]アユッタヤー王朝に先立つこと、約一〇〇年である。

スコータイ王朝は、一四世紀後半から一五世紀前半にかけて後発のアユッタヤー王朝に徐々に吸収併合されていくことになる。ここでは、スコータイ王朝がアユッタヤー王朝にどのような形で吸収されたのかを概観する。そして、その吸収過程の特徴を探してみたい。それは、単なる武力による吸収ではないのだけは確かである。しかも、吸収したのはアユッタヤー王朝であるが、吸収を可能にしたのは吸収されたスコータイ王朝の方であったとも言えるからである。[*38]

■スコータイ王朝：リタイ王まで

一三世紀の半ば過ぎに成立したスコータイ王朝の初代王は、シーインタラー

＊37　もっとも、次章で述べるように、アユッタヤー王朝をアヨータヤー王朝の後継とすれば、アユッタヤーの建都は本来的には一一世紀と言えるかもしれない。
＊38　以下、主として［ンパーキヨーン 2010b］による。

ティット王であった。一二七〇年頃同王が死去したあと、二代目のバーンムアン王時代を経て、三代目のラームカムヘーン王時代（在位一二七九?～九八年）にその繁栄の山を迎えたという。同王が一二九二年に刻んだとされる「ラームカムヘーン王碑文」は、タイ語文献としては最古とされ[*39]、そこに示された数々の功績などから、ラームカムヘーン王はクメールの支配から完全に独立したタイ族の版図を確立した名君として誉れが高い。しかし、同王の後を継いだ息子ルータイ王の治世（一二九八～一三四六年）あたりから内紛が生じスコータイの国力は低下していった。

そのことを端的に示したのは、ルータイ王の後継者問題であった。ルータイ王は即位するや息子のリタイをシーサッチャナーライの統治に充て、後継者教育に力を入れた。当時、スコータイにとってもっとも重要な都市はシーサッチャナーライであったからである。だれもが次期国王はリタイであると考えていたが、実際に即位したのはバーンムアン王の息子であるグワナムトム（在位一三四六～一三四七年）であった。しかも、ルータイ王の退位理由は出家であり、死去ではなかった。この王位継承は、ルータイ王の力の弱さを物語っていた。また、スコータイのクニそのものの弱体化をも示していた。

このスコータイの弱体を救ったのは、リタイ王（在位一三四七～六八年）であった。グワナムトムが即位するや否や、シーサッチャナーライを統治していたリタイは間髪を入れず挙兵して、スコータイを攻略し、グワナムトムを王位から引き下ろし、自らが六代目の王に就いたのである。

リタイ王は、スコータイを再興した立役者として評判が高い。しかも、仏教に深く帰依したことでもよく知られている。ソーンクェー（ピッサヌローク）を攻略し、そのクニで力を有していたシーナーオナムトム王家を滅ぼしたのをはじめ、ナーン川流域からパーサック川流域、さらにはプレーあたりをも版図に組み入れた。一三五七年にはナコーンチュム（カムペーンペット）に仏塔を建設したほか、ナーン、ルアンプラバーン、チエンマイなどへ僧団を派遣した。

■ウートーン王とリタイ王の奇妙な友好　リタイ王の即位により、スコータイ王朝は再び勢いを得たかのようであったが、ここに大きな問題が待ち構えていた。それは、スコータイの南に勃興したアユッタヤー王朝の存在であった。

アユッタヤー王朝がウートーン王（在位一三五一～六九年）のもとに創建されたのは一三五一年であり、リタイ王の即位からわずか三～四年後であった。新興の強大な勢力が近くに誕生したことにリタイ王が脅威を感じたのは、当然であった。他方、アユッタヤーのウートーン王にとっても、北方のスコータイは気になる存在であった。つまり、いずれは、両者は何らかの形で関係を持たざるを得ない位置にあったと言わざるを得ない。

最初に動いたのは、ウートーン王であった。一三六〇年代の初め（一三六一年か六二年？）と思われるが、スコータイの動向を気にしていたウートーン王は、スコータイの東南方向のナーン川沿いに位置し、双方にとって重要な都市であるソーンクェー（ピッサヌローク）を攻略した。そして、リタイ王に近い親族であるスパンブリー領主のパグワ（?～一三八八年。リタイ王の妹の夫、ウートーン王王妃の兄弟）をソーンクェーの統治者に任じるという人事を決行した。その年、ソーンクェーは不作で、コメが高騰しており、ウートーン王は商人に扮装した兵士を密かに送り込んで裏面工作をさせた上、機を見て一気に攻略したという。

このウートーン王の巧みな動きを見たリタイ王は、熟考の末、奇策で対応をしたのであった。それは、「戦士

＊39　もっとも、前述の通り、一九世紀になって作られたものであるとの偽作説が提唱されているが、タイ歴史学界ではこの件についてはまだ決着をみていない。第4章でより詳しく言及する。

から聖人への変身」であった。彼は王位を捨て出家した。出家することで自分の身の安全を守り、かつ間接的に政治力を行使する戦術に出たのである。おそらくは、アユッタヤーの力を理解し、むやみやたらに戦を構えるより、柔軟な交渉により対応する道を選択したのであろう。リタイ(王)は、僧として、ウートーン王にソーンクェーの寄進を願い出た。これも奇策であったが、ウートーン王は、喜んで寄進を承知した。ただし、リタイがソーンクェーに滞在し、スコータイとカムペーンペットは他の者に統治させるとの条件と交換であった。しかも、スコータイの統治者(王)として、スパンブリー領主パグワの夫人(妻)、つまりリタイの妹マハーテーウィーを充てるというのが、ウートーン王が示した交換条件であった。ウートーン王が提示した条件や要求はすべて受け入れられた。したがって、この時期、リタイはソーンクェーに移り(一三六二年?)、スコータイは女性の統治者を持ったことになる。マハーテーウィーは七年間(一三六二~七〇年)スコータイを統治したと言われている。彼女は、スコータイ王朝の正式国王にカウントされていない。リタイは僧籍にありながらも国王であり、マハーテーウィーは実際には摂政(国王代理)のような形であったのかもしれない。

リタイ王とウートーン王の駆け引きの結果としての、スコータイ王朝とアユッタヤー王朝の間のこのような奇妙な「友好」関係は、相次ぐ両者の死去により一変する。先に死去したのはアユッタヤー王朝のウートーン王で、一三六九年であった。すぐに即位したのは、ウートーン王の王子であるラーメースワンであった。ところが、その即位後すぐに、リタイ王の妹マハーテーウィーの夫でスパンブリーに君臨していたパグワが挙兵し、アユッタヤーを攻略して、ラーメースワンを王位から追い出し、自らが即位したのである(一三七〇年)。ボーロムマラーチャーティラート一世(在位一三七〇~八八年)である。リタイ(王)も、この時、妹の夫であるパグワを応援するため兵を集め、自らもスコータイへ立ち戻ったという。ただ、ラーメースワン王が簡単に降伏したため、実際には兵を送り出すことはなかった。しかし、リタイ自身も翌一三七一年に他界した。

■基底に姻戚関係　スコータイのリタイ王の死去を受けて、アユッタヤー王朝の新王ボーロムマラーチャーティラート一世は、とりあえず腹心のプロムチャイをスコータイに送り制圧するとともに、再度妻マハーテーウィーをスコータイに派遣し統治させた。その上で、自分とマハーテーウィーの間に生まれたプラシー・テーパーフラートをスコータイの王に就ける（マハータムマラーチャーティラート二世）。そして、新王が若いこともあり、リタイ王の臣下であった出家中のポーノムサイダム（テーパーフラートの乳母の夫）を還俗させ、後見役に就ける。リタイ王系の者は、彼を後見役とすることで満足し、スコータイはとりあえず平穏を取り戻した。

しかし、アユッタヤーの父ボーロムマラーチャーティラート一世の死（一三八八年）で力を失ったマハータムマラーチャーティラート二世（プラシー・テーパーフラート）は統治に自信をなくし、一三九八年に王位を自ら退いた。そして、自身はカムペーンペットの領主になった。マハータムマラーチャーティラート二世の後継者としてスコータイ王朝の王に即位したのはサイルータイ王で、リタイ王の孫であった。正式名は、マハータムマラーチャーティラート三世（在位一三九八～一四一九年）である。

そのマハータムマラーチャーティラート三世が一四一九年に死去するや、次に即位したのはその王子で、マハータムマラーチャーティラート四世（在位一四一九～三八年）と称した。その背景には、スコータイ＝スパンブリー王家（カムペーンペット）の支援があった。この王の治世になり、スコータイは完全にアユッタヤーの一部に組み込まれた。当時のアユッタヤー王朝の王はインタラーチャー王（在位一四〇九～二四年）であったが、同王の父はスパンブリー家系で、母はスコータイ家系、王妃もスコータイ家系であった。

このように、アユッタヤーによるスコータイへの介入はゆっくりと行なわれた。リタイ王以降、スコータイ王家はアユッタヤー王朝のスパンブリー王家と深い関係になっていったと言える。

もっとも基底のところで両者の関係のあり方を規制したのは、姻戚関係であろう。当時この地域のクニ間では通婚は普通のことであり、とりわけ支配層の間では政治がらみで頻繁に行なわれた。ウートーン王自身の出自は明らかではないが、その妃にはスパンブリー王家とロッブリー(ウートーン)王家の双方が含まれている。そのウートーン王がスパンブリー王家出身の妃の兄弟であるパグワを使い、ソーンクェーなどの北部経営を始めたこと、およびソーンクェーの統治にあたった当のパグワがリタイ王(スコータイ)の妹を妃としていたことが、スコータイ王家とスパンブリー王家を親密にし、結局は両王朝の橋渡しとなったと言えよう。アユッタヤー王朝によるスコータイ王朝の吸収は、両者の間の姻戚関係により誕生したのである。

■アユッタヤーを支えたスコータイ　アユッタヤー王朝が姻戚関係を基本に徐々にスコータイ王朝を吸収したと述べたが、もう少し深く考えてみれば、婚姻は「トロイの木馬」に似たところがある。婚姻により嫁いだ女性が男子を出産し、その子が高位の「クンナーン」となった暁にはその母親としてそれなりの権威を持つからである。婚姻先が王家である場合、王子が国王となる可能性は高く、その場合は国王の母后として相当の影響力を持つことになる。スコータイ王朝とアユッタヤー王朝の間には、そうした姻戚関係が色濃く存在していた。

アユッタヤー王朝で最初にスコータイ王家から嫁いだ女性を母親に持った王は、七代目のインタラーチャー王(在位一四〇九～二四年)である。同王の後継者であるボーロムマラーチャーティラート二世(在位一四二四～四八年。通称チャオ・サームプラヤー)もスコータイ王家の娘を妃に迎え入れている。この妃が王との間にもうけたのが、王位に就くや新しい身分制として「サックディナー制」を発足させ、かつ民部と兵部に分割した行政制度を整備したことで知られるトライローカナート王(在位一四四八～八八年)である。このように、アユッタヤーの七～九代の国王の母はスコータイ王家から嫁いだ女性であった。嫁ぎ先は、アユッタヤー王朝を代表する王家の一つであるスパンブリー王家であり、その両家の間の姻戚関係がアユッタヤーの支配を安定させたと言える。

トライローカナート王時代には、スコータイは既にアユッタヤーに組み込まれていたこともあったが、同王は北部経営には熱心であった。一四六三年には要の都市であるピッサヌロークに王都を移し、ラーンナー・タイ王国に対峙したほどであった。そのため、スコータイの有力貴族なども同王のもとで重要な役割を果たした。トライローカナート王の息子で後継者であるボーロムマラーチャーティラート三世(在位一四八八~九一年)も、首都はアユッタヤーにもどしたが、同じように北方経営を重視した。

ところが、同王の弟で王位を継承したラーマーティボディー二世(在位一四九一~一五二九年)は、北方経営に関心を示さず、また旧スコータイ王朝につながる者を重用することが少なかった。そのため、スコータイ王家やスパンブリー王家に関係する者の間では、不満が溜まった。

そして、その次の国王ボーロムマラーチャーティラート四世(在位一五二九~三三年)やラッサダーティラート王(在位一五三三~三四年)治世あたりから在位年が極端に短くなり、アユッタヤー王朝は王位継承の内紛により弱体化していった。

その流れを少し止めたのは、次のチャイヤラーチャーティラート王(在位一五三四~四七年)であった。チャイヤラーチャーティラート王は統治に長け、旧スコータイ王朝関係者などをも取り込み、アユッタヤー王朝の再興に精を出した。また、その統治に寄与したのは旧スコータイ王朝の関係者であった。実際、同王がラッサダーティラート王から王位を簒奪した際に兵を集めた土地はピッサヌロークであり、勢力の基地がアユッタヤーではなく北部にあったことを示している。また、この時期になると、旧スコータイ王朝の有力な官僚や貴族のほとんどがアユッタヤーに移住し、スパンブリー王家系に属して、王権を支えていた。

■側室が密通相手を王に

そのチャイヤラーチャーティラート王がチエンマイ討伐からアユッタヤーに帰ってき

た時から一つの悲劇が始まった。王の第一側室のシースダーチャンが密通のため妊娠してしまい、それが王に知られるのを恐れ、周囲には病死のごとく見せかけて、王を毒殺してしまったのである。密通相手のクン・ウォーラウォンサーティラートについての詳細はわからないが、王族であったようである。二人は徐々に政敵を倒しながら、権勢を振るい始めた。そして、最終的には、その密通相手が国王になってしまったのである。アユッタヤー王朝第一六代目の国王ウォーラウォンサーティラート王（在位一五四八年）である。

王である夫を毒殺し、姦通相手を王位につけたシースダーチャンについては、様々な評価がある。タイ史における歴史的大スキャンダルとして一般には知られており、歴史家の中には、この王を正式には認めない者もいる。ただ、興味深いのは、シースダーチャンの一連の動きを「女性による謀反」とする見方がある。シースダーチャンも、クン・ウォーラウォンサーティラートもロッブリー（ウートーン）王家に属していた。それまでのほとんどの期間アユッタヤー王朝を支配したのは、スパンブリー王家とスコータイ王家の連合体であった。ロッブリー王家を代表して、スパンブリー王家とスコータイ王家の連合体の長期支配に対する「謀反」を企てたというのである。

この「謀反」によるロッブリー王家の支配は長続きしなかった。シースダーチャンに恐れをなし出家または逃亡した官僚も多かったが、彼女を核とする権力打倒の中心となったのは、やはりスパンブリー王家とスコータイ王家の連合体であった。後にマハータムマラーチャー王（在位一五六九〜九〇年）として即位することになるクン・ピレーンタラテープであった。彼は、父方をスコータイ王家、母方をスパンブリー王家とする王族で、シースダーチャンの情夫ウォーラウォンサーティラートが即位するや激怒して兵を挙げ、四二日後に同王と彼女を処刑した。そして、チャイヤラーチャーティラート王の弟を国王に推挙した。チャクラパット王（在位一五四八〜六九年）である。

余談になるが、シースダーチャンは、『アユッタヤー王朝年代記』では、「情婦」、「夫殺し」などと酷評され、タイ史の中では「悪女」、「傾国美人」として有名である。しかし、権力闘争の敗者であるがため、勝者が編纂した年代記である以上酷評は致し方ないが、史実は異なると、彼女を正当に評価すべきであるとする意見も最近では多い。[*40]

ともあれ、一五六九年、ビルマ軍のアユッタヤー大攻勢の中チャクラパット王は死去し、急遽王子のマヒンが王位を継承するも、アユッタヤーは陥落する。しばらくのビルマによる統治を経て、ナレースワン大王が独立を回復する（一五八四年）が、アユッタヤーの様相は大きく変わり、ここでの論議の対象とはならない。

■乗っ取り？　ここまで述べてきたことをまとめると次のようになるであろう。確かに政治的には、スコータイ王朝はアユッタヤー王朝に吸収され、その版図に組み込まれたのは事実である。しかし、つぶさに実相を見れば、通常の一方的な組み込まれ方ではない。どちらかと言えば、「スコータイが名を捨てて実をとる」といった表現が当てはまる。姻戚関係を通じてスコータイの有能な人材がアユッタヤーの中に入り込み、アユッタヤーの王権と繁栄を支えたと言える。だから、「アユッタヤー王朝の前半史は、スコータイによるひそかなアユッタヤーの乗っ取り」であるとする見方もある。[*41] おそらくは、アユッタヤー王朝の王位の多くをスコータイ王家とその連合相手であるスパンブリー王家が占めたからであろう。しかも、そうした「乗っ取り」の実際を陰で取り仕切った大きな力は女性たちであった。その代表が、リタイ王の妹で、パグワの夫人（妻）でもあり、スコータイを七年間

＊40　［スチット 2014］
＊41　［パーサコーン 2010b: 58–88］

にわたって統治したマハーテーウィーである。

多くの女性が妻(妃、側室)および母という地位を背景に、政治過程に大きく関与した。シースダーチャンをめぐる抗争は、政治の裏面で手腕を発揮した女性の代表例であるが、それに似た小さな事件はいくつもあったと推測される。いずれにせよ、スコータイ王朝がアユッタヤー王朝に吸収されたという表面的で単純な理解は捨てねばなるまい。

もっとも、ここで言及しておかねばならない重要なことは、こうしたスコータイ王朝とアユッタヤー王朝の関係は、大きく捉えれば、「タイ世界」と「サヤーム世界」の交流であったということである。「タイ世界」でもっとも「サヤーム世界」に近いところに位置し、比較的力のあった「ムアン」であるスコータイが婚姻関係をベースに「サヤーム世界」に取り込まれたのである。両者の間に文化接触があり、後者に前者の文化(タイ的要素)が相当程度持ち込まれた可能性は十分に考えておかねばなるまい。

(6)「アヨータヤー」

ここまで、タイという現代国家の出発点は「サヤーム世界」であり、その特徴は「外来人国家」であると説明してきた。「サヤーム世界」の中心であったアユッタヤー王朝では、その経済基盤である交易の中枢を「外来人」が支えていたのである。

ただ、ここでどうしても考えておかねばならない問題がある。それは、「サヤーム世界」が「外来人国家」でありタイ的要素に乏しいとしても、そこに見られるいくつかのタイ的要素をどう説明するのかということである。

そのタイ的要素こそが、アユッタヤーがタイ族のクニとして歴史的に認められる理由であるからだ。確かに、前述のスコータイとの婚姻関係を中心とした交流など、北方のタイ族のいくつかのクニとのささやかな諸関係からタイ的要素がアユッタヤーに持ち込まれたに違いないが、それだけではアユッタヤーに見られるタイ的要素を説明しきれない。

私は、アユッタヤーに先行する小規模のタイ族から成る政治権力体が存在したと考えている。その後継者であるアユッタヤーは、その後「外来人」を活用することにより、交易を基盤とする「外来人国家」として変容発展したが、その国家の核心には当初からの最小限のタイ的要素が存在し、継承されてきたとする考えである。

その考えを、より具体的に以下に述べていくことにする。

■王権と三種の宝器　タイ的要素の最大のものは、王権である。実際「外来人国家」アユッタヤーは「外来人」で埋め尽くされていたように見えるし、事実そうであったが、政治権力の核心には王権が生きていた。その王権は、少なくとも原初的にはタイ族を核として誕生したと想定しなければなるまい。そして、王権こそが、アユッタヤー王朝からトンブリー王朝、そしてバンコク王朝と連綿と引き継がれ、中心性を保ちながら今日に至っているもっとも重要なタイ的要素である。

アユッタヤーにおいて、確かに王権を支え維持に貢献した最大の力は、「外来人」を主体とした交易からの「富（経済力）」であった。王権を守るために必要な武力（軍隊）でさえ、王は「外来人」を主力とする傭兵でまかなった。しかし、王権を真に守り継続させた要因は、こうした富や武力に優るものにあった。それは、「血統」、「言語（タイ語）」、「宗教（仏教・バラモン教）」の三つである。

アユッタヤーの歴史は王位簒奪史であると言われるぐらい、王位をめぐる争いは絶えなかった。そこに、「外来人」も多く関与したことは既に述べたとおりである。しかし、原則として、王位に就くのは、ロッブリー王家、スパンブリー王家、マハータムマラーチャー王家、プラーサートトーン王家、バーン・プルールワン王家などの王家の血統を有する者に限られた。「外来人」がいかに富を築き、力を持とうとも、王位に就くことはできなかった。もちろん、王位継承資格者は王の長男に限られたわけではなく、兄弟や甥など相当幅広い王族が対象となったが、血統を引く者に限られた。そこには、血統という王権の正当性が存在した。

付加しておかねばならないのは、非王族の者が権力の中枢(王権)に近づきすぎると容赦なく切り捨てられる場合が多いという鉄則の存在である。とりわけ、「外来人」はその対象になりやすかった。フォールコンにしろ、山田長政にしろ、血統の点では本来的権力核に参加する資格を欠いていたと言わねばなるまい。二人はその活躍により大きな権力を手中に収めたが、権力の中枢に近づきすぎたために結局は処刑されてしまったとも言えよう。血統に守られた王権の権威が確立し、世俗の権力は敵わない状況であった。

もう一つの本質的なタイ的要素として、タイ語の存在を指摘しなければならない。アユッタヤーの街で使用された言語は多様で三〇以上にのぼったと言われているが、アユッタヤー王朝を立ち上げた王家の人々が使用していた言語はタイ語であったと考えるのが適切であろう。言語の種類が多い社会では、一つの基本ないしは共通となる言語を必要とする。タイ語がそれに該当し、公用語として使用された。つまりは、「外来人」にとっても、権力の核心に近づくには、タイ語の能力を必要とした。とりわけタイ語の中で発達した「王語(ラーチャーサップ)」という特殊な語彙体系は、王権と言語の強い関係を物語っている。ただ、タイ語が本格的に共通言語として認められるのは遅く、おそらくはバンコク王朝のラーマ四世期または五世期以降であろう。もっとも、王宮を中心とした権力層の間では、それ以前からタイ語が公用語の地位を確立していた。

私は、アユッタヤー王朝を立ち上げた権力集団がタイ語を話すタイ族であった可能性が高いと考えている。確実にそのことを証明する資料はないが、後述するようにアユッタヤーに先立ってタイ族を主体とする「王朝もどき」が存在していたことがタイの最近の歴史学界では当然のことと認め始められているからだ。また、アユッタヤー王朝初代の王であるウートーン王の先祖は「タイ世界」であるチエンラーイ辺りで小さなクニ（ムアン）を築いた部族であるとの説がある。[*42] もちろん、ウートーン王の出自については諸説があり断定はできないが、まさに「タイ世界」にありタイ語を使用していたタイ族の権力集団が何らかの理由で南下し、アユッタヤーの近くに「王朝もどき」を建設し、それがアユッタヤー王朝に継承されていったとすれば、様々な言語を操る「外来人」が溢れていた「サヤーム世界」において、タイ語が特別な地位を得たとしても不思議ではない。

タイ語と並んでタイ的要素として重要であったのは、仏教である。インドで生まれスリランカを経由して一三世紀頃には「タイ世界」にも持ち込まれ、その後「サヤーム世界」にも入り込んだ仏教は、王権の正当性を説明するに十分でわかりやすい論理を備えていた。それは、最高のブン（徳）を積んだ者が最高の地位（王）に就くというきわめて自然な考えであった。この仏教の存在が王権を守護した。加えて、仏教行事の開催、寺院や仏像などの建立は、国王の権威と正当性を高めるのに大きく寄与した。

また、バンコク王朝になると、仏教の説明にもパーリ語に代わりタイ語が使用されるようになり、仏教とタイ語はセットになって普及していったと考えられる。もともと異宗教の信者であった「外来人」でさえも、その子や孫の代あたりになると徐々に仏教に傾倒していった。アユッタヤーでもバンコクでも、きわめて強い勢力を誇ったペルシャ系の「外来人」はムスリムがほとんどであったが、「クンナーン」などに登用され世代を経るうちに仏教徒になっていった。

＊42　［ワンナシリ，プリーディー編 2011: 65］，［パーサコーン 2010b: 31-43］

以上の「血統」、「言語（タイ語）」、「宗教（仏教）」をあわせて「三種の宝器」と呼ぶことにしよう。アユッタヤーにおける権力の中枢が「外来人」により乗っ取られなかった理由は、この「三種の宝器」が相互に効果的に働いたからである。

つまり、アユッタヤーは、小さなタイ族集団の中で誕生した王権が、外からやって来た「外来人」を上手に利用し、交易システムを動かし成長したクニ（外来人国家）であった。

■王権の由来　アユッタヤーという「外来人国家」にまとまりを与えていたのは王権であった。つまり、少数の本来タイ族からなる王家、王族が、多数の「外来人」を支配し、アユッタヤーというクニを経営していた。

次の問題は、そのタイ的要素に満ちた王権が、いつどのような形で形成されたかである。私たちは、これまでアユッタヤー王朝は一三五一年に成立したとしか教えられてこなかった。まるで、その年に突然アユッタヤーが出現したかのような説明であった。少し考えてみれば納得しにくい説明であり、その成立の経緯（前史）についてもう少し詳細な説明が欲しいところである。

近年、タイの歴史学界でもそのあたりのことに関心が向かい、いくつかの研究成果が生まれてきている。その中でも、興味深いのは、アユッタヤー王朝以前に「アヨータヤー」という都ないしはクニが存在したとする説である。[*43] アユッタヤーはまったく新しく建都されたのではなく、そこの場所または近くに既に相当の規模の都が存在し、その名は「アヨータヤー」であったとする説が、ほぼタイの学界でも受容されるようになってきている。アユッタヤーがまったく新しい場所に建設されたのではなく、既存の都を「継承」した形で誕生したのであれば、タイ史全体にとって重大な意味を持つ。私も、このアユッタヤー前史の中に、後にアユッタヤー王朝を支えた王権の誕生があったと考えている。

■パナンチューン寺とタムミッカラート寺　現在のアユッタヤーで言えば、島の東側を流れるパーサック川がチャオプラヤー川の本流と合流するあたりにパナンチューンという名の寺院がある。このあたりは、チャオプラヤー川を河口から登ってきた船が錨を下ろすところであった。アユッタヤーを代表するこの寺院は、各種年代記によっても、その建立時期はアユッタヤー建都の年である一三五一年より以前であるとされている。[*44] しかも、この寺院の本尊であるプラプッタ・トライラット・ナーヨック像[*45]は、アユッタヤー最大の仏像であり、両膝の間の長さが二〇メートル強、高さが一九メートルに達する。もっとも、現在の仏像は、ラーマ四世が修復し一八五一年に完成したもので、名称もその時に新しく付された。それまでは、おそらくは、寺の古い名前に因んで、パナーンチューン仏像などと呼ばれていたのであろう。いずれにせよ、この仏像の安置年は一三二四年頃と言われている。

もう一つ言及しなければならない寺院は、アユッタヤー王宮跡やシーサンペット寺に接しているタムミッカラート寺（古名ムッカラート寺）である。発掘調査によりこの寺院からタムミッカラート仏像の巨大な頭部が発見された。ピセート・チアチャンポン（芸術局専門家）は、この巨大頭部について、次のように評している。この頭部は、ウートーン美術であり、少なくとも一三五〇年より以前のものである。おそらくは、パナンチューン寺の本尊と同じ時代に作られたと考えられる、と。[*46]

＊43　［ワラーンカナー 2012: 15］。「アユッタヤー」建都以前であることに注意。
＊44　建立年は、『北方年代記』によれば、一〇四四年であるという［ソーキヨーン 2012: 188］。
＊45　他にも、俗には、「ルワン・ポートー」などと呼ばれている。また、華人系の人々は「ルワンポー・サムポーコン」と呼ぶ。「サムポーコン」とは一五世紀に東南アジアから西南アジアにかけて遠征した鄭和のことで、その俗称である「三保太監」また「三宝太監」に由来している。古い時代からの華人系のこの地への流入が、こうした呼称を生んだのであろう。

しかも、スラポン・ナータピントゥ（芸術大学考古学部）は、この巨大頭部は、アユッタヤー建都（一三五一年）以前に、この地域に繁栄した大きな社会集団（クニ）が存在していたことを示していると主張する。つまり、これほどの巨大な頭部を有する仏像を生み出すには、その背景に相当の力（経済力、技術力）を有する社会集団の存在を考慮しなければ、説明することができないというのである。美術学的には、頭部はロッブリーやクメールのそれに共通性があり、そのクニは、ロッブリーと交流があったのではと彼は推察している。[*47] こうした主張には、スープセーン・プロムブン（ランシット大学）など、他の多くの専門家も賛成している。

パナンチューン寺およびタムミッカラート仏像の巨大頭部に関するこうした考古学的見解は、アユッタヤーに先行する都ないしはクニの存在を主張し証明していると言えよう。荒蕪地への新しい都（アユッタヤー）の建設というこれまでの通説は、否定されねばなるまい。なお、アユッタヤーに先行して存在していたと考えられる都の名は、「アヨータヤー」である。

通説によれば、一三五一年に創建されたアユッタヤーは、一五六九年にビルマ軍により攻略され一度陥落したが、一五八四年にナレースワン王により独立が回復され、その後一七六七年にビルマ軍による再攻略で滅亡したという説明になる。しかし、新説に従えば、一五六九年にビルマにより陥落したのは一二世紀頃に建都された「アヨータヤー」であり、一五八四年のナレースワン王による独立回復時にアユッタヤーに改称して再出発したということになるであろう。[*48] いずれにせよ、アユッタヤーの一三五一年建都はきわめて疑わしく、その名称問題はおくとしても、それ以前に既に当該の都が存在したと考えられる。

■婚姻譚：サーイ・ナムプン王物語　アユッタヤーに先行する「アヨータヤー」を考える上で、大層有力な民俗的証拠として、『北方年代記（ポンサーワダーン・ヌア）[*49]』に収められている「サーイ・ナムプン王物語」を取り上げないわけにはいかない。この説話には、上述のパナンチューン寺やタムミッカラート寺が登場し、しかもそこには「アヨータヤー」誕生が示唆されているからである。年代記の文章は難解であり、辻褄の合わないところも多い。特に、王の即位や死去の年については整合性がないようだが、おおよそは以下のような話である。[*50] なお、（　）内は、私が補った。

◎その頃、ある田野で牛飼いを行なっている四七人のこどもたちの集団があった。そこには、約一ソーク余の高さの大きな蟻塚があった。一人が蟻塚の大将（王）に就任し、他は家来として服した。ある時、その大将（王）が家来に立腹し、牛追い鞭でその家来の首を刎ねるよう命じる。実際に首が斬り落とされ、その後そこは蟻塚頭村と呼ばれた。

バラモン儀礼師が、王器の力を試すためエーカチャイ・スパンナホンという船に乗り込み、水路を進む。ところが、こどもたちが遊んでいる村に着くや、船が止まって動かなくなった。船員が櫂を漕ぐが船は動かない。バラモンは一斉にホラ貝、曲りラッパ、西洋ラッパなどを吹き、こども集団の大将を受け入れ、王として即位させた。以後、その村は「こども遊び村」と呼ばれ、こどもの友達が官吏に任命された。そうこうするうち、あ

＊46　[ﾊﾟｰｻｺｰﾝ 2010b: 15–17]
＊47　[ﾊﾟｰｻｺｰﾝ 2010b: 18–19]
＊48　[ﾜﾗｰﾝｶﾅｰ 2012: 15]
＊49　ラーマ二世の命により一八〇七年ころ編集された。一八六九年にラーマ五世が初めて印刷を命じた。内容は雑多であるが、主にピッサヌロークやスコータイなどを中心とした一四世紀以前の伝説などが多数収められている。
＊50　いくつかの版があるようだが、ここでは基本的に [ﾊﾟｰｻｺｰﾝ 2012: 184–186] による。

る日、水浴に出たところ、モーン人の父娘が布を売りに来たのを見た。そこで、小姓に後をつけさせ、居所を確認させた。小姓は一部始終を報告した。

娘の方は、ある日、月の物の血が衣服に付いたので乾かしていたところ、ミツバチが止まるという奇異なことがおきた。人々もその奇異現象を見た。

白分一一日金曜日の朝、そこで、(王は)船を仕立て、迎えの轎《かご》を向かわせた。村人はとても驚いた。そして、娘を轎に乗せて王宮へ戻ってきた。その時から今まで、村を「轎村」と呼んでいる。王宮に着くや、その娘を王妃とする戴冠式が執り行なわれた。国中の人民は平和で幸せであった。

◎当時、中国の皇帝がビンロウの房から養子を得た。名前をソーイ・ドークマーク姫(ビンロウ糸姫?)とつけた。娘が成長すると、占い師に、この娘はどこの国の王様と結婚することになるかを占わせた。占い師は、その国は西の方向のタイであると予言した。大いなる善哉。娘に相応しいと考えた皇帝は書を認《したた》め、使者クン・ケーオカーンウェートを送った。その書には、皇帝がアユッタヤー(アヨータヤー?)の王に友好関係の樹立と、娘を王妃として嫁がせるので早急に迎えに来るよう書かれてあった。これを読んだ王は喜び、一二月に迎えに行くと答え、使者に贈答品を与えた。使者が帰国すると、王は玉座船エーカチャイ号と軍勢を準備させた。

◎小暦三九五年(西暦一〇三四年)一二月黒分一一日の吉辰、王は大臣や軍勢を従え、海路、娘を迎えに出かけた。河口寺岬に到着するや、潮が満ち、寺の前に玉座船を泊めた。王は寺院の仏殿の屋根の棟木のところにミツバチが止まっているのを発見する。仏像に跪拝。そして、我に人民を統治できるブンがあるとしたら、蜜を落として船を潤し、船を宝石の壁の縁まで移動させて欲しいと祈願した。祈願するや否や、蜜が落ちてきて船を潤し、船は動いた。王は衣服を脱いで仏像に礼拝した。住職は、願いがかなったことで全人民が平穏な暮らしを送れるようになるとし、サーイ・ナムプン王の称号を献上した。

この後、一部の従者を王都に返し、玉座船一隻で旅を続けた。そして竹山に着いた。その辺りの海を訪れていた中国人は奇異に思い、事の次第を皇帝に伝えた。皇帝は、玉座船を二ヵ所に泊まらせ、状況を偵察するよう大臣に命じた。一晩は竜湾で、その夜は偵察させた。楽しい音楽の音を聞いた偵察隊は、そのことを皇帝に奏上した。次の夜は虎湾に招き、音楽で歓迎した。

翌朝、中国の皇帝も歓迎の行列を組み、王を皇城に招いた。中国全土が賞賛した。ソーイ・ドークマーク姫をサーイ・ナムプン王の王妃とする儀礼が執り行なわれた。皇帝は、ジャンク五隻を仕立てて莫大な財を満載した上、五〇〇人の著名な中国人と共に一行を歓送した。サーイ・ナムプン王は王妃とともに船に乗り、一五日で王都に到着した。

貴族、官吏、人民、僧などがこぞって大歓迎。王は王宮に入り、御殿を準備し、王妃を迎えに女官を差し向けた。ところが、王妃は王が迎えに来てくれなければ下船しないと答える。王は、からかって、ここまで来てそうならそこにいるがいいと返答する。王妃は悲しんだ。翌日、再度歓迎団が出かけるが、王妃は拒否する。王もさらにからかって、それならそこにずっといなさいと伝えた。それを聞くや、王妃は自ら息を止め死去してしまった。小暦四〇六年辰年(西暦一〇四五年)のことである。王は王妃をバーンカチャ岬で荼毘に付し、その場に寺院を建立した。そして、その寺院にプラチャオプラ・パナーンチューン寺と命名した(現パナンチューン寺)。

◎サーイ・ナムプン王は、新しい都を建設しようとしたが、老師が塩水を理由に反対した。そこで、寺院の前に仏塔を建てた他、モンコンボピット寺を建立した。サーイ・ナムプン王は四二年間王位にあったが、小暦四二七年(西暦一〇六六年)に崩御した。

◎後継者は、息子のタムミッカラート王であった。同王は、白象を二頭所有しており、ムッカラート寺(後のタムミッカラート寺)を建立した。人民は幸福であった。楽しく踊りを舞い、争いごとはなかった。王は王の十徳を遵守し、仏教の隆盛を図った。属国は、その威光に畏みて、金銀樹など多くの貢物を送った。通行税、賭博税、一隻一〇ビアから四〇ビアの船舶税などは徴収したが、一般人民には高い税を課さなかった。季節通りに雨は降り、水も豊かであった。同王は四二年間在位し、小暦四五八年(西暦一〇九七年)にはバーンタキエンからバーンジホンに通じる運河を掘った。

小暦六七一年(西暦一三一〇年)、国王はクディーダーオ寺を建立する。王妃は、マヘーヨン寺を建立する。国王は九七年間在位し、小暦六七二年(西暦一三一一年)に崩御した。

タイと中国の間に密な友好関係があり、中国が姫を献上したが、結局は姫が王妃に就くことを拒否し、婚姻が成立しなかったことが興味深い。また、その姫の出生がビンロウと関係付けられているのも、南洋の風土を連想させる。実際、パナンチューン寺には、境内にこのソーイ・ドークマーク姫(ビンロウ糸姫?)を祀った廟があり、「ビンロウ糸姫廟」と呼ばれている。この廟は華人系の人々の間では強い人気があり、今でも、各地からの礼拝客が絶えないという。

いずれにしても、このパナンチューン寺やタムミッカラート寺を建立したサーイ・ナムプン王やその息子のタムミッカラート王こそが、アユッタヤー以前に存在した都「アヨータヤー」の王であると想定されるのである。

■ナーイ・ナ・パークナームの見解　一九九二年度の国家文化勲章受章者に、ナーイ・ナ・パークナーム（一九二八～二〇〇〇年）がいる。膨大な業績を残し、学界でも定評のある考古学・歴史学者である。氏は、著作『サヤーム国の宗教と芸術』（一九七四年）の中で、スコータイ時代以前のウートーン・ロッブリー時代のことを扱っている『北方年代記』は一般にはほとんど無視されているが、きわめて重要な史料であると説いている。また、もう一つの重要な史料として『アユッタヤー都民の供述集（カムハイカーン・チャーオクルンカオ）』[*51]を挙げている。そして、興味深いことに、その供述集によれば、通説ではアユッタヤー初代の王とされているウートーン王（在位一三五一～一三六九年）は、実は「アヨータヤー」の第一六代の王であるとしている。[*52]そこには、「アヨータヤー」とアユッタヤーの継承性を窺うことができる。

氏は他の様々な史料も駆使し、アユッタヤー王朝に先行する都（ムアン、クニ）として「アヨータヤー」が存在したとし、「アヨータヤー」王朝の王統譜までも作成している。そこにはサーイ・ナムプン王（在位一〇二七～一〇六五年）を含む一三名の王名が挙げられている。それらの王の即位年代は数例を除き明白ではないが、九世紀頃から一二世紀頃までにかけて「アヨータヤー」が存在したと結論づけている。[*53]

さらに、興味深いことに、チット・プーミサックは、伝統的法令の制定年を研究し、「雑律」が一三四三年、「奴隷法」が一三四七年、「負債法」が一三四八年であるとしている。そうであるとすれば、アユッタヤー王朝の

*51　一七六七年にアユッタヤーがビルマに征服された際、ビルマに捕虜として連行されていたアユッター一般都民の供述を集めたもので、もともとはモーン語で編纂され、その後ビルマ語に翻訳され、一九一一年になりタイへもたらされタイ語版が完成した。当時の事情はもちろんのこと、人々の間に共有されていた言い伝えなどが収められた貴重な史料と言える。

*52　[ンパーサヨーン 2010b: 20-21]

*53　[ンパーサヨーン 2010b: 28-29]

発足年とされる一三五一年以前に既に相当発達した統治体が存在していたことと並んで、タイ語が一定の水準に達していたことになる。[*54]

アユッタヤーに先行する都「アヨータヤー」が存在したことはほぼ間違いあるまい。一三世紀半ばから一四世紀半ばまでの世紀を「タイ族の世紀」と呼び、タイ族の国家が東南アジア大陸部にいくつも誕生したと一般に言われてきたが、実際にはそれ以前に少なくともタイ族を主体とする相対的に強力な「ムアン」がチャオプラヤー川流域に存在したことになる。「アヨータヤー」からアユッタヤーへの接続はどのような形でなされたのか。なぜ、従来の「公定ヒストリー」では「アヨータヤー」の存在が否定されてきたのか。興味は尽きない。

■「アヨータヤー」こそ、タイの故郷?

上述の通り、このもう一つのアユッタヤーである「アヨータヤー(王朝)」の存在は、おそらくは間違いないであろう。確かに、大変小さな権力核であったに違いないが、支配と被支配の構造を備えた社会であったと推察する。私がそう考えるのは、一四世紀半ばに突然誕生した印象の強いアユッタヤーだけでは、今日に至るタイという国家の形成を十分に説明できないからである。これまで述べてきた「サヤーム世界」は基本的に「外来人国家」であることを強調してきた。そのことは間違いないのであるが、その世界の中心に位置し「外来人」を引き寄せ、入ってきた「外来人」を支配し操作する権威とノウハウを持った権力核を想定しない限り、「サヤーム世界」は成立しないのである。

つまり、その権力核である「アヨータヤー」には、「王権」、「タイ語」、「仏教」という「三種の宝器」が存在し、支配者層がタイ族であるクニであったに違いない。その小さなクニであった「アヨータヤー」に、「外来人」が流れ込んでアユッタヤーに成長した。「アヨータヤー」に存在した「王権」、「タイ語」、「仏教」の文化的三要素がアユッタヤーに継承され、統治の正当性へ昇華していったのである。

繰り返しの説明をしておこう。多様な人間と文化が外から入り込んだアユッタヤーはまさにコスモポリタンの世界であった。その多様さにまとまりをつけたのが、ごく小さな権力核とは言いながら、それ以前に既に存在していた「アヨータヤー」であった。「アヨータヤー」を構成した人々の詳細はわからないが、少なくともその中心にはタイ系民族がいた。外からやってきた人々も、王を中心とした政治体を尊重する（つまり、「三種の宝器」を受け入れる）ことで、自由な活動が保障された。また、王に取り入ることで、自らの経済的かつ政治的な地位を向上させていった。そうした「アヨータヤー」が徐々に成長しアユッタヤーに継承された後も、その流れは変わらなかった。アユッタヤーでは「交易」を契機に爆発的に「外来人」の流入が増加したが、アヨータヤー時代から継承してきた「三種の宝器」は根強く生き残り、クニの拡大の中でさらに強化され、「サヤーム世界」の形成へと発展していたと考えられる。

その発展の陰の功労者として、スコータイをあげておかねばなるまい。同じくタイ族を主としたスコータイが、先に述べた通り女性（婚姻）を通してアユッタヤーにその文化を伝えており、そのことがアユッタヤーの王権の強化に寄与したと考えられる。

いずれにしても、今日のタイを支えるタイ的価値としての「王権」、「タイ語」、「仏教」はこの「アヨータヤー」で誕生したと考えられる。まさに、「アヨータヤー」はタイの故郷であると措定されるのである。

さらに、「アヨータヤー」からアユッタヤーに発展し、さらに「サヤーム世界」が形成されていくわけであるが、その過程で「アヨータヤー」の基礎を築いたタイ族の影が薄れていってしまう。つまり、「外来人」が徐々に増加

＊54　［ワラーンカナー 2012: 16］

し、「サヤーム世界」ではマジョリティーは「外来人」と化してしまう。極端に言えば、タイ人は消失してしまうのである。「サヤーム世界」の主たる構成員は、既述の通り、「外来人」ないしは「外来人」系の人々になっていく。多様な「外来人」との通婚による多様な「外来人」系が、「サヤーム世界」を埋め尽くしていくのである。

一つだけ、付加しておかねばならないのは、アユッタヤー初期における言語の問題である。確かに、チャオプラヤー川流域の北部ではタイ語が普及していたが、南部のアユッタヤー辺りでは多様な言語が使用されていたと考えられる。後述する半島部を中心とする「マレー世界」ではマレー語が一般に使用されていた。しかも、アユッタヤーでは王宮内も含めてクメール語も使用されていた。おそらくは、クメール経由でヒンドゥー文化による王権概念を採用していたこともあり、王宮内ではクメール語が必要であったにちがいない。そして、仏教の普及に引っ張られる形で、さらにはクメール文字に習ったタイ文字の変遷と絡まって、タイ語が徐々に公用語としてその地位を確立していくが、本格的な共通語として成立するのはバンコク王朝の一九世紀半ば以降である。なお、タイ語については、第4章および第5章でも取り上げることになる。

タイでは王族に関する特別の語彙体系である「王語(ラーチャーサップ)」が発達し今日でも使用されているが、現在のタイ語の中にインド系語彙(サンスクリット語、パーリ語)とクメール系語彙が多いのも、多言語が同居していた時代の状況を反映していると考えられる。

2 タイ世界／ムアン

ここで「タイ世界」というのは、現在のタイで言えば、東北部、北部の地域を指す。とりわけ、メコン川とそこに流れ込むムーン川などの流域、およびピン川、ワン川、ヨム川、ナーン川などが流れる山間地域のことである。この地域こそタイ系諸民族が生活してきた場であり、新谷忠彦らが「タイ文化圏」と呼ぶ[*55]ところの一部である。タイ語で言えば、「イサーン（東北部）」と「パーヤップ（西北部）」の二つの地方を主に指すと考えてよい。

重要なことは、まさにこの「タイ世界」こそ、主としてタイ系民族が居住し、タイ文化が育ち色濃く宿った地域であるということである。

とはいえ、この「タイ世界」の歴史もそれほど古くない。とりわけ、イサーンは大きな権力が育たなかった地域である。確かに、メコン川とムーン川の合流点近くのウボンラーチャターニーなど、両河川沿いの数ヵ所には七〜一一世頃には集落が存在したが、大きなクニに発展することはなかった。おそらくは、水不足や煙瘴をはじめとする過酷な自然条件が人の居住を拒んだのであろう。また、現在でもイサーンはラオスを含めたまさにメコ

＊55 ［新谷・クリスチャン・園江編 2009］

ン川流域圏というやや広い地域を視野に入れないと何も語れないが、一四世紀末頃から始まったラオスからイサーンへの人口移動（移住）あたりから、イサーンの人口が増加してきたと考えられる。

他方、パーヤップもほぼよく似た事情を背負っている。イサーンよりは自然条件には恵まれていたこともあり、より数が多く規模もある程度の大きさのクニが誕生した。たとえば、現在のラムプーンにはモーン族のクニであるハリプンチャイが、伝説では七世紀頃に建設されたと言われている（もっとも、考古学的史料によれば一一世紀頃ではないかと推測されているが）。しかし、そのハリプンチャイも、一三世紀後半にチエンセーン王国の強力な指導者マンラーイ王（一二三八～一三一七年）の攻略により滅んでしまう（一二八一年）。このマンラーイ王は一二六二年にチエンラーイを、一二九七年にチエンマイを建設するなど、パーヤップ地域に大きな勢力圏を築いた。「ラーンナー・タイ」と呼ばれるこの勢力圏は、チエンマイを中心としたこの地域の小「ムアン」の連合体でもあったが、一五世紀にもっとも栄えた。とはいえ、マンラーイ王家もビルマの攻勢の前に途絶え、この地域は一五五八～一七七四年の間、約二〇〇年にわたって政治的にはビルマの支配下に置かれた。この地域にビルマ文化がそれなりに宿っているのはそのためである。

このように、「タイ世界」を構成するイサーンやパーヤップの地域は、基本的に「サヤーム世界」に匹敵する大きな規模の統治権力を伴ったクニが誕生しにくかった。それは、「サヤーム世界」のような莫大な利益をもたらす交易といった経済的条件に欠けていたためであろう。タイ系諸族のそれなりの規模の権力空間は一般的に「ムアン」と呼ばれるが、おそらくは大小の数多い「ムアン」が存在した。チエンマイやチエンラーイのように比較的大きな「ムアン」は中心地域を城壁で囲むのが普通で、「チエン～（～城）」との名称がつけられたが、数は限られていた。

いずれにしても、「タイ世界」では「ムアン」が社会の基本単位で、「サヤーム世界」のアユッタヤーやバンコクの中央はこの「ムアン」の長「チャオ・ムアン（ムアン領主、国主）」を通して間接的に統治を行なった。その統治はいわゆる請負関係で、「チャオ・ムアン」は一定の利益を税や労働力の形で中央に提供するのと交換で当該「ムアン」の統治を委任された形をとった。「食国制（キン・ムアン）」と呼ばれる慣行で、「チャオ・ムアン」をはじめとする当該「ムアン」の支配層は、民衆から取り立てた利益と中央に提供した利益との差額を収入として懐に入れた。まさに、「ムアン」から「食べる糧」を得るシステムであった。収入の多少は、「チャオ・ムアン」の能力に大きく左右された。「チャオ・ムアン」のもとで実務に当たる部下とその部下との間、さらにはそれらの部下と最終的なターゲットである一般平民との間も請負関係で結ばれていた。

加えて、「タイ世界」は、ラオスや雲南、さらには北ビルマやシャンなどの地域とも密な関係を持っていた。タイ系諸族はその空間をより良い土地を求めて移動を重ね、定着性は低かった。私は一九八〇年代の半ばに、チエンマイ在住のタイの友人とビルマを旅した際インレー湖を訪れたが、友人からタウンジーの町で親族を数人紹介されたことを思い出す。友人は、チエンマイとビルマとの間に親族のネットワークがまだ強く残っていると語っていた。

いずれにしても、「タイ世界」は「サヤーム世界」からすれば後背地であり地方であった。政治的に見れば、「タイ世界」は半ば独立を維持しながらも「サヤーム世界」に従属する形が、基本的にはアユッタヤー時代から長い間続いた。「タイ世界」が「サヤーム世界」に完全に併合され近代的領域国家としてのタイの一部となるのは、一九世紀末のラーマ五世による中央集権化を待たねばならなかった。たとえば、チエンマイが正式にバンコク王朝に組み込まれたのは一八九四年であり、それほど古いことではない。

（1）身分制社会

「ムアン」を基本とした「タイ世界」の社会構造は、従属先の「サヤーム世界」が用意した身分制である「サックディナー制」に大きく影響された。その「サックディナー制」は、アユッタヤー時代のトライローカナート王（在位一四四八〜八八年）治世に整備され、バンコク王朝のラーマ五世（在位一八六八〜一九一〇年）治世までの約四〇〇年間にわたって運用され、「タイ世界」にも適用された。その四〇〇年間には政治や社会に様々な変遷があったとはいえ、大きく見れば一つの統治の形が存続した期間と見ることができ、その期間を「旧制度下」と呼ぶのはそのためである。

身分制を含む「旧制度下」の社会構造についての研究はまだまだ進展していないが、「サックディナー制」を基本とした身分制を概観し、「タイ世界」の「ムアン」における支配・被支配関係の姿を垣間見ることにしたい。

■**労働力管理システム**　タイの「旧制度下」の全時代において、「ムアン」を維持していくための統治の要は、労働力（労役、兵役）の確保にあった。豊富な土地と比べて人口が少なかったため、支配層にとっては労働力を確保することが最優先課題であった。タイの身分制は、その点を大きく反映していると言えよう。身分制を大きく見れば、ほぼ次の通りであった。

身分制

国王→王族（チャオナーイ）→クンナーン（上層官僚）→中層・下層官僚（ナーイ）→平民（プライ）→奴隷（タート）

身分の上下を示す標識である「サックディナー」で説明すると、国王はさておいて、四〇〇ライ以上の王族および「クンナーン（上層官僚）」が支配層と言える。四〇〇ライ以下の被支配層には、中層・下層官僚（ナーイ）とそれ以下の者が該当する。つまりは、「クンナーン」以上の者がそれ以下の者の労働力を強制的に利用することにより成り立っている「ムアン（クニ）」であった。

注目すべきは、中層・下層官僚の存在である。彼らの多くは上層官僚の身近にあってその指示に従い手先となって動く役目を負っていた。実働的な存在と言えるかもしれない。その「サックディナー」は、おおよそ、中層が四〇〇ライ未満〜一〇〇ライで、下層が一〇〇ライ未満〜四〇ライであった。この層の人々は、身分制全体からすれば、様々な公的拘束や義務が少なく、経済的にもそれなりに楽で、被支配層の中ではもっとも負担の少ない層であった。

「ムアン」の中で、公役（ラーチャカーン）である労役や兵役という形で日常的に労力を提供する層は、平民（プライ。一〇〜二五ライ）と奴隷（タート。五ライ）であり、人口最多の層であった。彼らが生産活動などにも従事し、その成果を王族や官僚に搾取されるシステムが「ムアン」の根幹であった。実際、「プライは金なり、金はプライなり」と言われるほどであった。「タイ世界」にはごく少数の「クンナーン」と相当数の中層・下層官僚が存在したが、一般のほとんどの者は平民（プライ）または奴隷（タート）の層に属した。彼らこそが、「タイ世界」の民衆（多くは農民）であった。

■「プライ（平民）」と「ムーン・ナーイ（組頭）」

「プライ」（平民）には、職業選択などの自由はあったが、労役、兵役、納税の公的義務があった。平民の壮丁（一七または一八〜六〇歳）[*56]は、人民登録局（クロム・スラットサワッディー）での登録を義務付けられ、手首などにその所属などの情報が刺青された。

彼らは、所属により大きく二つの種類に分かれていた。国王に所属する「プライ・ルワン」と王族や「クンナーン」などの個人に所属する「プライ・ソム（「プライ・ソム・カムラン」と呼ぶ場合もある）」である。時代により異なるが、おおよそのところ、前者の労役期間は、ナーラーイ王時代以前は一年に六ヵ月の長さであったが、その後徐々に短縮され四ヵ月となり、ラーマ二世時代には三ヵ月となった。[*57]後者はそれらよりも短かった。加えて、やや異種ではあるが、遠隔地に在り、物品をもって納税し労役が免除される「プライ・スワイ」と呼ばれる種類があった。

「プライ・ソム」は、国王が王族や「クンナーン」に対して他の栄典とともに下賜した労働力であった。その配給を受けた者は「プライ・ソム」を支配下に置くことができた。下賜された者が死去した場合には、「プライ・ソム」は国王の所属に戻り、「プライ・ルワン」となった。

「プライ」は必ず主人を一人持たねばならないとされ、その主人が「ムーン・ナーイ（組頭）」と呼ばれた。「ムーン・ナーイ」所属の「プライ」は、相続の上でも有利な条件を与えられ、裁判所による保護もあった。「ムーン・ナーイ」を欠いた「プライ」には、訴訟権がなかった。現代風に言えば、公民権が付与されなかった。

これら「プライ」や「ムーン・ナーイ」は「旧制度下」における身分制の根幹であるが、その研究はまだほとんど進んでおらず、わからないことが多い。

「ムーン・ナーイ」が「プライ」の直接の管理者であったことは間違いないようだ。ただ、「ムーン・ナーイ」自身の身分上の位置が明白ではない。また、「プライ・ルワン」であれ「プライ・ソム」であれ、それぞれの直接の所属先と「ムーン・ナーイ」の関係も不明である。たとえば、「プライ・ルワン」の場合、形式的には国王所属であるが、実際には統治機構全体のどこかの部署に属していたに違いない。その場合、当該部署の長が「ムーン・ナーイ」の役目を果たしたとしても、規模が大きい場合は支障が生じると考えられる。「プライ・ソム」の場合でも、国王から賜った者自身が「ムーン・ナーイ」となる場合もあるだろうが、大きい組織を担っている場合には、直接接触できる他の者を「ムーン・ナーイ」に置く必要があったであろう。一人の「ムーン・ナーイ」が管理した「プライ」のおおよその数は一〇〇人から一〇〇〇人と見られるが、[*58] その実態は当該組織の大きさに左右されたであろう。

「ムーン・ナーイ」が「プライ」にもっとも近い距離にいたであろうと推測できるのは、そうでなければ果たせない役割を負っていたからである。たとえば、「プライ」が関係する訴訟事件では、訴状に自ら（原告）が所属する「ムーン・ナーイ」の名前を添えることが条件であった。被告の属する「ムーン・ナーイ」の名前も必要で、被告への召喚状は「ムーン・ナーイ」に送られ、「ムーン・ナーイ」は被告を裁判所に出頭させねばならなかった。また、裁判の席では、「ムーン・ナーイ」は被告を補助することが可能であった。加えて、「プライ」が逃亡した場合には、「ムーン・ナーイ」は、部下を動員し追跡する義務があった。所属の「プライ」が窃盗、乱暴などを行なった場合には、逮捕する義務もあった。犯人を隠匿した場合、「ムーン・ナーイ」自身が処罰された。いわば、「ムーン・ナーイ」は、「プライ」の行動に責任を負わされる保証人的存在でもあったと言える。つまり、「プライ」の

＊56　時代により「壮丁」の規定も変遷したようだ。上は六〇歳または七〇歳であった場合が多いが、下は年齢ではなく身長が一二五センチ以上の時代もあった。ラーマ五世時代には、一七～六〇歳であった［サンキート　2009: 9-10］

＊57　［サンキート　2009: 28-29］

＊58　［カチョーン　2013: 13］、［ワラーンカナー　2012: 38］

日常的管理と世話の役割を負っていたのが「ムーン・ナーイ」である。[*59] まさに、労役や兵役の管理の実質的中心であり、恒常的に労働力不足を来たす「ムアン」の基盤を支えていたのである。

一般には、「プライ」の義務は、①国王への忠節、②労役の提供、③兵役従事、④納税（労役金、物納も含む）、⑤法律遵守であった。[*60]「ムーン・ナーイ」は、いわば国王の最先端の代理的存在として、官僚と「プライ」との接点に立っていた。きわめて重要なのは、繰り返しになるが、「ムーン・ナーイ」に所属していない「プライ」には訴訟権が認められていない点である。「ムーン・ナーイ」制は社会秩序の維持にも大きい機能を果たしていたのである。

■**奴隷**　身分制の最底辺は、奴隷（タート）である。奴隷でもっとも多かったのは戦争捕虜であった。国王は捕虜を連れて帰って自らの奴隷としたし、戦功を立てた者に捕虜を奴隷として与えた。この種の奴隷を「捕虜奴隷」と称する。捕虜奴隷が多かった理由は、敵の労働力を削減させることにつながるからであった。当時のこの地域での戦争は労働力争奪戦であったと言える。もう一つの奴隷は「借金奴隷」である。貧者の多くが労働力を担保に金を借りる慣習があったからである。三〇〜四〇％／年という高利息であった時代が長く、「借金奴隷」を生む大きな原因ともなった。

また、広範囲に人身売買が横行していた。そのためか、身価法が発達し、年齢に基づいた身価が定められていた。最高額は、男性の場合は二六〜四〇歳で五六バーツ、女性の場合は二一〜三〇歳で四八バーツとなっていた。いずれも働き盛りに最高額が設定してある。そこをピークに双方向に価格は下がっていく。[*61]

また、奴隷の種類には様々なカテゴリーがあったようで、たとえば、売買形態による奴隷の種類分けでは、「利息奴隷（タート・カーイ・プークドーク）」、「買い戻し奴隷（タート・カーイ・ファーク）」、「売り放し奴隷（タート・カーイ・カート)」などの種類があった。[*62]

奴隷の中でも、「捕虜奴隷」や「下賜奴隷」および「売り放し奴隷」は、重労働に従事させられた。過ちを犯すと、鞭打ち刑などの重刑に処された。奴隷は、概してモノや家畜と同等と見なされたと言えよう。興味深いことに、奴隷も、時代によっては、税金を納めなければならなかったし、八日/年の公的労役が課せられた。[*63] しかし、ほとんどの場合、奴隷主が奴隷に代わって金銭でこれらを処理した。

また、奴隷の売買には、「身売り証文(サーン・クロムマタン)」という文書の作成が必要であった。そこには、売主、買主、売られる者の名、身価、売買契約日などが記載されている。その一例は、次の通りである。

---

*59 [サンキート 2009: 33–35]

*60 [サンキート 2009: 55]

*61 [『三印法典 第1巻』1972a: 197–205]

*62 金を借りて、妻子や親族を金主の元に送り、利息分働かせ、元金を返済すれば、元の身分に戻るのが「利息奴隷」、買い戻し条件付きで保証人を必要とし、逃亡などの場合には保証人が金を支払わねばならないのが「買い戻し奴隷」、売り放しで買い戻し予定がないのが「売り放し奴隷」である。

奴隷の種類については、様々な種類分けがあるが、定義や分類原則が不明確である場合が多い。もっともよく言及されるのは、『三印法典』所収の「奴隷法」の中の「七分類」である。すなわち、①債務奴隷、②奴隷主の家で出生した奴隷の子、③父母より相続した奴隷、④贈与奴隷、⑤罪人救済奴隷(罰金刑を受けた者の罰金を代納し奴隷とする)、⑥飢饉時の際に養った奴隷、⑦捕虜奴隷、である[『三印法典 第2巻』1972b: 287]。

*63 [サンキート 2009: 346–47]

身売り証文の例[*64]

小暦一二一一年六月黒分水曜日

私（夫）ミーおよび私の（妻）コットは、娘マーをルワンシーに身価一チャンで利息売りする。もし娘のマーが逃亡した場合には、逮捕し告訴することを承知する。私は、娘を必ずや連れ戻すことを約束する。証拠として、私ミーは本証文に署名をする。

ミー（署名）

一般に、奴隷身分から脱け出すのはきわめて困難であった。ただ、次のような場合には奴隷は平民（プライ）となることができた[*65]。

①自らカネを支払う。②奴隷主が解放する。③奴隷主が出家を認める。④奴隷主との間に子ができる。⑤奴隷主の代理として鞭打ち刑を受ける（代理受刑）。⑥戦役に奴隷主の代理として出る（代理戦役）。⑦敵の捕虜となるが、逃げ帰る。⑧奴隷主の仕事に従事中、腕を折るなどの重傷を負う。

奴隷が平民となることができるこれらの場合の中で、注目されるべきは代理制である。奴隷主個人に様々な社会的負担がかかった場合、その負担を奴隷に肩代わりさせる慣行（制度）が発達していた。たとえば、上の説明と重複するが、奴隷主やその親族が違反行為を行ない刑に服する場合、奴隷はその代理としてその者に代わって刑に服した（代理受刑）。また、出兵を命じられた場合も、代理として奴隷を兵役に送り出すことができた（代理戦役）。代理受刑や代理戦役に充てられた奴隷は、それなりの見返り利益（平民になるなど）を受けた。この代理制は、奴隷制や身分制にとってきわめて重要であり、少なくとも奴隷が単なる労働力としての存在だけではなかったことを示している。

奴隷制は、非道な制度であった。とりわけ、「奴隷の子は生まれながらにして奴隷」という規定は、奴隷主に全面的に服し売買や譲渡の対象にされるモノとしての奴隷の究極の表現であろう。しかし、実際には、この奴隷制が王族や官僚の間で好まれたのはもちろんのことであるが、奴隷自身も一般的に肯定的であったという。それはなぜなのであろうか。基本には、労働力不足という社会的背景の存在が考慮されねばなるまい。[*66] つまり、ある程度奴隷を大切に扱わなければ、逃亡する可能性が高く、居着かないという前提があった。奴隷という労働力を欠くと、たちまち困るのは新しい労働力を探す必要に迫られる奴隷主の方であったからだ。

しかも、奴隷自身にとっても、奴隷になることは生活できる（生きていける）保障を得ることに等しかった。労働は過酷かもしれないが、生存が保障されており、政府から課せられる税や労役も奴隷主が肩代わりしてくれるのが普通で、それなりの日々を送ることができた。それは、納税義務に苦しみ、さらに長期間労役に駆り出される「プライ」の生活よりも楽であったとも言える。生活に困った「プライ」の多くが奴隷に走った時代もあった。ともあれ、私たちは「奴隷」という訳語をあてて理解しているために、「タート」の実際を誤解している可能性が高い。

■**「栄典（栄誉）」誇示**　「クンナーン」には、俸給は支給されなかったが、国王からその地位を保証するいくつかの有形無形のものが下賜された。国王は、「クンナーン」に人民が畏敬の念を持つように権威付けを行なうため、

＊64　［サンキート 2009: 44］
＊65　［サンキート 2009: 49–50］
＊66　［サンキート 2009: 51–53］

「栄典（栄誉）」を授けたのである。「位階」や「サックディナー」、さらには労働力（プライ・ソム、奴隷）、土地などもその一部と言えるが、「栄典」の中心は、きらびやかで珍しいモノが中心で、きわめて多様な下賜品（栄典具）が用意されていた。

たとえば、衣服、長柄傘蓋、日除け傘、とんがり帽子、檳椰子碗、水碗、盆、檳椰子、輿、轎、舟、下賜碗、高脚盆、足付盆、水碗、小盒、帽子、乗り物、椅子、屋根付き舟、太鼓などの楽器等々が下賜された。これらの「栄典具」には、金細工などの凝った意匠が施され、一目で下賜品であるとわかった（「パッタヤー」と呼ばれ、ほとんどは死後に国王に返却され、相続できなかった[67]）。

「クンナーン」たちは、国王からの「栄典具」を使用して、自らがいかに立派で威信に富んだ存在であるかを外に対して誇示する必要があった。家屋の中に調度品として飾り、自慢する場合が多かったが、「クンナーン」は外出時に下賜品と共に大勢の従者を引き連れ、その威光を見せびらかさんとばかりに隊列を組んで練り歩いた。多様な「栄典具」を様々に工夫してきらびやかに飾り、銅鑼、鼓、銃、旗、馬なども交え、鳴り物入りで長い隊列を組んだのであった。

この隊列にもっとも必要なのは大勢の従者であり、そこには奴隷が駆り出された[68]。自分の意図のままになる労働力を多数蓄えておくのは、「クンナーン」にとって経済活動を行なう上にも必要であったが、権勢を示すのにも欠かせない要件であった。だから、「プライ・ソム」よりも恣意的に自由に使用できる奴隷はきわめて重宝で、財がゆるせば奴隷を購入する「クンナーン」が多かった。最高位の「クンナーン」とも言える大蔵卿の例では、所有する「プライ」と奴隷を合わせると、配下の者の数が八〇〇〇人に達したという[69]。

■相互の関係　「プライ」という半自由民と奴隷という不自由民をほぼ固定的に最底辺に置き、その上に王族および上層（クンナーン）、中層、下層の官僚を配して労働力管理を行なわせるシステムが作動していたのである。絶対的存在である国王は、その威光を駆使し、もっぱら王族を含む官僚層のコントロールに神経を使った。一般に、日常生活でも身分の上下は絶対的で、労役と兵役を中心とした労働力管理と秩序維持に効力を発揮した。

旧制度下において秩序が不安定化するのは、ほとんどの場合、王位の継承をめぐる争いにおいて王族や「クンナーン」の間で軋轢が生じた時であった。それは、王位（王統）はきわめて強力な存在で、だれもが手に入れたいが、同時にきわめて限られた者しか手に入れることができない対象であることを物語っていた。

その権力の根源に近い王族や「クンナーン」の生活は、経済的には楽であったが、厳しさに満ち満ちていた。実際、ひとたび国王の意向に逆らうと生命の危機に陥った。王位継承などの権力闘争では謀反や殺し合いなどが多く発生し、身の安全が脅かされるなど、殺戮合戦の観を呈する時代が多かった。王室典範の規定は厳格で、違反者には投獄、拷問、虐刑、極刑が用意されていた。

だから、「クンナーン」には、国王から与えられた栄典を守り、他から軽蔑されないように気をつけ、国王の信任を確保する努力が求められた。また、会合（集会）も原則禁止されており、違反者は手切りや足切りなどの残酷刑に処された。[*70] もっとも、中層や下層の官僚からすれば、「クンナーン」は憧れであり、彼らと良好な関係を持つために、娘を差し出すほどであった。「クンナーン」の家には、取り入ろうとする者が多く出入りした。

もっとも気楽な生活を送れたのは、「サックディナー」で言えば二〇〇～三〇〇ライあたりの中層ないしは下層

＊67　［プラユット 1977: 33-38］, ［サンキート 2009: 56］
＊68　［プラユット 1977: 34］, ［サンキート 2009: 57, 84］
＊69　［サンキート 2009: 57］
＊70　［サンキート 2009: 80-81］

の官僚であった。彼らは比較的自由な行動を許され、公役に出る必要もなかった。また、少しまとまった金が貯まれば、奴隷を購入することも可能であった。[*71]

いずれにしても、「タイ世界」では官僚であれ平民であれ、「サックディナー」を指標とした身分の上下関係が人間関係の基礎に置かれた。互いにどちらが上か下かを確認するのが、初対面での重要な仕事であり、それ以後の双方の行為や思考を方向づけた。旧制度下において長期間作動したこの身分制は遺物（DNA）として今日でもタイ社会にそれなりに強く残っている。

たとえば、上述の旧制度下における調度品や装飾品を中心とした「栄典具」は、ラーマ五世時の一八七二年の勲章制の発足と同時に廃止された。しかし、「栄典（栄誉）」誇示の慣習が現在でも生きていると思われる例に出くわすことがある。王室プロジェクトなどの王室が関係する事業の集まりでは、国王、王妃、王子、王女などの「章《しるし》」をあしらったメダル（徽章）を襟などに付けている人が多い。特に、ある程度の社会的地位のある者は、日常でも多くが胸元をその種のメダルで飾っている。私も、数年前にタイ王室が関係している会議に出席する機会があり、明日の会議には付けてくるようにと前日メダルを渡されたのだが、つい忘れてしまい、少し恥ずかしい思いをしたことがある。私以外はタイの方ばかりで、二〇人ぐらいの会議であったが、全員がメダルをきちんと付けていた。王室に関係ある仕事に従事している者であることを外に対して示すためであろう。

■請負関係　「タイ世界」で圧倒的多数を占めたのは、「プライ」と「奴隷」の二つの層からなる人々である。彼らこそが、一般民衆である。上述の身分制社会の中で生きていくのは、相当過酷であったに違いない。しかし、奴隷の実際について少し触れたように、奴隷主は奴隷を完全なモノとしてではなく、場合によっては貴重な存在として扱わねばならない状況下に置かれていた。基本的に労働力が不足していたからであった。奴隷主がもっとも嫌がるのは、奴隷の逃亡による労働力の損失であった、だから、奴隷自身も、公役が少なく生存そのものが保障されることもあり、奴隷の身分に安住する傾向があった。

私は、「プライ」と「ムーン・ナーイ」および奴隷と奴隷主の間の相互関係も、実際には請負関係に近い関係ではなかったのかと考えている。様々な状況と条件の下で両者の間でネゴが行なわれ、ギブ・アンド・テイクの内容が決められたのではなかろうか。

一般民衆の中には苛酷な生活を強いられた者ももちろんいたであろうが、多くはそれなりの生活を送ることが可能であり、身分の上下関係を踏まえておれば生存そのものを脅かされることは少なかったに違いない。

(2)「民衆反乱」

先に、「サヤーム世界」について論じ、アユッタヤーという「港市」を統治し経営していたのはほとんどが「外来人」やその後裔であり、そこに原住民の姿を確認するのはきわめて難しいと述べた。しかし、確かにアユッタヤーという「外来人国家」の構成員(住民)の多くは「外来人」であり、彼らが統治権力機構や経済(交易)を牛耳っていたに違いないが、アユッタヤーの外側に拡がる広大な後背地に住む「外来人」は比較的少なかったと思われる。シャム湾に点在する港町には華人系をはじめとする「外来人」が多く居住していたが、大陸奥地に住む「外来人」は、徐々に増加したとはいえ、本来少なかった。

＊71　[サンキート 2009: 83-85]

アユッタヤー王朝の権力基盤が交易であり、その交易の中心が南シナ海とインド洋の東西を結ぶ中継であったとしても、重要な輸出商品は「サヤーム世界」の産物ではなく、後背地から集積された林産物であった。たとえば、蘇木や安息香または鹿皮などは日本や中国などに大量に輸出された。明らかに、「サヤーム世界」(アユッタヤー)と「タイ世界」(後背地)、つまり中心と地方は主として産物の輸送網により結ばれており、しかも前者は後者を政治的にも経済的にも支配しようと常に努めたのであった。

ここでは、アユッタヤー王朝からバンコク王朝初期のいわゆる旧制度下における「民衆反乱」というタームで表現される事件を取り上げる。「サヤーム世界」という中央に対して生じた地方の「民衆反乱」の性格を考えてみたい。なぜ「民衆反乱」が生じたのか、「民衆反乱」の実態はどうであったのかを述べながら、「タイ世界」の状況、および「サヤーム世界」と「タイ世界」の関係などを考察したい。[*72]

■代表的「民衆反乱」 一般には、主体が「民衆(プライやタート)」であり、とりわけ指導者も民衆である反乱を「民衆反乱」と呼び、いわゆる指導層や権力層内部で生じる権力闘争の形態としての反乱(謀反)と区別する。この「民衆反乱」は、タイ語では「有徳者(プー・ミーブン)反乱」ないしは「功徳霊、救世主(ピー・ブン)の反乱」とも呼ばれ、千年王国運動の文脈で説明されることもある。

過去の主な「民衆反乱」を一覧にしてみると、次のようになる。反乱名の前の数字は発生年、( )内は発生場所である。なお、「タイ世界」以外の場所で生じた反乱も含まれている。

①一五八一年　ヤーンピチエン反乱(ロッブリー)
②一六九四年　タムティアン反乱(ナコーンナーヨック、サラブリー、ロッブリー)

③一六九八年　ブンクワーン反乱（ナコーンラーチャシーマー）
④一七九一年　チエンケーオ反乱（ナコーンチャムパーサック）
⑤一八二〇年　サーキアットゴーン反乱（ナコーンチャムパーサック）
⑥一八八九年　パヤーパープチエンマイ反乱（チエンマイ）
⑦一八九五年　スックサームボーク反乱（コーンケーン）
⑧一九〇一〜〇二年　東北プー・ミーブン反乱（東北部メコン川流域、現ラオス領も含む）
⑨一九〇二年　プレーのギアオ反乱（プレー）
⑩一九〇九〜一一年　南部プー・ミーブン反乱（ヤラー、ソンクラーなど南部）
⑪一九二四年　ノーンマークケーオ・プーミーブン反乱（ルーイ）
⑫一九三六年　モーラム・ノーイチャーダー反乱（マハーサーラカーム）
⑬一九四〇年　モーラム・ソーパー反乱（コーンケーン）
⑭一九四八年　ドゥソンヨー反乱（ナラーティワート）
⑮一九五九年　ナーイシラー反乱（ナコーンラーチャシーマー）

以上の代表的「民衆反乱」のうち、①〜③はアユッタヤー王朝期であり、④以降はバンコク王朝期である。また、⑥〜⑩はラーマ五世期に生じており、その時期が中央・地方関係が大きく動いた時代であることを示している。また、後でも詳しく触れることになるであろうが、「民衆反乱」と呼ばれている反乱の最後は一九五九年で、

＊72　以下、主として、［サーイサクン 2012］、［チットラシン 2008］による。

まさにサリット独裁政権下のことであった。

■反乱の性格：アユッタヤー時代　このリストの最初にあがっている「民衆反乱」の①は、一五六九年にアユッタヤーがビルマに攻略されて独立を失い属国になった時代に生じている（一五八四年にナレースワンにより独立回復）。ビルマが属国の王として登用したマハータムマラーチャー王の時代（在位一五六九〜九〇年）のことであった。おそらくは、アユッタヤー陥落により社会が混乱した上に、その翌年からはカンボジアからの攻撃も三回を数え、アユッタヤー周辺は疲弊したに違いない。また、一五七〇年代は天候不順で年毎に洪水と旱魃が繰り返された。加えて、この地域では慢性的な労働力不足が深刻化していた。こうした事情が、一般民衆を極度の生活苦に追い込み、不満が蓄積されたと考えられる。反乱軍はアユッタヤー軍との戦闘を繰り広げたが、民衆を率いた首領ヤーンピチエンの戦死により、結局は潰滅してしまった。

このタイ史上初の「民衆反乱」とされる①が生じた理由には、上述の社会状況を指摘できるであろう。もっとも、指導者であったヤーンピチエンが本当に「民衆」、つまり一般の平民であったかどうかについては、疑問を挟む向きが多い。編年史などにより経過を追う限り、戦闘準備が周到であり、兵力（武器）も相当の程度整備されており、相応の戦略が存在したことが確認されているからである。つまり、ヤーンピチエンは平民ではなく、アユッタヤー周辺地域にあってそれなりの力を備えた者で、アユッタヤー権力と何らかの関係があった者ではないかとも考えられている。[*73]

②の反乱は、ペートラーチャー王（在位一六八八〜一七〇三年）時代に生じている。フォールコンを処刑し、かつ当時勢力を誇っていた王宮内のフランス派を排除したことで知られる王であるが、簒奪王という理由から、即位後は、地方国も含めて、権力が安定しなかった。つまり、王位継承の正当性に疑いをはさむ者が多かった。だか

らこそ、反乱の主導者であるタムティアン（ナーラーイ王の臣下で、象軍司令官）が自らを王位継承権者の一人であったアパイトット王子（ナーラーイ王の弟）であるとまことしやかに民衆に訴えたため、多くが反乱に参加したと言われている。とすれば、この反乱はいわゆる「民衆反乱」ではなく、王位継承をめぐる権力闘争の一部と捉えることもできる。

③の反乱は、①および②と異なり、アユッタヤー周辺ではなく、遠く離れた「タイ世界」のナコーンラーチャシーマーで生じている。この事件は、明らかに、それ以前から始まったアユッタヤー（サヤーム世界）による地方国（タイ世界）の抑圧とそれに対する地方国の反抗という対抗図の中で捉えることが可能である。主導者ブンクワーンはナコーンラーチャシーマーを乗っ取り、そこから軍を仕立ててアユッタヤーに攻め込むことを考えていた。アユッタヤーの息のかかった国主（チャオ・ムアン）の能力が劣っていたところにつけ込んで、自らが「プー・ミーブン」であると称し、ラーオが優勢を占める「タイ世界」の住民たちの日ごろの「サヤーム世界」に対する不満に火をつけたのであった。反乱主要メンバーは二八人であったが、ナコーンラーチャシーマーの一角に立てこもり、アユッタヤーからの軍勢に三年間にわたって対抗した。わずか二八人によるその反抗を根底で支えたのは、一般民衆の間に共有される「ラーオ（タイ世界）意識」であったにちがいない。

■反乱の性格：バンコク時代　④から⑮までの「民衆反乱」は、バンコク時代に生じている。④と⑤は奇しくも現在はラオス領であるチャムパーサック地方で生じている。新しくバンコクに成立したアユッタヤーの後継権力がこの地方にも影響を及ぼし始めた証左である。これらの反乱の主体となったクーイ族はクメールやラーオより

＊73　［ソペーサヨーン 2010a: 32–42］

も古い時代からメコン川流域（特に南ラオス地方）に居住していたと考えられ、象の飼育と扱いにすぐれた知識と技術を有し、武力にも秀でていた。ラーマ一世から二世の時代にかけて、バンコク政府の統治権力が徐々に浸透し始め、その圧力が「タイ世界」に住むラーオおよびクメールを介してクーイ族にも及んだ。クーイ族は最底辺の人間と位置付けられ、多くが最下層民（奴隷）として徴用された。そうした抑圧が彼らの民族伝説の中の英雄であるクンチュワン信仰を呼び起こし「ピー・ミーブン」の再来となり、反乱が生じたと言えよう。その底には、分離独立志向が流れていたのは確実である。

⑦⑧⑪⑫⑬の舞台はいずれも東北部であるが、明らかに中央（バンコク）に対する抵抗である。つまりは、「サヤーム世界」と「タイ世界」の間の確執であり、後者（地方）の前者（中央）への反抗である。

⑥と⑨は、ラーンナー・タイと呼ばれていた「タイ世界の」の一地方での反乱である。これらも、同じように「サヤーム世界」に対する抵抗の象徴としての反乱と言えよう。

⑩と⑭は南部（後述する「マレー世界」）で生じている。明らかに、分離独立運動がその底流にあり、その流れは今日の南タイ問題につながっていると見てよい。

先に触れたサリット時代（一九五八～六三年）の開発独裁の時期に生じた⑮は、共同体の建設という理想が生んだ事件であった。ちょうどサリット政権の発足前後に、「タイ世界」で一人の強力な農民指導者が自らの王国を築く運動を開始したのである。その指導者のシラー・ウォンシン（ナーイ・シラー）は、当初一五〇人の民衆をウボン県で掻き集め、ナコーンラーチャシーマー県のチョークチャイ郡に帯同し、そこに一三戸の小屋からなる開拓村を建設した。その村に住めば、それまでの（悪）業が消えて幸せになるとの噂が流された。そして、シラー自身も自らが「プー・ミーブン」であることを宣言し、その超能力が宣伝された。

理想郷の建設とはいえ、内実はシラーを中心にした信仰団体に近かった。村内人口は二〇〇名前後に達したが、宗教的儀式はもちろんのこと、フリーセックスとも思える男女ペアの交換制（一定期間を過ぎると交換する）なども実施された。未婚女性は、シラーと交わることが要求され、それは禊とされた。そして、村では、シラーは「父」と呼ばれるようになり、絶対的存在と化した。

結局、この村の存在を不審に思った官憲が調査に入ったのは、一九五九年五月三〇日で、衝突が生じ、多数の死者を出した。逃亡したシラーはウボン県で六月一二日に逮捕されたが、ラオス領へ逃げ込む寸前であった。サリットは彼の公開処刑を命じ、六月二六日にナコーンラーチャシーマーで執行された。

確かに、この事件の直前の一九五七年には東北部は大旱魃に襲われ、庶民は蛇やトカゲを食料にするほどで、バンコク首都圏への人口流入も大きかった。政府の中でも、このままでは反乱が起きるのではないかと危惧する意見もあった。⑮の背景としてそうした状況も考慮しなければなるまい。生活苦を背景にし、「ピー・ミーブンの反乱」の形をとった民衆の蜂起という点では、⑮は「民衆反乱」のもっとも典型かもしれない。

■「タイ世界」の役割　民衆反乱が発生した多くの場所は、「サヤーム世界」にとっての後背地である。後背地である「タイ世界」はアユッタヤーやバンコクの統治構造の中では地方国としての位置を与えられ、「食国（キン・ムアン）制度」を基本として半ば独立し半ば従属する形で存在していた。地方の国主は「サヤーム世界」が要求する税や労働力を提供しなければならず、そのために支配下の民を増やし、労働力を確保する必要があった。④や⑤の反乱の主体となったクーイ族には、「スワイ」という別称がある。「スワイ」は本来「税」という意味であり、「税を納める（物納）民」として、クーイ族を位置づけていたことから生まれた。

「タイ世界」に住んでいたタイ、クメール（クーイ族はクメール系）、ラーオなどの民は主として林産物や家畜を税の形で「サヤーム世界」に送り、「サヤーム世界」の商人が交易商品などとして扱ったのである。その「タイ世界」

の住民の負担が増すとき、つまり「サヤーム世界」からの要求が強くなったときに、「民衆反乱」が生じていることも確かである。たとえば、⑦の反乱の直接の契機は増税にあり、まさにテーサーピバーン制による地方統治改革（中央集権化）開始時期であった。

「サヤーム世界」と「タイ世界」の伝統的な支配・従属関係は、後者による林産物や家畜などの物資と労働力（徭役や戦役）の提供であった。その関係は、簡単に言えば、中央—地方であったが、相互の関係がタイトではなく、その時々の状況と関係者の取引により決まってくる関係、つまり請負的性格を備えていたところに特徴があった。ともあれ、「サヤーム世界」の支配基盤である交易の一部を支えていたのが「タイ世界」であったのは、間違いない。両者の間の請負関係が支障を来した際や、中央による直接統治への改編要求が「タイ世界」に突き付けられた時期に、反乱が生まれたのである。

また、東北部（イサーン）を中心とする「タイ世界」を、我々はとかく孤立し停滞した土地と考えがちであるが、アユッタヤー時代からヒトとモノの流動性は相当高かった。バンコク王朝初期にあっては既に「タイ世界」を中心とした内陸交易が活発であった。[*74] また、一九世紀末にビルマ（ミャンマー）から東北部一帯にかけて隊商を組み行商網を開拓していたクラー族の存在が知られている。[*75] 家畜（象、牛、水牛など）、絹、宝石、鏡などまさに百貨が、「タイ世界」と「サヤーム世界」の間を往来していたことがわかる。もちろん、銃をはじめとした武器類も商われていた。加えて、隊商を襲撃する強盗も頻発しており、盗賊団の存在とその発達がこの「タイ世界」の性格の一面を物語っている。そして、そうした武力集団が反乱とどのように関係していたかはさらなる検討が必要ではあるが、おそらくは緊密であったに違いない。

■「民衆反乱」と民族意識　上述の通り、主な「民衆反乱」を概観してみると、そこに共通しているのは、「反乱」

と称されるものが「サヤーム世界」の権力との関係から起きていること、また、「民衆」が主体の反乱と言われているが、実際には指導者はその地方にあって相当の有力者である場合や地方権力構造の一角に位置を占めている者（盗賊団なども含む）の場合がほとんどである。もちろん、そこに動員された者は一般民衆が多い。指導者にせよ動員された者にせよ、彼らを反乱に立ち向かわせた究極のものは「民族（部族）意識」である。

「タイ世界」には、「外来人」ではなく、クーイ族、クメール族、ラーオ族、タイ族などが古来居住していた。交易により富を築き王権・タイ語・仏教を武器に権力圏を徐々に拡大し、かつ一九世紀後半からは近代国家の形成を目指す「サヤーム世界」の権力が原住民である彼らを包摂していった。その過程において、彼らは自民族の独立性を維持せんがために「サヤーム世界」に反抗したのである。つまり、「タイ世界」には大小数多くのタイ族を主体としたムアンが存在し、基本的には独自の政治社会を形成していたが、「サヤーム世界」からの徴税や労役の要求に応じざるを得なかった。その要求が耐え難い程度に達した場合、反乱が生じた。確かに、旱魃などによる生活苦を反乱の理由とすることはできるが、本質的ではない。

上に掲げた「民衆反乱」リストを眺めてみると、反乱発生場所が最初は「サヤーム世界」に近いところから始まり、徐々に遠くなっていくことに気が付く。また、ラーマ五世が本格的に地方統治改革――中央集権制への編成替え――に取り組み始めた時期である一八九〇年頃から頻繁に「民衆反乱」が発生しているのも興味深い。しかも、二〇世紀に入ってからも発生している。つまり、「サヤーム世界」を中心とした「タイ」という近代国家の形成が本格的に開始された頃から、それがほぼ終了した時期までを「民衆反乱」はカバーしていると言えよう。

＊74　［菅原 1990］
＊75　［Koizumi 1990］

以上見てきたように、「民衆反乱」と呼ばれているが、実際に反乱を企てたのは地方の有力者であった場合が多い。本来の民衆が起こした反乱例と言えば、⑮のみかもしれない。加えて、反乱の直接的理由としては生活苦をあげることはできるが、おそらく究極の理由は民族意識であると言える。民衆よりも地方有力者（支配層）こそが「サヤーム世界」への反抗意識が高かったと言ってよい。つまり、彼らからすれば、「サヤーム世界」は自分たちとは異なる人間（外来人）が支配しており、そこは完全な「異民族」の地であり、その「異民族」からの要求や圧力に耐えがたかった。民族意識が自然に反抗に向かわせたのであった。

「民衆反乱」は、「外来人国家」であるアユッタヤーとバンコクを基盤とする「サヤーム世界」に対する東北部や北部を中心とする「タイ世界」および半島部の「マレー世界」の反抗であった。

3 マレー世界／海賊基地

タイ国を形成しているもう一つの世界がある。それは「マレー世界」である。その場所はほぼマレー半島部のチュムポーン以南、とりわけスラートターニーあたりから南の地域である。

「マレー世界」は、「サヤーム世界」や「タイ世界」と大きく異なる。マレー半島部分はチャオプラヤー・デルタ地方やコーラート高原地方などと異なり、熱帯多雨林帯に属し、生態的には島嶼部的世界である。半島の中央を南北に貫通する山脈により東岸地域（タイ湾側）と西岸地域（アンダマン海側）に分かれるが、農業適地が少なく、稲作は限られている。産業としては、古くからスズの採掘が有名で、ゴムやココヤシの農園も多い。

「マレー世界」の特徴は、東西の両側が海であり、その双方を結びつける位置にある点である。交易の要衝であり、アユッタヤー王朝と大きな関係を持った時代が多かった。また、モノだけではなく、情報の中継地点ともなった。ナコーンシータムマラートで仏教が栄えたことや、パッターニーがイスラム世界の一つの学問的中心地であったことを、覚えておかねばなるまい。

このような独特の性格を有する「マレー世界」の一面を、パッターニーの歴史および大きな権力と離れて存在する小さな社会について考えながら、以下に概観してみたい。

(1)パッターニー：交易、女王、海賊

パッターニーは半島部の東海岸に位置する。アユッタヤー時代にあっては、パッターニーは南部の地方国または朝貢国の一つであった。大「港市」であったアユッタヤーという当時のタイ湾交易の中心にとって、パッターニーは地方「港市」として重要な交易ネットワークの一角を占め、一六世紀後半から一七世紀にかけてもっとも繁栄した。パッターニーはある時期は独立国として振る舞い、ある時期はアユッタヤーの属国(朝貢国)として貢物を送り、「サヤーム世界」と即かず離れずの関係を保っていたと言える。

■**パッターニー前史**　パッターニーは、もともとパッターニー川の内陸(現在のパッターニー県ヤラン郡あたり)に存在したインド(ヒンドゥー)系の王国「ランカスカ」(漢字表現では「狼牙脩」または「凌牙斯加」)が前身であるとされている。そこには、製塩の技術があったと言われている。

また、パッターニーにはもう一つの名前があったと伝えられている。それは「コーターマリカイ」で、「コーター」は「町」または「保塁」、「マリカイ」は「塔」ないしは「館」をそれぞれ意味しているという。「マリカイ」は本来タミール語であり、この辺りが南インドと大きく関係していたことを物語っている。そして、インティラー王時代(一四六九〜一五一四年)に「パッターニー」に改名されたと考えられる。ちなみに、一五一一年以降の諸資料には、「ランカスカ」や「コーターマリカイ」という名称は出てこない。現在のところ、学界でもパッターニーの前身が「ランカスカ」であったかどうかについては、まだ最終結論が出ていないようである。

■四人の女性国王　パッターニーがもっとも栄えたのは、一六世紀半ば過ぎからの約一〇〇年間であった。この時期、パッターニーを治めたのは、シーワンサー王家の四人（第七代～第一〇代）の女性国王（うち三名は姉妹）であった。この四人の国王の治世は、アユッタヤー王朝ではナレースワン大王治世（一五九〇～一六〇五年）からプラーサートトーン王治世（一六二九～五六年）にかけての時代に相当する。以下、その女性国王の治世を概観する。[*76]

①ラーヤー・ヒーヤオ（在位一五八四～一六一六年）

ヒーヤオ王が何歳で即位したかはわからないが、三二年間の長きにわたって統治したことが判明している。同王の治世では、ポルトガルをはじめ、日本、オランダ、スペイン、イギリスなどが商業施設を設置し、諸国、諸地域との交易が盛況を見せ、パッターニーが大きく発展した。

とりわけ、西洋諸国だけではなく、ポルトガルに次いで進出してきた日本との交易関係に力を入れた。一五九二年に日本からの友好関係を求める親書が届き、七年後（一五九九年）にはパッターニーからの使節が日本を訪れ、パッターニーと平戸の間での交易が確立した。この使節はヒーヤオ王の親書を徳川家康に手渡しており、豊臣秀吉没後の日本とタイ（パッターニー）間の最初の相互交流であった。[*77]

ナレースワン王統治下のアユッタヤー王朝も、パッターニーとの交易に熱心であった。また、一六〇二年にはオランダが、その五年後にはイギリスが、それぞれ商館を置いた。

ヒーヤオ王はきわめて賢明であったと言われ、大臣を三名置き、統治の実際を委ねた。統治基盤である交易に

＊76　以下、主として［パーサコーン 2008: 147-198］を参考にする。
＊77　［Iwamoto and Bytheway 2011: 83］

力を入れ、莫大な経済利益を手に入れた。最大の歳入は税であり、船舶の出入り、商品の出入りにすべて課税した。また、港を中心に課税管理システムが発達したが、その一方で賄賂が横行し関係者の懐を暖めた。

また、治水にも力を入れ、農業用水や生活水の確保にも取り組んだ。

一六〇二年にパッターニーを訪れたオランダ人のJames Naccyは、ヒーヤオ王は六〇歳ぐらいで、背が高く、女官をまわりに置き、通常は王宮内で生活していると説明し。時折趣味である猟に出かけるが、王は象の背にまたがって六〇〇人に及ぶ従者が随行する。四六歳ぐらいの未婚の妹も必ず同行するとも述べている。[*78]

一六一二年には、パーハン国（パハン。マレーシア）のサルタンと結婚していた妹ウーグー王女の歓迎式典を盛大に挙行した。当初パーハン国はヒーヤオ王の要請にもかかわらず、妹とその夫のパッターニー訪問をよしとしなかった。そこで、ヒーヤオ王は軍勢四〇〇〇人と船七〇隻をパーハン国に派遣したところ、二人そろってのパッターニー訪問が実現した。

ヒーヤオ王は、一六一六年死去した。人民はその栄光を称え、記念にタマーガン運河を建設した。

②ラーヤー・ビールー（在位一六一六〜二四年）

ヒーヤオ王が死去した後、周囲の高官に推されて五〇歳になった妹のビールー王女が王として即位した。統治はおおむね前王の方式を踏襲した。

即位三年後に大洪水が起こり、王はパッターニーを守るには大改修が必要と考え、タムノップ（堰）を作って水防に努めた。現在カムポン・ターノバートゥーと呼ばれる村がそこに該当する。洪水が塩田に及び、塩の生産がストップすれば税の減収になることも恐れ、タムノップを建設したとも言われている。

一六一四年、ウーグー王女の夫であるパーハン国のサルタンが死去した。ビールー王は妹ウーグーと孫クーニンを帰国させた。

一六一八年にはパッターニー沖で、イギリスとオランダの戦いが生じた。同年七月一八日には、イギリスの商船HoundとSampsonの二隻がオランダの攻撃で沈没した。イギリスとの関係悪化や交易の中心がバタヴィアに移ったこともあり、オランダは一六二二年にパッターニーの商館を閉鎖した。翌年、イギリスも後を追うように商館を閉じた。そして、一六二四年、ビールー王が死去した。

③ラーヤー・ウーグー（在位一六二四〜三五年）

ビールー王の死去にともない、妹のウーグーが国王に就任した。即位後しばらくして直面した問題はアユッタヤー王朝との関係であった。アユッタヤーは、一六二八年にソンタム王が没すると、王位継承争いで一時不安定になったが、有力クンナーンのプラーサートトーンが翌一六二九年王位に就き、新しい王家が誕生した。パッターニーは、プラーサートトーン王即位の正当性を疑い、貢物をストップした。一六三二年不満を抱いたアユッタヤーはパッターニーに軍を送ったが、攻め込むことはなかった。しかし、周辺のナコーンシータムマラート、ソンクラーなどもアユッタヤーに反抗の姿勢を見せたために、プラーサートトーン王はその双方を攻めた。そして、一六三五年ナコーンシータムマラートで兵を集めた上、再度パッターニーを攻め包囲したが、結局は持久戦となって食料が尽き、引き上げた。救援を期待していたオランダが実際には動かなかったことも、アユッタヤー側の失敗の原因であった。

その後、オランダの進言もあって、ウーグーは抵抗から友好へ方針を変え、アユッタヤーとの関係を調整した。

＊78 ［チャーダー 2014: 78–79］

プラーサートトーン王へ書簡と貢物を携えた友好使節団を派遣したのである。そうしたこともあって、シャム湾の秩序が保たれ、パッターニーには船が頻繁に出入りし、ヒーヤオ王時代と同様の賑やかさを取り戻した。

この時期、ウーグーの娘であるクーニン王女は、ジョホールのサルタンの王子と成婚する。それ以前に、クーニンはパッタルンまたはナコーンシータムマラートの出身と思われる貴族と結婚していたが、その夫とは離婚し独身であった。

④ラーヤー・クーニン（在位一六三五～八六年）

クーニン王女は母ウーグー王の後継、第一〇代国王として即位した。この王の治世、パッターニーにおける交易は下降気味になっていった。それは、前述の通り、外国が商館を閉鎖するなど、パッターニーから後退していったからである。王は自ら商社を立ち上げ、交易に直接手を出すとともに、蓄財に努めた。その上で、慈悲溢れる統治を行なったため、人民の敬愛の的となったと言われている。もっとも、王族の中で不満や嫉妬を持つ者による王位簒奪を狙った反乱が生じたことはあったが、成功しなかった。

クーニン王は、歌舞音曲が好きで、いくつかの楽団を抱え、毎晩のように宴会が行なわれた。ところが、踊り子の女性とクーニン王の夫（ジョホールのサルタンの息子）が恋仲となり、それがもとでパッターニーとジョホールの軍が衝突しそうになる事件が起きた。夫は最終的にはパッターニーから国外に逃れた。クーニン王は、即位当初にはアユッタヤー軍の侵攻に遭遇し防戦を強いられたこともあったが、プラーサートトーン王との友好関係への方針変換もあり、属国であることを示すために貢物を送るなど、両国関係の維持に腐心した。

一六七〇年代には近隣のソンクラーとの関係が悪化し、四年間にわたって（一六七四～七八年）戦が続いた。一六八〇年代末、クランタンの攻撃を受けた際、クーニン王はジョホールへ逃亡中に死去したとも言われているが、最晩年の統治を含めてその経緯は明確でない。結局、パッターニーはクランタンの勢力圏に組み込まれてしまう。こうしてパッターニーの栄光の時代は終了する。

■海賊王国?　パッターニーはアユッタヤーの属国の立場にあり、少なくとも三年に一度くらい貢物をアユッタヤーへ送っていたが、実質的にはほぼ独立していたと言えよう。

この時期、パッターニーはアジアにおける二つの重要港市の一つであった。[*79] ポルトガル、オランダ、スペイン、イギリス、アラブ、ペルシャ、インド、中国、日本などの諸外国との間で交易が行なわれ、繁栄した。とりわけ、絹布の取引が盛んであったと言われている。経済的繁栄は政治力や軍事力を高め、アユッタヤーからの軍事攻勢にも耐えた。近隣のナコーンシータムマラートやソンクラーと戦をしたこともある。

また、パッターニーはこの地域のイスラム教学の中心であったこともつとに有名である。パッターニーの娘と結婚してイスラムに改宗した華人の林道乾の話はよく知られている。兄の改宗に反対して自刃した妹林慈恵は神に祭り上げられて、東南アジアの華人の間で信仰の対象となり、各地で廟が建てられている。

ところで、南シナ海は交易の海であり、船の往来が激しかった。たとえば、日本人のこの地への進出は、アユッタヤーより先で、一六世紀前半頃にはパッターニーには日本人が居留していた。パッターニーが公的に日本の幕府と交易を開始したのは一五九二年頃からと言われているが、実際にはそれ以前から日本人商人がパッターニーに出入りしていた。ポルトガル人旅行家が残している一五三八年頃の記録として、パッターニーには約三〇〇人のポルトガル人が住んでいるが、シャム人、中国人、日本人なども多く、とりわけ日本人が大きな商売をして

＊79　もう一つは日本の平戸であり、パッターニーと平戸は「兄弟港市」とも言われた［パーキヨーン 2008: 175-176］。

いるといった記述がある。[*80]

また、この地域は海賊の巣窟でもあった。一七世紀に入ると、一六〇五年にはパッタ—ニーに入港したイギリス船が日本人海賊に襲撃される事件が起きている。パッタ—ニーをめぐっては、一六〇一年に商館を設立したオランダと日本の間で権益をめぐって確執が生まれ、一六〇六年に日本人の集団がオランダの倉庫を焼き討ちする事件が起きている。イギリスも一六一二年にはパッタ—ニーとの取引を開始するが、それほど成功しなかった。その要因は、一つにはオランダと海上衝突を引き起こすほどの係争に巻き込まれてしまったためであったが、もう一つは海賊による被害が大きかったことがあげられる。

この時期の東南アジアでの交易戦争を概観すると、大きくは、従前からこの地域にネットを張ってきたイスラム商人と一六世紀以降進出してきたキリスト教を背負ったヨーロッパ勢力との対抗であり、そこに華人や日本人も参加し、多くの大小の「港市」をも巻き込んだモノとヒトの奪い合いが繰り広げられていた。

そうした戦闘図の中にあって、特異な位置を占めたのが海賊であった。広範囲な地域で海賊が生まれた。船舶を所有し航海術に秀でた集団が、海上はもちろんのこと、陸上までも襲撃し、モノやヒトを略奪した。こうした海賊が多数発生し、それらの合従連衡が進んで相当規模の力を持った大海賊もいくつか誕生し、この地域で名を馳せるようになった。しかも、そうした海賊隆盛の背後には、基地を提供するなど、海賊を支援するクニが控えている場合も多かった。

インドシナ半島部のナコーンシータムマラートもアユッタヤー勢力圏の中に位置するクニの一つであったが、何回かクニそのものが海賊の脅威にさらされたことで知られている。たとえば、一五九八年に「ウチョンタナ」と称する海賊がナコーンシータムマラートとパッタルンを襲撃した。この海賊の本来的基地は、名称から推測するとジョホールあたりらしいが、スラウェシ島のマカッサル付近のブギス族なども含まれていた。ブギスは高い造船・航海技術を有し、この時期傭兵や商人として各地で活躍していた。[*81]

こうした海賊行為には、この地域の住民だけではなく、外来の者も参加していた。日本人はもちろんのこと、ポルトガル人やオランダ人も海賊となり、海賊行為に加わっていた。

パッターニーは自由交易のクニで、外来の商人にも、居住はもちろんのこと、商館の設置を許し、商業活動を認めた。商業活動に諸税を課すことで国の経済基盤を固め、富を築いた。しかも、上述の通り、もっとも栄えた時期のリーダーは女性であり、四代も続いた。女性国王がなぜ定着したのか明らかではない。

さらに興味深い点は、このパッターニーは海賊の襲撃を受けなかった数少ないクニの一つであった。なぜ、富が集積していたパッターニーが海賊に襲われなかったのか。[*82] その問いに対する明確な答えはすぐには出せないが、パッターニーと海賊が相互に好ましい関係にあったためと考えることができる。つまり、パッターニー自身が海賊のネットワークの中に入っていた。否、パッターニーこそ海賊の総基地であり、パッターニーの王はその総大将であった可能性が高い。パッターニーは、「賊を以て賊を制す」政策をとっていたのである。[*83]

いずれにしろ、パッターニーの繁栄を支えたのは、商人＋女王＋海賊の三点セットであった。交易と海賊さらには戦闘に特徴づけられるこの交易圏では、モノのみならずヒトの移動も相当激しかったことが、パッターニーの例からも理解できる。パッターニーを含む多くの「港市」が「外来人」の活躍で存続し得たのは間違いない。

以上のような性格を備えたパッターニーを考慮しながら、「マレー世界」を眺めてみると、次のように言えるで

＊80　〔パーサコーン 2008: 181〕
＊81　〔パーサコーン 2008: 139–146〕
＊82　〔パーサコーン 2008: 150〕
＊83　〔チャーダー 2014: 210–211〕

あろう。

この地域の都市部における住民の民族籍などについて議論することはきわめて難しい。都市部には多様な民族や人種が混交混住していた。アユッタヤーよりももっと複雑な様相を呈していたのは間違いない。しかし、そこにはタイ系諸民族は少なく、半島北部には仏教徒もいたが、一般にはムスリムが優勢であった。そして、ジャワやスマトラ、カリマンタン(ボルネオ)、さらにはルソンなどの島嶼部や中国、琉球、日本などとの交流が盛んであった。「サヤーム世界」とはタイ湾の制海権をめぐって対立することもあり、「マレー世界」にとって目の上のたんこぶであった。だから、パッターニーは、アユッタヤー王朝には朝貢国の姿勢を示しながらも、交易を除いては可能な限り深入りを避けた。

もう一つ重要なことは、パッターニーはただ単に「マレー世界」の中心であるだけではなく、世界的に見てもイスラム学のアジア地域における大拠点であり、イスラム教育の機関が数多く存在した。そのため、中東などを含めて各地からムスリムがこの地に参集した。まさに、イスラムの一つの世界的中心地であった。そこは、仏教が優勢であった「サヤーム世界」や「タイ世界」とはまったくの異世界であった。

(2)「小クニ」

以上、パッターニーを取り上げて、「マレー世界」における都市部の伝統的姿を見てきたが、この世界の一般民衆の姿を知る材料は、ことのほか少ない。本来、オーストロネシア系諸民族がマジョリティーで、マレー語を使用するこの地域の伝統的社会の状況を知ることは難しい。しかし、この「マレー世界」の前近代における非都市部の状況を少しでも知っておくことは、他の「世界」との関係を考える上でも必要である。

ここでは、現代タイを代表する知性の一人で歴史家であるニティ・イオシーウォンの著作で、「マレー世界」における文芸を材料に国家（クニ）と民衆の関係を扱った論稿「南タイ文芸に見られるタイの民衆クニについて」[*84]を紹介する形で、一般民衆社会の姿を訪ねてみたい。前近代の「マレー世界」における非都市部の民衆の一つの姿を知ることができるであろう。

■公定文化と民衆文化　ニティによると、文化とは人間関係の有り様であり、旧制度下の時代にあってはその誕生や継承の方法により大きく二つに分けられるという。つまり、基本的に支配階層の占有物であった文字による文化と、文字が読解できない一般民衆の口述や所作による文化である。前者を「公定文化」、後者を「民衆文化」と呼ぶことにする。

タイの場合、一般に、「公定文化」の多くは、支配層（王族、クンナーン）により書き留められた文化であり、公定儀礼・慣習、法律（『三印法典』に所収されたものなど）、文学（ラーマキエンやトライプーム・プラルアン、チャードックなど）、歴史（王朝編年史など）、大宗教などであり、いずれも最終的には国王につながる文化である。

それに対して、「民衆文化」とは、基本的に文字の読み書きができない一般民衆により、文字以外の音や像などで表象される文化である。その多くは口承や所作などにより継承される類の文化である。具体的に言えば、いわゆる民俗学の対象とされる伝承、説話、舞踊、伝説、民謡、子守唄、絵画、土俗信仰などであろう。もちろん、こうした文化は支配層の間でも所有されるが、ここではあくまでも一般民衆（非支配層）の文化を指す。

＊84　［ニティ 1995: 9–44］

■「大クニ」と「小クニ」　さらに、旧制度下の一般民衆の国家観を分析するには、この「民衆文化」に頼らざるを得ない。いや、積極的に「民衆文化」を活用することにより、王国や「港市」のような人口集積地以外の地域に居住している人々がいかなる国家（クニ）観を持っていたかを考察することができる。「民衆文化」の民俗的資料（とりわけ、子守唄、リケー、クニ誕生説話など）の中に、一般の民衆の意識の中のクニやそのクニの中で生きる民衆の生活を探ることができる。

そうした「民衆文化」に満ちた「小クニ」は人口も少なく、地理的にも狭い。しかも、統治者と被統治者の間の社会経済的格差も少なく、両者の間の支配・被支配関係も制度を介した関係ではなく直接的な人的関係が濃かった。こうしたクニは、発生しやすかったが、同じように消滅しやすかった。たとえば、一人の強力なリーダーがいて、その元に人々が集まり共同で開墾すればその地にクニが誕生したし、少し大きな伝染病が蔓延すると人々は他の地に逃げて住民がいなくなり、クニは消滅した。「小クニ」の民衆が「大クニ」と関わるのは、商業、納税、兵役、労役、防衛ぐらいであり、それは非日常的出来事であった。もちろん、「大クニ」の文字で書かれた文化が影響している場合もあるが、ほとんどの民衆はそうした影響から比較的独立していたと考えられる。「サヤーム世界」やその影響力の強い「大クニ」の住民を除くほとんどの民衆は、そうした環境で生活していた。

■「小クニ」の誕生　「小クニ」の誕生の根源は、特定の人間に宿る「神通力」である。つまり、一人の尋常でない能力を持つ者の存在が出発点となる。たとえば、肥沃な土地を見つける能力や豊富な農業知識といった尋常でない力を持った者を中心にクニ造りが始まる。こうした「神通力」を持った者を中心にクニ（ムアン）をつくることを「チュップ・ムアン・クン（クニ造り）」と言う。「チュップ」には、「メッキをする。液に漬ける」という意味のほかに、「（術を使用して）よみがえさせる」といった意味がある。そうした術＝神通力を持った者は、民衆の中から生まれるのが普通であり、現在では「無頼漢、ならず者」を意味する「ナックレーン」は、旧制度下では「頼もしく力強い者、腕っ節が強い者」といった意味合いの言葉であったようで、まさにそうした人物が「チュップ・ムアン・クン」に関係した場合が多かった。それは、「生の権力」であり、宗教や思想、さらには制度で飾られ支えられた権力ではなかった。「民衆クニ」の権力の源はこうした類の個人的「神通力」にあり、クニそのものにはなかった。

タイの「大クニ」では、国王の権力の源泉は「徳（ブン）」にあり、最高のブンを積んだものが国王であると信じられていた。そのクニには「正法王（徳を持つ王、タムマラーチャー）」思想が充満しているのが普通である。しかし、「小クニ」では「ブン」は力を持たない。力を持つのは「豊作」である。生活の基本である農業経営がクニの最大の課題であり、豊作か否かがこのクニの主（指導者）の権威を左右するのである。日常生活（農業生産）をベースとするクニであり、自給自足経済が基盤となっている。単純な農業生産を維持するために形成されたクニである。稲神（メーポーソップ）や土地神（プラ・トーラニー）は信仰の対象となるが、突出した中心性を持つものは存在しない。その証拠に、「大クニ」で発達した王語（ラーチャーサップ）に相当する言語上の仕組みは、そこには見られない。民衆や国主の生活、およびその両者の関係は、基本的には外へ向かわず、ほぼクニの中で完結していた。「小クニ」の場合、原則として、「大クニ」とは繋がっておらず、後者の権威が前者を支える力とはなることはまずなかった。もっとも、即興詩人のごとき存在がそれぞれのクニにいて、クニの諸事象を詩歌に詠み込み歌うことが多く、彼らの一部は吟遊詩人と化して放浪し、クニ情報を交換伝達する役割を果たしたと考えられる。

■極小社会　クニの中には、クルン（王都、王国）との関係を常時有し、それなりの規模を持つクニもあったが、既に述べた通り、一般には、「小クニ」は地理的には狭く、人口規模も小さい、まさに極小社会であった。地理的規模が具体的にどの程度かを示すことはむずかしいが、ヒントになるのは、重用された通信手段のドラ（銅鑼）の類である。どのクニにも通信手段としてドラが備えられており、そのドラの音が届く範囲がほぼクニの領域であった。もちろんその領域は明白でなく、かつ絶えず伸縮したであろうが、ドラの音が聞こえる範囲が一つの目安であった。比較的広い領域の場合には、複数場所にドラが用意されていたと考えられる。説話などには、クニの主（国主）がある特定の魚を必要としているので捕獲した者は差し出すようにといった伝令を伝えるため、ドラを撞いて人々を集めるなどといった類いの話がよく出てくる。まさに、「小クニ」は大海の中に互いに距離を置いて浮いている小さな孤島のようなものとイメージするのがいいかもしれない。

国主の居所も、権力を誇るような大きさや立派さを備えておらず、一般民衆の家に毛の生えた程度であった。ましてや、壮大なモニュメントは存在しなかった。そこには、記念物や英雄譚が生まれる素地はなかった。国家の装置として一般に必要とされる牢もなかった。権力に逆らう者を強制的に隔離するだけの強さの権力がなかったことを示している。生産関係を見ても、奴隷制もなく、土地の所有権も育っていなかった。物々交換はあったと思われるが、おそらくは商業と呼ばれるような仕事は見られなかったであろう。

以上が、ニティの論考の主旨である。

このような「小クニ」が、「マレー世界」には多数存在したと推察される。つまり、パッターニーのような王国ないしは都市の影響をほとんど受けない地域が普通で、一般民衆はそのような地域でそれなりの暮らしをしていたのである。

■クルン―「大クニ」―「小クニ」　ニティの論考をベースに、比較の視点から、「サヤーム世界」や「タイ世界」をも巻き込んで、旧制度下のタイ全体を、私なりに簡単に素描してみよう。

旧制度下のタイは、少なくとも国家の体をなした「極大クニ」であるクルン（王国、王都）、そのクルンと強弱はありながら被支配関係にある「大クニ（ムアン）」、およびクルンや「大クニ」とほとんど無関係に存在する多数の「小クニ（極小ムアンも含む）」から構成されていたと考えられる。

旧制度下社会の特徴として常に言及されるのは「サックディナー制」である。既に、『三印法典』などの資料をもとに、すべての者の「サックディナー」が規定されており、社会における上下関係はそれに従っていた。「サックディナー」の数値により、大きくは「良民（プーディー）」、「平民（プライ）」、「奴隷（タート）」に階層が分かれ、労役や兵役、納税などの義務も細かく定められていた。クルンの主である国王は「国土の主（チャオ・ペーンディン）」および「生命の主（チャオ・チーウィット）」として、一切の土地の所有権や国民の生殺与奪権を持っていた。国王およびその取り巻きを中心に官僚制が発達し、労働力の徴用を主目的に人民を組織化し管轄した。

「サックディナー制」下における人間関係を貫通する論理はパトロン＝クライアント関係（ラボープ・ウッパタム）である。上位の者は下位の者を庇護し，下位の者は上位の者に服従するという二者関係が上下に連鎖していた。「サックディナー制」社会はその連鎖の集合体であった。

「サヤーム世界」および「タイ世界」についての説明では、タイの旧制度社会をこのような「サックディナー制」社会観で捉えてきた。しかし、そうした「サックディナー制」社会はクルンや「大クニ」には見られたが、少なくとも「小クニ」には無関係であった。つまり、クルンや「大クニ」の権力・権威は、「小クニ」には届いていなかった。「小クニ」の民俗資料を見る限り、民衆は他のクニとは孤立した環境で生活していた。そして、時に外部と関係を持たねばならないことが生じると、人々は災難と受け取って嫌がった。災難の中でも、とりわけクルンや「大クニ」の介入（労役、兵役、納税）はできれば避けようとした。「ムーン・ナーイ（組頭）」を監督役とする「プライ」制が日ごろから機能していない「小クニ」では、クルンや「大クニ」の要求には最小限の対応しかしなかった。

注目しておかねばならないのは、クルンないしは「大クニ」の人々一般にとっても、「小クニ」の存在は必要で貴重であったことだ。彼らにとって、権力による様々な労役をはじめとする公的強制を避ける最終的方法は、他の土地への逃亡であった。ましてや、犯罪者として審判を受けた者が服役などを逃れるには、クルンや「大クニ」との関係からの逃亡しかなかった。そうした場合の逃亡先は、多くの場合、「小クニ」であった。多くの「小クニ」は、様々な理由で外から逃げ込んでくる人々を受け入れる社会的能力を充分に備えていた。「民衆クニ」は、クルンや「大クニ」で生きていけなくなった者の逃亡先でもあり、クッションの役割を果たしていた。つまり、「サヤーム世界」や「タイ世界」にも、「マレー世界」より少ないかもしれないが、こうした「小クニ」が存在した。「サヤーム世界」や「タイ世界」に逃亡先が見つからない者は、少々の困難はあっても、「マレー世界」の中に逃亡先を見つけたかもしれない。いずれにしても、この「小クニ」の「逃亡（避難）先としての役割」は、タイ全体を見たとき、きわめて大きな役割であった。

「小クニ」は最小限の対応と逃亡先の提供で以って、クルンや「大クニ」とそれなりの均衡を保っていたのであった。繋がっていないようで、どこかでかろうじて繋がっていた。逆に言えば、クルンや「大クニ」の方は、支配権力の及ばないところの存在のおかげで労働力の管理を一部は放棄することができた。

いずれにせよ、旧制度下において「三つの世界」のすべてで「サックディナー制」が貫通していたとするのは間違いである。とりわけ、少なくとも「マレー世界」で多数を占めていた「小クニ」では、「サックディナー制」はほとんど機能していなかった可能性が高い。「マレー世界」は、パッターニーのようなクルン（王国）ないしは「大クニ」も存在したが、多くの地域は政治（支配）権力の外に置かれていたと考えてよい。

第4章　「チャート・タイ」の創出

アユッタヤー時代を中心に、いかに多くの「外来人」がタイに渡来し、政治や経済の中心で活躍したかを述べてきた。とりわけ、クニの統治の中枢にあり、様々な形で権力の行使にあたった「クンナーン」の多くも、土着の人々ではなく、「外来人」またはその末裔であった。日本ではよく知られている山田長政もその典型であり、私は、「山田長政は日本人ではなくタイ人である」と考えている。まさに、山田長政のような「外来人」が住み着いてタイ人になっていったのである。東西南北のあらゆるところからこのインドシナ半島のチャオプラヤー川流域に数多くの「山田長政」が集まり、「サヤーム世界」を形成したのであった。

多種多様な人間が外から集まって、土着の人々も組み込んで形成した「サヤーム世界」が、今日のタイ国の祖型（プロトタイプ）と考えてよい。そして、多様な人間の集まりではあるが、富と武力において絶対的に優位であった「サヤーム世界」が、大きな権力核が生まれず「サヤーム世界」に従属する形であった「タイ世界」および、政治的にも文化的にも比較的独自性の高かった「マレー世界」を徐々に包摂していき、近代（国民）国家「タイ国」が誕生していくのである。

その場合、もっとも心配されるのは、一つの社会単位にまとめるむずかしさである。しかし、異なった「世界」を一つの枠組みに無理やりにでもまとあげたのがタイという国家である。バンコク王朝のラーマ四世時代から本格化してくるその過程は長く困難で、しかも幾多の知恵を必要とした。そのまとまりに作動した強力な要素を考えながら、タイという近代国家の形成過程を追ってみたい。

つまり、「三つの世界」がどのようにしてタイという国家を形成したのかを、考えていくことになる。具体的に言えば、国家形成の主体となった「サヤーム世界」は何を最大の基盤として作業を行なったかということである。答えは、明らかに「サヤーム世界」が蓄えてきた文化的資産（ソフト・パワー）であり、それを活用することによりタイという国家を創出しようとした。その資産の最たるものの一つは、王権であろう。「外来人国家」にあっては、権力の多くの部分を有力家系が一方的に専有し、政治や経済の実際を取り仕切ったとはいえ、権力と権威の双方を備えた王権は「サヤーム世界」の中に定着し、だれもが認める中心性を備えた強力な存在と化した。以下では、まず、その王権がいかに強大な資産であるかを説明したい。

そして、その王権が西欧植民地勢力との遭遇の中で近代国家創出の必要性を認識し、そのために王権自身が前面に出て権力を行使することになる。つまり、王権の正当性を強め、王権主導による政治体制の再構築が試みられる。その再構築は、チャクリー王家の主導でなされたという意味で、後に「チャクリー改革」と呼ばれるようになった。一般に、「チャクリー改革」の性格については中央集権化および近代化（欧米化）という説明がなされている。もちろん私もそれを否定するものではないが、近代（国民）国家形成という本来的な文脈で考慮するならば、「チャクリー改革」の核心は王権主導による「タイ化」にあったと主張したい。それは、「サヤーム世界」における「外来人国家性」からの脱皮であり、相応の権力を保持していた「クンナーン」層の弱体化であり、アユッタヤー以前に芽生え、「サヤーム世界」の一部において連綿と大切に継承してきたタイ語および仏教の本格的再興ないしは再活性化であった。

「タイ化」とは、「タイ的価値」の創出に他ならなかった。そのために、本来「外来人国家」であり、タイ的要素が乏しかった「サヤーム世界」は、タイという国民国家の領域に含むことになる「タイ世界」や「マレー世界」からも、タイ的要素を借り出す必要があった。とりわけ、タイ的要素の本家である「タイ世界」からは様々なものを「サヤーム世界」に持ち込んだ。

「サヤーム世界」が「タイ世界」と「マレー世界」の他の二つの世界を「タイ」という近代（国民）国家に取り込んでいく過程を、私は、「借景」というタームを充てて後述したい。

1 強大な王権

「タイ的価値」の筆頭は「王権」である。先述したように、私は、王権思想はアユッタヤーの前身である「アヨータヤー」で芽生え、根付いたと考えている。その経過がどのようなものであったかを知りたいが、資料がほとんどないことからきわめて困難である。しかし、ここでは、「アヨータヤー」で生まれ、アユッタヤー王朝からトンブリー王朝、さらにはバンコク（ラッタナコーシン、チャクリー）王朝へと継続してきた王権がいかに強大な存在に成長したかを、確認しておきたい。

具体的には、まず「王室典範」という法律資料に依拠しながら、「現人神《あらひとがみ》」たる国王概念が「サヤーム世界」で醸成された点について説明したい。また、「王統」という価値がいかに強いものであるかを、トンブリー王朝からバンコク王朝にかけての一人の王子を例に強調したい。その上で、国王の親族集団である「王族」に触れ、それが大きな社会的勢力として君臨している実態に触れる。

（1）現人神

■王室典範　タイにも、「王室典範」が存在する。ただし、正確な制定年はわからない。現存する最古のものは、『三印法典』に所収されている王室典範である。

『三印法典』に収められている王室典範は、アユッタヤー王朝九代目のトライローカナート王（一四三一～八八年）治世の小暦八三〇年（一四六八～六九年）の制定とする説が有力である。[*1]

トライローカナート王と言えば、統治組織を初めて文武に分割し、行政制度にも「チャトゥ・サドム制」（四本柱制）（内務、宮内、大蔵、農務）」を導入した上、人民の身分の上下を面積単位の数字で表わす「サックディナー制」を施行したことでよく知られている。つまり、一三五一年に成立した王朝が約一〇〇年を経過し、トライローカナート王が大改革を敢行して、王国（サヤーム世界）の一つの新しいかたちを造り上げたのである。その改革の中に、王室の整備も含まれていたと思われる。それは、統治制度の根幹である国王（王権）を支えていくためにも必要な仕事であった。いずれにしても、この王室典範の制定はタイにおける王権の一定の成熟と定着を意味する。

ラーマ一世以降も、『三印法典』に所収された王室典範が基本となり、ラーマ四世と五世時代に少しの変更はあったが、大きく改変されることはなかった。しかし、ラーマ六世治世（一九一〇～二五年）の一九一四～一五年頃から同王が崩御する直前までにいくつかの王室典範が新しく制定されている。中でも、現在でも王位継承の基本法として効力を有する「仏暦二四六七年王位継承に関する王室典範」は有名で、仏暦二五六〇年タイ王国憲法も第二〇条で「王位の継承は、仏暦二四六七年王位継承に関する王室典範の規定に従う」と定めている。王室典範と言えば同法のことと理解している人も多い。

いずれにしても、改変はこの時期に集中している。*2 内容的には、王族や宮廷内の職員の紀律などに関するものが多い。おそらくは、ラーマ六世の時代に至り、王位継承や宮廷内のあり方について何らかの問題が持ち上がったからだろう。たとえば、六世は身のまわりの世話をする女官を男官に変えるなどとしたため、宮廷内には様々な大きな混乱が生じた。また、「仏暦二四五八年宮廷公務員の商業および団体（会社）活動に関する王室典範」は、当時宮廷公務員で公務以外の仕事に関係して利益をあげる者が出てきたことで、その対応策を具体的に示した内容となっている。そこには、公務を利用した形で多くの者が利益を求めて無断で兼業に精を出し始めたという背景を指摘できる。今、それらを説明する余裕はないが、当時制定された主な王室典範は次の通りである。

一九一四年　仏暦二四五七年宮廷公務員の家族に関する王室典範
一九一五年　仏暦二四五八年宮廷公務員に関する増補王室典範
　　　　　　仏暦二四五八年娼婦に関する王室典範
　　　　　　仏暦二四五八年増補王室典範
　　　　　　仏暦二四五八年宮廷公務員の商業および団体（会社）活動に関する王室典範
一九一七年　仏暦二四六〇年宮廷公務員の家族に関する増補王室典範（第三次）
一九一八年　仏暦二四六一年王族の婚姻に関する王室典範

＊1　［ウォーラポーン 2015: 5–17］
＊2　もっとも、ラーマ七世時代にも、王族の婚姻に関する王室典範の一部改正がなされている。

一九二四年　仏暦二四六七年王位継承に関する王室典範

また、現在では王位の継承については、憲法と併せて適用されることになっている。たとえば、王女の継承権が認められているが、それは王室典範ではなく上位の憲法の規定による。王室典範そのものは、王女の継承を認めると改正されてはいない。

■王室典範の核心[*3]　『三印法典』所収の王室典範を中心に概観する限り、その立法目的は、一般の法令と異なり、専ら王制・王室を支えることに尽きる。

国王自身の行為規範も含まれているが、王族、宮廷職員、官僚、および一般人の国王に対する実際の行為の指針が主たる内容となっている。また、その指針に反した場合の厳格な罰則規定も多く盛り込まれている。

より具体的な内容は、次の通りである。

国王、王族、「クンナーン」などの地位、栄誉の序列。王子や王孫の序列。王族の栄誉・階級表象品（栄典具）。国王の日常用具。王語。上奏語。命令の拝受。王族の違法行為に対する処罰。「クンナーン」および官僚の栄誉・階級表象品（栄典具）。儀礼における「クンナーン」および官僚の妻の服装。「クンナーン」、官僚、バラモンの義務、責任、奨励行為、禁止行為。罰則（国王に対する過失、女官に対する過失、人民に対する過失）。表彰制度。宮廷内女性従者に関係すること（服装、義務、責任、奨励行為、禁止行為）。国王の仕事（日課）。祭儀。儀礼。

王室典範は、明らかに、国王および国王の活動場所である宮廷に関係するすべての事項に関する規定であることがわかる。王族や官僚をはじめとするすべての者（場合によっては、家族も含む）の宮廷内での位置づけと行動規範、さらには任務への評価、違反した場合の処罰などが相当細かく決められている。

国王の日課で興味深いのは、深夜の午前一時頃から仕事が始まり、午後九時頃までほとんど一時間刻みで仕事が決まっており、睡眠時間がわずか四~五時間という短さになっていることである。もっとも、昼間の午後がほぼ自由時間となっており、昼寝をする習慣があった。その国王の日課に従って宮廷内の者の任務が定まっていたに違いない。国王を頂点に抱く確固たる組織体がそれなりに機能していたと言える。

■現人神　王室典範を貫く国王観の最大のものは、「現人神」である。そのことをよく示すのは、皇室典範の冒頭に記されたトライローカナート王の名前である。同王のフルネームそのものはやや長めであるが、そこには「現人神(テーパマヌット)」の語が含まれている。[*4] つまり、トライローカナート王は神が人間に姿を変えた存在、神の権化であることを示している。しかも、その名前をさらに考察すれば、菩薩(弥勒菩薩)＝国王であることを示していることがよくわかる。この現人神なる語は皇室典範のあちこちに見受けられる。インドラ神、風神、閻魔、太陽神、火神、水神、月神、多聞天といった神々の力を併せ持つ存在が国王であるといった信仰もある。強力な力や能力を持った偉大な神の権化が国王と見做されたのである。

ちなみに、本名の「トライローカナート(トライローク＋ナート)」も、きわめて示唆的である。「トライローク」とは「三界」を意味する。仏教では「欲界、色界、無色界」の三種の世界であり、衆生が生きる世界である。「ナート」とは「頼るところ、頼る存在」といった意味である。つまり、「トライローカナート」とは、「衆生が頼りとする存在」といった意味になるであろう。それは、まさに神以外の何ものでもない。

＊3　以下は、主として［ウォーラポーン 2015: 17-20］を参考にする。
＊4　［『三印法典　第1巻』(1972a): 69］

王室典範の規定を守らない行為、つまり国王に背くまたは国王の命令に服さない行為は、神への冒瀆であると見做されることを示すのは、王室典範が定める違反者に対する罰の厳しさであろう。とりわけ、王族や「クンナーン」などの「サックディナー制」において身分が高い者に対する処罰は、ことのほか重かった。実際に実行されたかどうかは別として、「首切り死刑」、「口を切り裂く」、「財産を没収し、象の飼料の草刈りに従事させる」、「鞭打ち」などの諸々の刑罰が用意されていた。[*5] 重刑を用意することにより、国王および王室の安全を期したのである。

宮殿の中心は王宮であり、国王一人のための居所であるが、当然のことながら神の居所と考えられ、世界（宇宙）の中心であり、ヒンドゥー教に言う須弥山《しゅみせん》に見立てられた。きわめて神聖な場所であり、特別の意匠が採用された。

現人神であることを人民に示唆する効果的装置は、祭儀であろう。王室典範は様々な祭儀に言及しているが、現在ではその内容が不明なものも多い。主な祭儀を例示すると、即位式、水浴式、春耕式、送年式、飲水誓忠式、ブランコ漕技式などである。[*6]

王室典範は、儀礼についても詳細に言及している。タイでは、国王＝現人神をめぐる儀礼（慣行、礼式）がきわめて発達している。たとえば、拝謁の際の儀礼がそうである。拝謁の部屋に入って出るまで、拝謁者はほとんど座したままであるが、細かく決められた注意点を守らねばならない。すこし古くなるが、一九九二年の「暴虐の五月事件」の際、当事者であるスチンダー（陸軍司令官、首相）とチャムローン（軍人政治家、バンコク都知事）が国王の面前で和解する場面がテレビで世界中に流れたが、まさに「座して、にじり寄る」あの姿に伝統的な慣行が生きているのである。また、タイの大学の卒業式では、卒業証書を王室のメンバーが授与するのが普通であるが、その受け取り方には作法があり、卒業生は何回も予行演習を行なうのは有名である。こうしたいわゆるプロトコルに似た細かな儀礼が国王のまわりでは極度に発達している。これらの儀礼も現人神が前提となっている。王語や上奏語についても、王室典範は言及している。これらは世界でもめずらしい言語体系であるが、ここでは説明を省略する。ただ、これも国王＝現人神が前提となって発達したことだけは確認しておきたい。

以上の通り、タイ（アユッタヤー）においては、王室典範が少なくとも一五世紀の半ばまでには整備されていた。王室典範を概観する限り、それなりに整った王権が確立し、そのもとに「サヤーム世界」が形成されていた。そこでの政治や経済の中心を実際に担っていたのは「外来人」であったが、それらの「外来人」を束ねたのは王権であった。政治権力の究極の源泉である王権はきわめて強固で、有力「外来人」といえども刃向かうことはできなかった。王権は現人神思想で武装されており、王宮、祭儀などといった様々な周辺装置により保護されていたのである。チャオプラヤーの流域に一三〜一五世紀頃に形成された「サヤーム世界」（アユッタヤー）にまとまりを与えていたのはそのような強力な中心性または求心性を備えた王権であった。

「サヤーム世界」において、主としてアユッタヤー時代に育ったこの王権思想は、「チャクリー改革」の過程でタイ化される。端的に言えば、「国王＝神」から「国王＝慈父」に変化してきた。もちろん今日でも一部では国王は神であると信じられているが、タイ化により、「スコータイ」王朝のラームカムヘーン王を範とする慈父思想が今日では一般的で、現人神思想（神王思想）はやや影を潜めている。

＊5 ［ウォーラポーン 2015: 58］

＊6 内容も不明瞭で日本語訳も難しい祭儀は他にも数多く見られる。詳細は［ウォーラポーン 2015: 89–125］を参照されたい。

(2)王統

アユッタヤー王朝とバンコク王朝の間に挟まるのがトンブリー王朝(一七六七~八二年)である。わずか一五年間しか続かなかった。初代のタークシン王一代のみで終焉した王朝ではあるが、それゆえに注目すべき一つの時代である。

アユッタヤーからビルマ軍を撃退したタークシンは、救国の英雄である。トンブリーに新王朝を建て、本来であれば、絶対権力を保持した国王として君臨し、後継者を育て王位を継承する道筋をつくりあげる考えであったに違いない。

しかし、以下に述べるように、現実は過酷で、その通りにはいかなかった。タークシン王が苦闘した相手は王統であった。いや、バンコク王朝を建てたチャクリー将軍(ラーマ一世)が苦慮したのも王統の扱いであった。ここでは、トンブリー王朝からバンコク王朝への移行期を中心に王統について考えてみたい。

■精神錯乱　優れた戦略家であり、ビルマ軍により壊滅した国土を再興し、トンブリーに新しく都を定めて、「サヤーム世界」の秩序を回復し、「タイ世界」や「マレー世界」をも影響下に組み入れることに成功したタークシンは、文字通り救国の英雄である。しかし、タークシンが王として興したトンブリー王朝は、一五年という短さで幕を閉じた。同王が短期間で権威を失墜した最大の理由は、王自身の異常な行為が増大し民心が離れていったからであると一般に言われている。国王像が崩れたため、周囲が離反していったのである。些細なことでも立腹し、関係者をすぐに処刑にしてしまう傾向があり、周囲は常に緊張していた。

たとえば、次のような事件があった。[*7] 一七六九年に生じた側室密通事件である。当時、タークシン王には四人のお気に入りの側室がいた。その中でも、ウボンとチムが好みで、二人を近くにおいて眠ることが多かった。ある日、ネズミが寝室の蚊帳をかじる出来事が生じたが、たまたま近くに侍っていた二人の西洋系（ポルトガル系「外来人」）近習が追い払った。ところが、日頃からウボンに嫉妬していた側室の一人であるパトゥムがこの一件を取り出し、「この二人の近習が寝室近くにいたのは、彼らがウボンとチムと密通しているからだ」とタークシン王に訴えたのである。ウボンとチムの二人は、結局密通を認めたために処刑となった。その処刑方法は、この上なく残忍であった。ところが、そのような処刑を行なっていながら、王はウボン（二ヵ月の子を身ごもっていた）が恋しいと気が狂ったような態度を示した。周囲は、王は精神錯乱を来したと噂した。他にも、家柄を考慮しないままでの平民や商人などの恣意的な官僚への登用も、顰蹙を買った。究極は、仏教（僧）に対する対応であり、自分が預流向《よるこう》という聖人の最初の階梯に達したとして、意に沿わぬ僧を鞭打ちにした。

■**『タークシン王の謎』** タイの歴史の中で、なかなか解明されない重要な事象がいくつかあるが、このタークシン王の精神錯乱もその最たる事例である。いや、それだけではない。タークシン王については、出自や死亡に関しても諸説紛紛で確実な史実が示されていない。たとえば、王は一七八二年に処刑されたことになっているが、処刑されたのはよく似た別人であり、本人はひそかにナコーンシータムマラートに逃れたとの説もあり、死亡の経緯すら混乱している。タイの歴史学界でも、タークシン王については議論が続出して百家争鳴の状況を呈し、

*7 ［プラーミン 2012: 14-16］

現在でもその解明は進んでいないと言える。

その状況を反映した書が編まれ、二〇一二年に出版されている。『タークシン王の謎』[*8]という書名そのものから内容を容易に推察できるかもしれないが、一九八〇～二〇一〇年の約三〇年の間に雑誌『芸術文化』に掲載されたターク シン王に関する数多くの論考から一七編を選び出し編集された貴重な書である。

この書は「ターク シン王の経歴の謎」と「精神錯乱の謎」の二部に分かれている。第一部（一〇編）では、本当に華人なのか、中国との関係は、処刑されなかったのでは、といったテーマが扱われている。第二部（七編）では、もっぱら精神錯乱の真偽、その症状などについて論議が行なわれている。そして、編者は、編年史などの公定史料でも治世の適切な説明が十分にされていないため国民の間の「わだかまり」が消えないのであり、これからも同王をめぐる謎の歴史の解明が求められる、といった主旨を序の中で述べている。[*9]

■王統との衝突　ターク シン王をめぐる謎はまだ解明されていないが、これまでの研究からすれば、同王は精神病を患い、それが晩年になるほど悪化したと考えるのが妥当であろう。さらに言えば、そうしたターク シン王の異常とも言える態度や振る舞いを引き起こした究極の要因は、王統との衝突であった。

アユッタヤー四〇〇年の歴史の中で形成された「王統主義（王位は王統に属する者に継承されねばならないとの鉄則）」の襲撃に、ターク シン王は悩み続けたに違いない。彼は元々地方国の一つであるタークの国主ではあったが、父は中国潮州府澄海県出身の華人で、アユッタヤー王朝の王族や「クンナーン」との交際も少なく、宮廷文化に触れることもままならなかった。いわば、新参「外来人」の息子で田舎者に過ぎなかった。ましてや、王権神授説といった思想などとは縁遠いところにいた。だから、王朝や国王への理解を含め、長い年月をかけて積み上げられた伝統的宮廷文化について無知であり、新王朝樹立の作業過程に周到さを欠いた。そのため王権（宮廷）の世俗化が生じ、伝統的な価値や文化を重んじるアユッタヤー王朝以来の王族や「クンナーン」層内に不満が生じた。

勇敢な戦士で優れた戦略家ではあったが、宮廷文化の素養がなく品位を欠いていたタークシン王は、まさに典型的な「外来人」国王であった。本来であれば国王には就くことができない新米の「外来人」であったが、独立を回復したその大功績を買われ、例外的な扱いを受けたのである。だからこそ、自分が王統から食み出た人間であることを悟るや、タークシン王は苦悶したに違いない。短気な性格も手伝ったのはまちがいないが、王統に属さない自らの運命を思案し過ぎて、精神的に障害を来したのである。

タークシン王は、結局、王統との戦いに敗れ散ったと言えよう。本来的に、タークシン王とチャクリー将軍（一七三五〜一八〇九年）は少なくとも「仲間」であった。タークシン王に仕えるもっとも有能な兵士がチャクリー将軍であった。ただ、チャクリー将軍はアユッタヤー王朝の名門の出身であり、王統に近い位置にあった。王統という点から見れば、チャクリー将軍はタークシン王にとっては雲上人であった。チャクリー将軍の背中には、小さな過失でタークシン王に鞭打ち刑を受けた際の痛々しい傷跡が残っていたが[*10]、王統をめぐるタークシン王の同将軍への妬みがさせた業と言っても間違いではないだろう。

一七八一年にアユッタヤーから反乱の手が上がり、翌年にかけていくつかの派が合従連衡してアユッタヤーからトンブリーにかけての地で争いが何度もあり、結局はチャクリー将軍が混乱を制した。タークシン王は、そうした混乱を引き起こした非は自分にあることを認めた[*11]。

＊8 ［プラーミン編 2012］
＊9 ［プラーミン編 2012: (8)-(15)］
＊10 ［プラーミン 2012: 83-84］
＊11 ［プラーミン 2012: 53］

安易な断定はできないが、このタークシンからチャクリーへの国王交代は、王統との闘いから抜け出たいタークシンのチャクリーへの「禅譲」ではなかろうか。だからであろう、ラーマ一世時代には、まだ新王朝ないしは新国王の意識が一般に低かったと言われている。それどころか、タークシン王時代を「初の御代」、ラーマ一世時代を「中の御代」と呼ぶ名称があったように[*12]、両国王の治世は連結していたと見ることもできる。アユッタヤー王朝からトンブリー王朝への交代は、王統が障害となり、スムーズな流れとはならなかった。トンブリー王朝からバンコク王朝への移行は、本来は王位の交代に過ぎなかったが、タークシンの苦悩を知っていた一世はトンブリー王朝を切り離し、アユッタヤー王朝の継承を旗印に新しい場所で新しい王朝(王統)を出発させた。

■メン王子 この移行期において、王統を考える好材料を提供してくれるのは、メン王子の一生である。

タークシン王が内心後継者として考慮していたのは、正室から生まれた王子ではなく、側室から生まれた王子であった。しかも、その側室(母)はチャクリー将軍(後のラーマ一世)の娘チムヤイであった。最高の実力者の娘が王の側室となったわけで、まさに政略結婚の好例と言える。[*13] タークシン王を父とし、チャクリー将軍を母方の祖父とするその王子は、メンと称した。一七七九年九月一七日生まれである。王朝がトンブリーからバンコク(チャクリー)に交代したのはメンが三歳の時であったが、時代の波に翻弄され三〇歳で世を去ることになる。

メン王子の欽賜名は、スパントゥウォン王子である。生誕の際、母チムヤイは出産が原因で死去したため、メンはチャクリー将軍の姉に預けられたという。

ここで、説明を要することがある。「メン」という幼名の由来である。メンという言葉の語義は「悪臭がする、悪臭を流す、臭い」であり、汚い言葉である。なぜ、国王の子にこのような名前が付けられたのであろうか。タイでは古来、衛生状態も良くなかったこともあり、生後間もない新生児が死亡することが多かった。それはピー

（悪霊または幽霊の類）が生まれたばかりの乳児をさらっていくためであると信じられていた。ピーが近寄らないように、こどもに汚い名前を付ける慣習が生まれたのである。このメンの場合も、「臭い」ものにピーは近寄らないであろうという考えから命名されたのであろう。

そのメン王子が生まれた頃は、トンブリー王朝は発足したものの状況が安定せず、とりわけ周辺の諸民族またはクニとの戦が絶えなかった。祖父のチャクリー将軍はタークシン王の命を受けて、ヴィエンチャンやカンボジアなどへ遠征するなど、トンブリー軍の総大将的役割を果たしていた。いわば、メンの父と母方の祖父の二人がトンブリー王朝を背負っていたと言えよう。

■なぜ「チャオ・ファー（王子）」なのか　このメン王子の一生は、タイにおける王位継承について様々なことを教えてくれる。まずは、その出生に関わることがらである。原則として、生母が正室または王族（たとえば、王の娘または孫など高位の王族）である場合に、「チャオ・ファー（王子、王女）」の称号が認められる。メン王子の母親は側室であり、正室ではない。もちろん、王族でもない。にもかかわらず、なぜその子に「チャオ・ファー」の称号が与えられたのであろうか。

このメンのケースは例外であり、異例中の異例であった。ひとえに、ヴィエンチャン攻略で功績を立て、タークシン王の右腕であるチャクリー将軍の娘の子、つまりはチャクリー将軍の孫であることが最大の理由であった。タークシン王が特例として王子に任命したのである。血統による王子ではなく、王の特別の配慮により任じられ

＊12　［プラーミン 2012: 123］。
＊13　タイの歴史では、政治がらみの婚姻は実に多い。チムヤイの幼名はワーン。生まれは一七六三〜六五年頃で、側室入りは一五歳前後の一七七八年頃であったと推測される［プラーミン 2012: 17–18］。

た王子である。出産と同時に亡くなった母チムヤイの葬儀も、「チャオ・ファー（王女）」と同様の格式で執り行なわれた。[*14] また、実際、後にチャクリー将軍はラーマ一世として即位した後、娘チムヤイを過去にさかのぼって「チャオ・ファー」に任じた。

つまり、本来「チャオ・ファー」としては認められないケースであっても、国王の特別の計らいで「チャオ・ファー」に任じられることがあると言えよう。

ところで、タークシン王には正室との間に生まれた王子（長男）がいた。その正室も王族ではなかったためか、幼児期にあっては「プラオン・チャオ（「チャオ・ファー」よりも下の位）」の称号を与えられたに過ぎなかった。「チャオ・ファー」に昇任したのは、彼が一七七五年の対ビルマ戦役で活躍した後で、クロマクン・イントーンピタック王子と称した。ただ、タークシン王は彼を好まず、些細なことで立腹し、一〇〇回鞭打ち刑に処した上で監禁したことすらあった。鞭打ち事件が生じたのはメン王子がまだ一歳になったばかりの頃であったが、タークシン王が自分の後継者にはイントーンピタック王子よりもメン王子を重視しているものと周囲は理解した。その後、イントーンピタック王子はカンボジア戦線に派遣され、当地に滞在しその地域を統治するよう命じられた。[*15]

なお、一七八二年四月に父であるタークシン王が処刑されたとの報がすぐにカンボジアに駐留中のイントーンピタック王子のところに届き、同時に王子は身柄を拘束された。逆らわないのであれば命は保障するとの条件が提示されたが、父の後を追って死にたいと願い出たため、五月八日に処刑された。

■メン王子生き残る　メン王子が三歳であった一七八二年に政変が生じ、結局は父や長兄イントーンピタック王子が処刑されて、トンブリー王朝は途絶え、母方の祖父が新国王としてあらたにバンコクに都を定め、バンコク王朝（ラッタナコーシン王朝）を建てた（一七八二年四月六日）。幼児であったメン王子自身には何もわからない出来事であったに違いない。

争いなどの原因による王朝交代または王位簒奪などが生じた場合には、貢献者に対する論功行賞と並んで、新権力側による旧権力関係者の処刑が行なわれるのが普通である。この場合でも、新王朝（ラーマ一世）派による旧王朝（タークシン王関係者）派の処刑が行なわれた。「クンナーン」であった旧王朝派のクロマクン・アヌラックソンクラームやタークシン王の正室から生まれたイントーンピタック王子（皇太子）など、三三三人が処刑されたという。[*16] しかし、メン王子は処刑されず、生き延びた。

上述のような国王（王朝）交代事情を考慮すれば、タークシン王と自らの娘の子（つまりは孫）であるメン王子を、祖父である一世が処刑しなかったのは当然かもしれない。

ただ、新王の一世は、娘の子であるメン王子の欽賜名を改めた。タークシン王が与えた名前スパントゥウォン王子からアパイティベート王子に変え、しばらくしてさらにタムマティベート王子に改めた。その後、メン王子は、二八歳を迎えた一八〇七年には、クロマクン・カサットラーヌチットに叙せられる。

生き延びたとはいえ、幼子であったメン王子にとって、王朝交代は過酷であった。つまりは、その後は檻の中に入れられた隠遁生活に似たものであった。したがって、諸史料の中にもメン王子に関する記述はほとんどない。また、成長しても、要職に就くことはなかったようである。公には、一八〇九年にプラケーオ寺で行なわれた仏教儀式にラーマ一世（祖父）の付き添い役を担ったという記述ぐらいしか残っていない。「タークシン王の直系である」メン王子は、家族や使用人と一緒にタープラ宮殿で静かな生活を送っていたのである。まさに「歴史に置

＊14 ［プラーミン 2012: 32］
＊15 ［プラーミン 2012: 36–39］
＊16 ［プラーミン 2012: 62］

き去りにされた王子（チャオファー・ノーク・ポンーサワダーン）」であった。[*17]

■メン王子謀反事件と処刑　しかし、祖父であるラーマ一世が崩御した三日後の一八〇九年九月一〇日、後にメン王子謀反事件と呼ばれる事件が生じた。メン王子とその一派が王位簒奪の謀反を意図しているとの噂がバンコクの街を走ったのである。

その発端は、九月九日に、一羽のカラスが銜えてきて、ラーマ一世の遺体が安置されていたドゥシット宮殿の前に置いていった訴状であった。訴状には、メン王子が謀反を企てているとの件が認められていた。異常な経緯で始まったこの事件は、九月一〇日、間髪を容れず、メン王子とその一味とされた者が謀反（トンブリー王家の者によるチャクリー王家への敵討ち）の廉で一斉に逮捕されるという展開を見せる。そして、取り調べ、処刑（一三日）と、ラーマ二世の対応はきわめて迅速だった。裁判を担当したのは、ラーマ二世の長男タッブ王子（後のラーマ三世）で、まだ三〇歳の若さであったメン王子には死刑判決が下された。さらに、関係者約四〇名が処刑された。[*18]

ちなみに、この時は、メン王子のみが伝統的な王族の処刑方法、つまり栴檀（白檀）棒による叩き殺しで、その他の者は斬首、メン王子のこどもたち六人は水中に沈める溺死であった。そして、カラスが銜えてきた訴状を拾って届けたプラヤー・アヌチットラーチャーは、その功績を評価され、以降栄進を重ねて大臣にまで昇進した。また、興味深いことに、謀反ありという訴状を運んできたカラスも評価され、以後王宮ではカラスに特別に餌を与えることになり、それが慣習になったという。[*19]

この謀反事件はどう見ればいいのであろうか。王朝編年史をはじめ、タイの史料では、メン王子が謀反事件を計画したとされているが、真実ではないであろう。カラスの存在にしろ、裁判過程にしろ、合理性を欠いている。とりわけ、発覚から四日目に処刑という処理の速さは、異例である。加えて、メン王子側に警戒の様子が全くなかったことも指摘しておかねばなるまい。逮捕時にもメン王子らはごく普通の生活をしており、何事が生じたのか全く理解していなかった。また、首謀者として逮捕されたのはわずか一〇名で、本当に王位を奪う計画を立てていたとすればあまりにも少ない人数と言わねばならない。しかも、この一〇名のほとんどは、タークシン王側の人物というより、ラーマ一世に忠実な部下であった。

■捏造　メン王子側には謀反を起こす理由が見当たらないし、その準備をしていた証拠もない。取り調べでは拷問により謀反を自白させたようであるが、謀反の証拠はカラスが運んできたという訴状だけである。普通に考えて、メン王子謀反事件は捏造と言えよう。しかも、捏造の張本人は、ラーマ二世とその長子（後のラーマ三世）に違いない。

おそらくは、王位を継承したラーマ二世には継承以前から一抹の不安があったのではなかろうか。一世と比較して、二世は人望がなく、支持基盤が弱かったと言われている。他の勢力に王位を簒奪されるかもしれないという危惧を強く抱えていたのであろう。そこで、王統を考慮した場合、もっとも可能性のあるタークシン王直系のメン王子を処刑して王族から抹殺したと考えるのが妥当であろう。謀反を捏造し、一世王支持者も含めて逮捕処刑する計画を王位継承以前から練っており、父王が亡くなると間髪を容れず実行したのである。

ラーマ二世は即位時には四一歳であり、おそらくはトンブリー王朝を引き継いだバンコク（チャクリー）王朝の事情をよく理解し、自らの権力基盤を万全なものにする方策を熟慮していたに違いない。彼は、父王の時代との

＊17 ［プラーミン 2012: 81］
＊18 ［プラーミン 2012: 128–147］
＊19 ［プラーミン 2012: 150–154］

決別を意識していた。トンブリー王朝のしがらみに染まっていた父とは違い、バンコク王朝を過去から切り離した真に新しい王朝として再出発させようとしたのである。だから、第一に新しい王統の確立を重要と考え、そのためには旧王統に属するタークシン王一族の存在を認めるわけにはいかず、メン王子をはじめとする関係者一族を掃滅した。そして、タークシン王と共生関係にあった父ラーマ一世王と親しい関係者も一緒に葬った。それが、メン王子謀反事件の真相であろう。ラーマ一世とラーマ二世の間には、明らかに流れの断絶があった。バンコク王朝は、ラーマ二世から再出発したのである。

(3) 王族

王権を支えた大きなグループの一つは、言うまでもなく、王族である。しかし、王族について説明するのは、簡単なようで実は難しい。その最大の理由は、定義が明白でないからである。実態があまりにも複雑であり、すべてを整理できる定義が見出せない。とはいえ、王族について触れないわけにはいかない。「チャクリー改革」が曲がりなりにも進み、タイという国民国家の形が見えてきたのは、明らかに多くの王族が頭領としての国王を支援したからである。

国王と各王族は血縁や婚姻で結ばれており、一つの強力な親族集団となっている。つまり、国王を中心とした血族と姻族の集団が王族である。タイの場合、その定義がむずかしい最大の理由は、伝統的な一夫多妻制にあると言えるだろう。後述するように、妻(正室や側室)の数が多いため、当然生まれた子の数も多い上に、妻の地位により子の地位も異なるからである。

ただ、王族の全体像を見るために、バンコク王朝において王族家系を認められている五種のカテゴリーをあげておきたい。[*20]

①開祖王の傍系血族…ラーマ一世(チャクリー将軍)の兄弟
②国王の直系血族
③副王の直系血族
④国王の父方親族
⑤国王の母方親族

しかし、これでは、ぼんやりした王族の範囲が浮かんでくるかもしれないが、明確な境界は見えてこないであろう。

①のカテゴリーについて説明してみたい。チャクリー王朝の開祖であるラーマ一世は幼名をトーンドゥワンと称したが、父トーンディーと母ヨック(またの名はダーオルアン)はモーン系の出自で、父はアユッタヤー政府の中堅官僚であった。この二人には七人の子があったが、末の二人の本当の母親はヨックの妹であった。四番目の兄弟であるトーンドゥワンが一世として即位するや、残りの六人が王族となった。[*21]

そして、もちろん、その六人の兄弟の子も王族であるが、子の有無や男女などの状況によって途絶えてしまった家系もあるし、今日まで残っている家系もある。たとえば、兄弟で三番目のケーオ(一七三九〜九九年)という

＊20 [カンラヤー 2012: 10-11]
＊21 [カンラヤー 2012: 12]

女性には六人の子がいたが、長男タン（一七五九～一八〇五年）は、王族家系で今日に至るまで多くの人材を輩出している名門のテープハッサディンの始祖である。[*22]

もっとも本来的な王族である②国王の直系血族で注目しなければならないのは、チャクリー王朝歴代国王のうち、ラーマ一世～五世の妻の多さである。出産しなかった者も含めると、概数で一人当たり三〇人～五〇人に達する。当然のことながら、子の数も多い。四二人（一世）、七三人（二世）、五一人（三世）、八四人（四世）、九六人（五世）である（死産も含む）。さらには、一世から五世の治世には副王も存在しており、同じように多数の妻と子を擁している。それらの者とその子孫も王族ないしは王族候補であり、その範囲の特定は困難である。

しかも、後述するように、王族は最大四世代継承するとされているが、さらに世代が下っても、王族家系をはじめ先祖に王族を有する者は、姓の後に「ナ・アユッタヤー」を付し、自らがアユッタヤー王朝につながる王族（チャクリー王家）の血を引いていると誇示する。彼らは「王族もどき」であるが、一般社会では王族として扱われる場合も多い。だから、王族のカテゴリーはさらに拡大し、その数は膨大なものとなる。

付言しておかねばならないのは、王族といえども、「外来人」系が多いことである。一般的には、王族同士、ないしは「クンナーン」との婚姻が普通であったが、留学した王族では西洋人と結婚したケースも多い。チャクリー王朝の始祖であるラーマ一世はモーン人であったとの説が一般的であるが、その真偽は別としても「外来人」系であったのは間違いないかもしれない。

ともあれ、王族の数は相当な規模になり、「サヤーム世界」ではある一定の層を形成し、「クンナーン」層と並ぶ有力な社会勢力の一つとして、王権を支えてきたことだけは強調しておきたい。

■王族と序列

基本的に、王族には国王との血縁関係により生得的に受ける称号が定められている。ただ、王族の範囲および序列（階層）がきわめて複雑で、理解しにくい面がある。大きな理由は、上に述べたように、国王の妻と子の数が夥しいこと、さらには妻のタイプや地位により子の称号が異なり、それがさらに子孫の称号に及ぶことによる。

あまり知られていないが、国王自身の称号も、正式な即位式の前と後では異なる。前では、「ソムデット・プラチャオユーフア」で、後では「プラバート・ソムデット・プラチャオユーフア」となる。王妃の場合は、摂政を務めたか否かで異なる。務めていない場合は、「ソムデット・プララーチニー」で、務めると「ソムデット・プラボーロマラーチニーナート」となる。ちなみに、シリキット王妃は一九五六年にプーミポン国王が出家した期間摂政を務めており、その前後で称号が変更された。

王妃（正室）以外の妻については原則としては五タイプが存在するが、その出自が王族であるか否かなどの基準により、いくつかの称号が用意されていた。また、時代によっても異なった。たとえば、「ソムデット・プラボーロマラーチャテーウィー」、「プラナーンチャオ・プララーチャテーウィー」、「プラアックラ・ラーチャテーウィー」、「プラアックラ・チャーヤー」、「プラナーントゥー」、「プララーチャ・チャーヤー」、「チャオチョーム・マーンダー」などの称号が使用された。

国王と（王族生まれの）王妃との間の子は「チャオ・ファー」と称せられるが、同じ「チャオ・ファー」でも王妃自身が国王の子であるか孫であるか、王族一般であるか、などにより呼称が微妙に違った。また、国王が何かの理由で特別に取り立てて叙す「チャオ・ファー」も存在した。「チャオ・ファー」に次ぐ順位の称号は「プラオン・チャオ」で、国王と平民出身の妻の子、副王の子、国王の孫（父が「チャオ・ファー」で母が王族である者の子、父

＊22 ［カンラヤー 2012: 15］

母がともに「プラオン・チャオ」である者の子）などに充てられた。その次は「モーム・チャオ（M.C.）」で、原則として「チャオ・ファー」と平民の間の子の称号である。もっとも、「プラオン・チャオ」の子が特別に「モーム・チャオ」に叙せられた場合もある。ここまでが本来の王族とされている。

「モーム・チャオ」の子孫は平民となるが、社会的には、王族と認められ、氏名の前にその称号を付して広く使用されている。つまり、「モーム・チャオ」の子が「モーム・ラーチャウォン（M.R.W.）」であり、さらにその子が「モーム・ルアン（M.L.）」である。

■王族と官職　伝統的統治組織の中に「クロム」と呼ばれる部局が存在したが、現在の行政組織で言えば「省」に当たる。クロムの長には普通、成年に達した王族が取り立てられた。クロムの長に就任した王族には、クロムで始まる該当称号が下賜された。それは官位とも言え、上位から「クロム・プラヤー」、「クロムマ・プラ」、「クロムマ・ルアン」、「クロムマ・クン」、「クロムマ・ムーン」という称号であった。大きな功績をあげて昇進した場合など、国王の意向により、こうした称号を変更することは容易に行なわれた。また、必ずしも規則通りの称号ではなく、国王の意向により様々な形の称号がありえたようである。

例として、五世王の異母兄弟で、内務大臣などを歴任して近代国家へ向けた行財政改革に大きな功績をあげ、学者としても膨大な業績を残し、「歴史の父」と称せられるダムロン親王の正式名は、次の通りである。親王の場合、父はラーマ四世であったが、母は平民出身の妻（側室）で、「チャオチョーム・マーンダー」であった。

「ソムデットプラチャオボーロマウォントゥー・プラオンチャオ・クロムプラヤー・ダムロンラーチャーヌパープ」

王族であることを示す「プラオン・チャオ」、および官位と位階を示す「クロム・プラヤー」などの称号が組み込まれていることがわかるが、王族の御名は、生得的な条件に官職などが関係し、きわめて長く複雑であると言わざるを得ない。

■人材としての王族 近代国家概念を学習したラーマ四世以降の国王の為政者としての課題の一つは、明らかにタイを近代国家に成長させることにあった。その社会改革にもっとも必要な条件は人材の養成であった。各国王は教育改革に取り組み、統治改革に資する人材の養成に努めたが、後に指導的立場に立ち改革に寄与した者は王族が多かった。それは、国王が信頼のおける人物や有能な青年が、周辺の王族の中に多かったからである。

一つの例として、人材養成として大きな効果をもたらした海外留学を取り上げてみよう。

タイにおける海外留学としては、アユッタヤー時代のナーラーイ王治世（在位一六五六〜八八年）に既に外交団に随行してフランスに赴き勉学した例や、ラーマ四世時代に有力「クンナーン」家系であるブンナークの子弟三名をイギリスとフランスに送った例があるが、本格的な人材養成を目的とした留学生派遣はやはりラーマ五世時代に始まる。

ラーマ五世の眼が外国を向いた契機は、同王の一八七一年のシンガポール訪問だとされている。翌年には、英語学校を創設するとともに、国費による留学生派遣をスタートさせた。三名の留学生がイギリスに派遣されたが、三名とも王族であった。また、一八八五年になると、五世は国費留学生とは別に、自費による王子の留学に踏み切る。王女の留学はないが、王子の約六割に相当する一九名が主として英国に留学した。その中には、帰国後タムマサート大学の前身である法律学校を創設し、法務大臣として近代法制の整備に尽力したラーブリー親王（一八七四〜一九二〇年）や近代的軍隊制を持ち込んだナコーンチャイシー親王（一八七六〜一九一四年）、さらには「タイ医学の父」として知られるソンクラーナカリン親王（一八九二～一九四四年。ラーマ九世の父）らが含まれている。彼らこそが父君ラーマ五世が推進する「チャクリー改革」を支えたのであった。五世は、留学を王子教育のきわめて有効な手段と考え、可能な限り王族を留学させ、帰国後行政や軍の要職に抜擢し、王政の維持発展に努めたのである。[*23]

一九世紀後半から二〇世紀初めにかけて、五世の王子を始めとするバンコク王朝の王族パワーは、「サヤーム世界」の指導層では群を抜いていた。

2 「タイ化」

西欧植民地勢力の攻勢に衝撃を受け、それに対抗するために強力な王権によって推し進められのが「チャクリー改革」であったが、国内にも深刻な状況が存在していた。長い間統治の根幹を支えてきた「サックディナー制」が、社会経済状況の大きな変動の波に揉まれ、もはや耐用できなくなっていた。労働力徴用のシステムが壊れ始めていたのである。

つまり、「外圧」に対抗するためにも、国内の改革が必須であった。その改革の基本的方向として王室が採ったのが、失われた政治権力を「クンナーン」から取り戻すことと、「サヤーム世界」が「タイ世界」と「マレー世界」を包摂することによる近代的な領域国家ないしは国民国家の完成であった。そのために必要な文化的基盤として創出に模索したのが、「チャート・タイ＝タイ的価値」である。それは、まさに「タイ化」の過程であった。

＊23 ［赤木 1978］、［玉田 2001: 227–228］。

（1）労働力の解放と身分制の解体

まず、バンコク（チャクリー）王朝が誕生した一八世紀後半以降の「サヤーム世界」や「タイ世界」を中心とした大きな社会経済的潮流を簡単に復習しておきたい。それは、もはや「サックディナー制」が維持できない状況が誕生した経緯でもある。[*24]

■アユッタヤー陥落の影響　アユッタヤー王朝のトライローカナート王時代に確立した「サックディナー制」は、国王を頂点とし、その他のすべての人間の身分の高低を数字により格付けする制度で、それが社会の基本であった。この身分制のポイントは労働力徴用であり、王族や「クンナーン」などの支配層が「プライ」や「タート」などの被支配層を強制的に駆り出すことが可能であった。つまり、「サックディナー制」は、この地域に慢性的に不足していた労働力徴用の恰好なシステムであった。

あまり言及されないが、労働力徴用システムにとって、一七六七年のアユッタヤーの陥落は大事件であった。アユッタヤーの都も街も壊滅状態になったが、国家・社会関係の中核である「サックディナー制」はきわめて大きな影響を受けた。労働力徴用の要である「プライ制度」が大混乱に陥ったのである。後継のトンブリー王朝およびバンコク王朝にとって、最大の課題は労働力徴用の立て直しによる権力の確保であった。それは、ラーマ二世（在位一八〇九～二四年）期に本格的に進められた①労役期間の短縮、②奴隷の受け戻し可、③「プライ」の所属先の「ムーン・ナーイ（組頭）」の変更可、などに象徴的に表われている。その一方で、国庫収入減少の解決策として、貿易をさらに推進し、また「プライ」の枠組みの外に華人の流入を積極的に受け入れて、労働力の欠如を補った。そのため、この時期、華人がタイに大量に流れ込んだのである。

■徴税システムの整備 ラーマ三世(在位一八二四〜五一年)は、貿易の直接経営から手を引き、税を徴収するシステムに変更した。大改革であり、約四〇種類の新税を設定した。その上で、貨幣経済の発展に伴い、民間人に入札により徴税業務を請け負わせる徴税請負制度を本格的に導入した。その結果、「プライ」による労働力提供に代わる金銭払いが進展し、それまで労働力確保に従事していた「クンナーン」の存在基盤を崩すことにつながった。「プライ」は、労働力徴用が減少することにより、自由時間がより多く確保できるようになり、商業などに手を出す者が増加してきた。労働力徴用も金銭払い(金納)で済ます者が確実に増加し、他方で労働力供給の中心が「サックディナー制」の拘束を受けない華人となった。国家の労働力管理能力は、自然と低下していった。つまり、国家と社会の分離が始まったと言えよう。もっとも、三世から四世の統治期間では、税収は上向き、一八五五年のバウリング条約締結以降、王室独占貿易は廃止されたが、国家の歳入は増加した。

■労働力の自由化 さらにラーマ四世(在位一八五一〜六八年)、ラーマ五世(在位一八六八〜一九一〇年)の治世になると、税の金納化がより一層進み、身分制を基本とした社会構造が大きく変容し、国家の統制が利かなくなった。労役の金納制は、運用面において明らかに徴用制と異なる。徴用制に関わっていた「クンナーン」の力が弱化し、「プライ」制度をはじめとする身分制が崩れていった。「ムーン・ナーイ(組頭)」に代わって、徴税請負人が幅を利

＊24 以下は、主として［セークサン 1995: 21-22］による。

かせ始めた。商人たちも「クンナーン」への依存度を少なくしていった。賃労働の始まりは、伝統的エリート層であった「クンナーン」層の没落であり、崩壊につながった。基盤が強固な有名家系は別として、多くの「クンナーン」が力をなくしていった。それは、「クンナーン」の政治的影響力の弱化をも意味した。

そうした社会経済的状況の変動は、「外来人」の「クンナーン」に支配されていた体制から脱皮しようとしていた五世王にとっては追い風であり、外からの脅威である植民地化から逃れるためにも、新しい統治制度確立の必要性に迫られた。それこそが、同王が近代的官僚制と国軍を備えた中央集権国家の建設に着手した背景であった。

従前から徴税請負人が担当し大きな歳入を占めていたアヘン税、富籤税、賭博税、酒税の占める割合が減少してきたのを機に、一八七三年には国税局の前身である国家歳入院を設立し、政府が自らの手で直接徴税する制度を発足させた。また、政府自らが賃労働促進政策をとり、「クンナーン」や「ムーン・ナーイ」に頼らない労働力調達を推進した。こうして、政府による直接の徴税や労働力調達が可能となり、社会は大きく変化したのであった。

一九〇五年の奴隷解放の完了と「プライ」の廃止は、労働力の全面的な解放と「サックディナー制」という身分制の解体に他ならなかった。

なお、ラーマ四世末期頃から私有権が芽生え始めていた土地所有においても、一九〇二年にはチャノート（土地所有権証明書、地券）」の交付が始まり、国家所有原則という土地所有構造が崩れる兆候を示していた。この変化は労働力徴用や徴税制のラーマ五世による大改革と関係していると思われるが、ここでは言及する余裕がない。

（2）国民国家形成に向けて

■他決的領土　領土（領域）の確定は、基本的には外交案件であり、西欧列強との交渉であった。確かに、タイは伝統的領土の一部を割譲させられるなどの苦汁をなめる苛酷な交渉を強いられた。しかし、幸いなことに、植民地を求めて東南アジアに進出していたイギリスとフランスの両強大国がタイ（サヤーム世界）を挟んで対峙する形となったのである。両国は、タイを緩衝地帯とすることで合意した（一八九六年）。ちなみに、「サヤーム世界」、「タイ世界」および「マレー世界」をカバーする地域が、国際的にもタイの領域として最終的に確定するのは、その後の交渉を経た一九〇九年のことである。ラーマ四世や五世などのタイの統治者が領土の確定に尽力したのは間違いないが、「サヤーム世界」は別として、「タイ世界」や「マレー世界」の国境画定ではイギリスとフランスを代表とする西欧との力関係における劣勢は否めなく、現在のタイの空間的範囲はきわめて他決的にできあがったと言わざるを得ない。実際、その当時のタイと英仏国の間の「国境」に関する考えは似て非なるものであり、とりわけタイには「国境線」なる概念は存在しなかった。当然のことながら、国境線で確定される領土交渉では、両国に譲歩せざるを得なかった。

■「チャート・タイ（タイ的価値）」の創出　「サヤーム世界」が国民国家創出の上でもっとも苦労したのが、領土、主権と並ぶ国家構成要素である「国民」であった。それは先に述べたように、「サヤーム世界」が「外来人国家」であり、底辺には土着民が存在していたが、権力層をはじめとする中核のほとんどが「外来人」により占められていたからである。つまり、きわめて多様な住民をタイ民族またはタイ国民としてひとくくりにする作業――「タイ国民の創出」――が必要であった。それは「民族のないところに民族を創り、さらに国民に仕立て上げる作業」であった。

「タイ世界」と「マレー世界」を含めた全領域を、「タイ国民（タイ民族）」で満たすのは、遠大で至難な作業である。一九世紀半ばから「サヤーム世界」は本格的に「タイ国民の創出」作業にとりかかるわけであるが、当然のことながら膨大なエネルギーと時間を要することになる。チャクリー王朝のラーマ四世時代あたりから始まる近代（国民）国家創出へ向けた「チャクリー改革」と呼ばれる一連の改革はその出発であり、五世以降の国王や統治者はすべて、この作業に全力をあげてきた。そして、今なお、この作業は完全には完結しておらず、継続中であると言えよう。とりわけ、ムスリム社会である「マレー世界」での作業は至難であり、今日に至るも、毎日のように死者を出す事件が生じている。こうした事象は総じて「南部国境三県問題」と呼ばれることが多いが、それは「サヤーム世界」による「マレー世界」包摂の難しさの一つの表現である。

最大の難問であるこの「タイ国民の創出」は、別の言葉で言い換えれば「タイ文化の創出」であった。この「タイ国民」と「タイ文化」の二つの言葉を融合した意味を持つ言葉を探すとなると、「チャート・タイ」が最適であり、それ以上の言葉はないであろう。「チャート・タイ」は、一般的には「タイ民族」とか「タイ族」とか訳出されるが、正確に言えば「タイ的価値を持った人々」ということになるであろう。「タイ国民の創出」または「タイ文化の創出」とは、「チャート・タイの創出」であり、それは「タイ的価値の創出」であった。[*25] そして、タイという国民国家形成の最大の課題は、タイ的個性を備えた価値体系の構築であった。

■王権の強化と「ラック・タイ」　「サヤーム世界」の説明で明らかにしたように、主権者は国王であった。「サヤーム世界」で誕生し長い歴史を持つ王権は、きわめて強大で絶対的存在であった。国王はオールマイティーであり、「サヤーム世界」の諸事を取り仕切る存在であった。国王は「現人神」として人々に崇められた。国王に主権があることは、だれもが疑わなかった。

また、「現人神」に正当性を付与するものの一つは、王統であった。王統がいかに強力な存在であるかは、既に述べた。いくつかの王統が形成されたが、王位継承は権力層の間にあっては最大の出来事であり、最大のイベントであった。「サヤーム世界」の歴史は王位継承史であるとも言われるが、武力はもちろんのこと、権謀術数を駆使した継承戦がいくたびも繰り広げられた。また、王権の権威を高めるために、様々な儀礼や慣習が創り出された。

「サヤーム世界」は、既に強固であった王権をさらに強化することによって権力を維持し、王権のより強力なリーダーシップにより国民国家を創出しようとした。「タイ世界」や「マレー世界」にその御稜威《みいつ》を広げ、影響下に置くことによって、近代国家タイの創造を目指したのである。

加えて、特徴的なことは、王権強化が他の「チャート・タイ」的要素と連結する形でなされた点である。つまり、王権を、大多数の人々が信仰している仏教のブン（徳）思想とうまく結びつけたのである。簡単に言えば、最大のブンの持ち主である国王が主権者であるのは当然のことであるとし、絶対王政を正当化した。

一九世紀半ば頃からの西欧政治思想の流入は、六世時代には言論界にも相当な活発さを与え、絶対王政に疑問を持つ批判的な者もバンコクを中心に多数生まれてきた。そうした動きに、王権が対抗するために理論装備した

＊25 以下では、主として「チャート・タイ」という言葉を使用するが、「タイ的価値」と表記する場合もある。いずれにしても、二つの言葉を同義語として扱う。

のが「ラック・タイ(タイ的原理)」であった。「チャート(タイ民族)」、「仏教」、「国王」の三つの「タイ的価値」を一体化したものを「ラック・タイ」という概念でまとめ、それをタイという国家の至高の価値であるとしたのである。まさに、それこそが絶対王政が主張する「チャート・タイ」であった。それは、「チャクリー改革」の一つの到達点であった。

■**「借景国家」**　「外来人国家」であった「サヤーム世界」には、当然のことながら「チャート・タイ」的要素が少なかった。というより、ほとんどなかった。とりわけ、無から「チャート・タイ」を創出しなければならない分野が存在した。それは「ラック・タイ」とは異なるより日常的な身のまわりの「チャート・タイ」であり、「生活文化」とでも呼べる類のものである。端的に言えば、衣食住に関する文化である。「外来人国家」における「生活文化」は多様であり、そこに「チャート・タイ」は存在しなかった。また、「チャート・タイ」的要素を備えた舞踊や文芸などの「精神文化」も大衆世界には乏しかった。

そこで、「サヤーム世界」のリーダーや統治者たちが採用したのは、他世界である「タイ世界」および「マレー世界」の中の「チャート・タイ」的要素の「サヤーム世界」への取り込みであった。「チャート・タイ」的要素に満ちた「生活文化」を有している本家「タイ世界」からは大量のものを、「チャート・タイ」的要素が少ない「マレー世界」からも様々なものを取り込んだ。

その取り込み方には、二つの場合が見受けられる。一つは「タイ世界」からの場合で、取り込んだ「チャート・タイ」的要素がいかにも「サヤーム世界」に既に存在していたかのように取り扱い、タイという国民国家そのものの代表的文化として価値づける場合である。もう一つは「マレー世界」からの場合によく見られる例で、「チャート・タイ」的要素が乏しい文化でもとりあえず取り込み、しばらく温めてから、まるで「サヤーム世界」

に古くから存在した典型的タイ文化のように価値づける場合である。

前者の身近な例としては、代表的なタイ料理として知られている「ソムタム」(パパイア・サラダ)をあげることができる。[*26]「ソムタム」は本来「タイ世界」の料理であるが、「サヤーム世界」が取り込んで自分たちのものにしてしまった。「ソムタム」以外にも、カイヤーン(焼き鳥)、ラープ、トム・セープ、干し肉、ケーン・ケーなどは、「タイ世界」から「サヤーム世界」が持ち込んだものである。

後者の例は、「マッサマン」や「サテ」である。「マレー世界」の料理であるが、「サヤーム世界」に取り込まれ、今やだれもが疑わないれっきとしたタイ料理となっている。私は、料理に疎いこともあり、間違っていれば謝らなければならないが、代表的タイ料理と言われるもので、「サヤーム世界」で生まれたものはほとんどないのではなかろうか。

もっとも、「タイ世界」で誕生した政治性の高い料理がある。庶民の間で人気の高い「パット・タイ(タイ風炒め)」である。クイティオをベースにエビ、豆腐、バナナの花のつぼみ、もやしなどと一緒に炒め、タイ風の味を付けた簡単な料理であるが、後述する「ラッタ・ニヨム(国民信条)」時代にコメ不足を心配したピブーン政権が、砕け米を使った麺であるクイティオの消費を狙って意図的に作り出し、民族主義の宣伝のため普及に努めた。肉を使用しないため安価で手ごろな上、空腹を癒すのに好都合という便利さがあって、またたくまに全土に普及した。まさに、考え出したのは「サヤーム世界」であったが、呼称は「タイ世界」から借りて、「パット・サヤーム」ではなく、「パット・タイ」と名付けたのである。[*27]「タイ」という名称のついた料理が欲しかったのであろう。

＊26 [Platt 2013: 7]
＊27 [ウェーティン・パーキン 2015: 176–177]

その他、音楽や舞踊などでも、モーラム、ルーク・トゥン、ソー（二胡）、ケーン（笙）は「タイ世界」から、「影絵芝居」、リケーは「マレー世界」から入ってきたタイ文化である。また、外国人観光客に人気のあるタイシルクの本来の故郷は「タイ世界」である。衣服では、「パー・カーオ・マー」と呼ばれるタイ人男性が日常的に多用するきわめてタイ的な多目的布がある。この名称はペルシャ語から来ているが、本来はやはり「タイ世界」のものであると聞いている。

料理、服装、さらには「ピー（精霊）信仰」なども含めた「生活文化」または「精神文化」のほとんどが、本来は「サヤーム世界」の外のもので、「サヤーム世界」が国民国家創出の過程で「タイ世界」や「マレー世界」から取り込んで、自らのものにしたものである。また、「サヤーム世界」のものであっても、タイという名称や呼称を付けることによりタイ全土に存在する文化であるかのように印象付けた場合が多い。

繰り返しになるが、「チャート・タイ」的要素に乏しかった「サヤーム世界」は、「タイ世界」や「マレー世界」から借りてくることにより「チャート・タイ」を育成したのである。「サヤーム世界」が「外来人国家」から脱皮し、国民国家を創出するために必要な「チャート・タイ」的要素を「タイ世界」および「マレー世界」から借り入れて、「サヤーム世界」をも「チャート・タイ」的要素で埋め尽くし、自分たちの世界こそ「チャート・タイ」の中心であるかのように変えていった。だから、私は、「サヤーム世界」が「タイ世界」や「マレー世界」を「借景」として活用し、国民国家タイを完成させようとしたと考えている。

「借景」という言葉は日本の造園の用語である。庭園外の周囲の風景を、庭園を構成する要素として組み込んで、造園する方法である。私は、周囲の文化それ自身の利用はもちろんのこと、その文化を取り込んで自分たちのものであるとするタイのやり方に「借景」という言葉を当てたい。そして、そのようにして形成されたタイ国家を「借景国家」と呼ぶことにする。

■「タイ化」とタイ語　「サヤーム世界」がかろうじて保持していた「チャート・タイ」的要素は、王権、仏教、タイ語の三つであった。そのことは、「三種の宝器」として既に述べた。しかし、考えてみれば、王権および仏教は純粋な「チャート・タイ」とは言えない。どちらもインド文明の影響を受けて「サヤーム世界」などで育った背景がある。だから、国民国家形成の過程では、王権や仏教の「タイ化」作業と一般庶民への周知徹底(社会化、教育)は避けて通れなかった。つまり、国民国家形成では、王権や仏教の「タイ化」を行ない、「チャート・タイ」的要素としての質を高め、よりタイ的な王権、よりタイ的な仏教を創出する努力が重ねられた。

たとえば、王権の「タイ化」という側面で見れば、ラーマ四世が行なった国王不可視不可触タブーの廃止、五世が断行した土下座低頭の義務からの解放や奴隷制廃止は、一見、近代化＝西洋化の一端のようだが、慈悲深いタイ的王権の本来の姿への回帰であった。六世も、「ラームカムヘーン王碑文」が謳う通商の自由や公平な裁きなどといった人道主義的権利を持ち出し、国王は冷酷な支配者ではなく思いやりのある人間性を有した主人であることを訴えた。本来的なタイ的王権に先祖返りする姿勢を示し、それこそが「チャート・タイ」の王権であると主張したと理解できる。

仏教界にも同じような文脈を読み取ることができる。つまりは、仏教のさらなる整備と一般人の間での仏教理解の普及であり、それはまさに仏教の「タイ化」作業であった。この「タイ化」作業を担った中心人物は、四世の王子であるワチラヤーン親王(一八六〇〜一九二一年)であった。彼は、サンガの統一、教理試験の制度化、マハーマクット仏教大学の設立など多方面で仏教の近代化を進めたと評されているが、もっとも力を入れたのはタイ語による仏教の説明であり、数多くの仏教書や教科書を著わし、一般の人々の仏教理解促進に奔走した。従来はパーリ語を中心に主として出家者(比丘)の間で占有されていた仏教知識を一般に解放したと言えよう。

そして、異母兄である五世の国民教育振興策と協働して、地方寺院を教育に開放し、仏教知識の普及と初等教育の進展に大きく貢献した。仏教とタイ語が本格的にタイの人々の間に普及したのは、この親王による「聖（仏教教育）俗（タイ語教育）抱き合わせ作戦」によるところが大である。ここにも、「タイ化」への強いベクトルを感じざるを得ない。

タイ語と仏教の組み合わせという点では、五世が努力した「三蔵経」の刊行に触れておかねばならない。一八九三年に「三蔵経」のタイ文字版を印刷製本し、世界一〇〇ヵ国以上の約二六〇ヵ所の研究機関等に贈呈したのである。莫大な費用をかけ、一セット三九巻からなる大著を印刷製本し、しかも外交官を動員し、ほとんど読み手がいない国々に届けた真意は一体どこにあったのだろうか。私は、自分たちの国は既に平和主義に満ちた立派な仏教という宗教を持っていることを世界に宣し、西欧諸国からのキリスト教への改宗圧力を撥ね退けようとしたと解している。折しも同年「シャム危機」が生じているが、この「三蔵経」出版は政治的独立維持のために五世が開発したまさにソフト・パワーであったと言える。

ここまで来ると、「サヤーム世界」に残存していた「チャート・タイ」の中で最大のものは、タイ語であったことの重要さをあらためて認識しなければなるまい。もっとも、タイ語が「サヤーム世界」で最初からドミナントな言語であったとはけっして言えない。先述した通り、アユッタヤーの街で使用された言語は多様で三〇以上にのぼった。

言語の種類が多い社会では、一つの基本ないしは共通となる言語を必要とする。タイ語がそれに該当し、公文書に使用された。なぜタイ語が共通語ないしは基本語に選択されたか、現時点では明確な回答を持ち合わせていない。しかし、王語（ラーチャーサップ）という特殊な語彙体系が発達したことに見られるように、王権とタイ語は強い関係を有していた。つまり、既に少し触れたように、アヨータヤー時代における王権の発生とその成長にタイ語が強く絡んでおり、アユッタヤー時代以降においても、「外来人」が権力の核心に近づくには、タイ語の能力を必要とした。そして、タイ語は時間が経つにつれて、徐々に広く社会に普及し、公用語の地位を確立していった。

その背景には、詳細はわからないが、「サヤーム世界」では中央政府による統治にかなり古くから文書主義の慣行があったと推察される。一般に、アユッタヤー時代の文書は、一七六七年の陥落の際、ビルマ軍の火攻めにあって、大半が消失したと言われているだけに、古文書の類はほとんど残っていない。しかし、ラーマ一世による『三印法典』の編纂には、可能な限りアユッタヤー時代の古資料が参考にされたのは間違いない。

ラッタナコーシン王朝前期においては、既にタイ語による公文書システム行政が相当の程度発達し、文書を作成する実務官僚の地位は高く、出世コースの一つであり、四世の文書に対する強いこだわり（文書主義）は新しい形の親政を生み出していった。[*28] 英語をはじめとする外国語に堪能であった同王にしても、もっとも重要な言語は「チャート・タイ」そのものであるタイ語であることを理解し、その普及こそが西欧諸国に対抗する一つのソフト・パワーであることを悟っていたのである。

ともあれ、アヨータヤーまたはアユッタヤーという「サヤーム世界」の中心で生まれた王権とタイ語の関係は大きなテーマであり、いずれは究明されねばなるまい。

他決的とはいえ、「サヤーム世界」、「タイ世界」および「マレー世界」からなる一定の領域を、新たに近代（国民）国家として創出するのが、「サヤーム世界」の統治者たちに課せられた課題であった。バンコク王朝は、その課題に国民の創出、つまりは「チャート・タイ＝タイ的価値」創出の実現を求めて取り組んだ。その方向は、大きくは「タイ化」であり、より具体的には王権、生活文化、仏教を中心に「タイ化」を推進した。

＊28 ［川口 2013: 39–46］

こうした一連の分野における「タイ化」作業の基底をなしたのはタイ語であった。一般の人々に対するタイ語教育（タイ語の開放）のためのツールが開発され始めたのは、一九世紀末から二〇世紀にかけてである。たとえば、プラヤー・シースントーンウォーハーン『公定教本』（1876）、ダムロン親王他『速習本』（1889）、プラヤー・ウパキットシンラパサーン『国語辞典』（1927）など、多くの種類のタイ語教本が誕生した。[*29] 明らかに、この時期、タイ語の公定化ないしは規範化に着手したと言える。言語が共通の価値観を生むためにいかに重要であるかを統治者が理解したという背景を指摘できる。いずれにせよ、庶民までもがタイ語を必要とした時代はそんなに古くはなく、「チャクリー改革」と共に訪れたのである。

■「外来人国家」からの脱皮　どうやら、「チャクリー改革」が「チャート・タイ」としてもっとも重視したのはタイ語だったようである。いかなる分野であれ、「タイ化」を行なうにはタイ語を必要としたのである。タイ語を総動員しての「タイ化」こそが「チャクリー改革」の真髄であったと言えよう。

一般に、「チャクリー改革」を表わすキーワードは、「近代化＝西洋化」であり、ほとんどの場合、その文脈で説明されてきている。私は、その説明を完全に否定するわけではないが、本来的性格を正確に捉えていないのではないかと考える。「チャクリー改革」は、「サヤーム世界」が主導し、「タイ世界」と「マレー世界」をも巻き込んだ「チャート・タイ（タイ的価値）」の創出過程であり、「西洋化」ではなく「タイ化」と見る方が妥当ではなかろうか。確かに、統治制度などへの西洋システムの影響を否定することはできないが、その要である中央集権制にしても、強いタイ的王権をタイという領域の隅々まで浸透させるという狙いを具体化した策であった。

さらに言えば、「サヤーム世界」にあって、アユッタヤー王朝以来のきわめて長い間、絶対的存在であったにもかかわらず、統治の実権を有する期間が比較的短かった王権が、王権の権威を借りながら実際に権力を行使してきた「外来人（クンナーン）」を排除し、自らの手で新しいタイ的統治を目指したのが「チャクリー改革」であった。それを、短い言葉で表現するとすれば、「外来人国家からの脱皮」ということになる。「サヤーム世界」の「外来人国家」的性格を払拭し、「タイ世界」と「マレー世界」を組み込んだ新しい近代国家タイを、「チャート・タイ」という価値を基盤に建設するのが、「チャクリー改革」の目的であった。それは、西洋化ではなく、「タイ化」であった。

■不可解極まる「ラームカムヘーン王碑文」　ところで、タイの歴史の中でもっとも不可解でありながら大きな影響力を持つ文化財は、既に第2章で触れた「ラームカムヘーン王碑文」である。もう一度ここで整理しておきたい。

「ラームカムヘーン王碑文」が、従来信じられてきたように　ラームカムヘーン王自身による刻文ではなく、ラーマ四世の手によるとの説を正面から本格的に最初に論じたのは、ピリヤ・クライルーク『ラームカムヘーン王碑文』（1989初版）であった。学術に対する真摯な学問的態度で知られ、内外で著名なピリヤ（専門は美術史。当時は、タムマサート大学タイ学研究所長）が正書法、語彙、内容などの綿密な分析により、[*30]碑文は四世王が工作したものであるとの説を発表したのである。それは、タイ学界にとって衝撃的出来事であった。もちろん、ピリヤ説に反対

＊29　［赤木 2008: 85–91］.

＊30　たとえば、碑文には「三重城壁」についての言及があるが、それは後世の構築であり当時は存在しなかったと、ピリヤは言う［ピリヤ 2004: 74–78］。また、建築学的にも、一般に、現在も残存しているスコータイの寺院などの遺跡構築物は一四世紀以降の建造である可能性が大であると主張している。たとえば、サパーンヒン寺の仏像の造られた年は、学術的にはアユッタヤー末期であると推測されると言う［ピリヤ 2004: 7–8, 122–123］。

する者も多く出てきた。[*31] また当該の問題がただ単に歴史学だけで対応できる性格ではないこともあり、言語学、音韻学、文字学、碑文学、宗教学、美術史など多方面の専門家が参加し、「ラームカムヘーン王碑文」の真偽（信憑性）をめぐっての大論争が起きたのである。碑文そのものに刻まれている刻年一二九二年およびラームカムヘーン王自身による制作についての疑問が主要論点となった。

私には到底その論争に参加する能力はないが、[Chamberlain ed. 1991]、[スチット編 2003]、[ヴィナイ 2009]、[吉川 2012] などに収められた関係論文を一読する限り、この論争の決着はきわめて難しいと思われる。碑文の作成者はラームカムヘーン王なのか、碑文発見者である（即位前の）ラーマ四世なのか、ラームカムヘーン王の孫で仏教にも深く帰依したと言われているリタイ王（在位一三四七〜一三六八／七四年）なのか。タイ内外の学者の間で本格的な論争が生じているが、今日に至るも決着はついていない。

ただ、私のきわめて個人的な印象では、ピリヤのラーマ四世説がもっとも説得力がある。彼は、正書法、語彙などの刻文そのものの詳細な分析もさることながら、四世周辺で生じた奇跡的出来事と同王の対応や解釈、碑文好きで神の意思を信じる同王の性格、リタイ王治世をはじめとするスコータイ王朝史および占星学に詳しい同王の広く深い知識、西欧への広い理解、発見後の碑文の管理と情報管理などを丁寧に説明している。つまり、四世の人間性と当時のタイが置かれた状況と国王としての信念を追いかけている。[*32]

ピリヤは、西欧列強の東南アジア進出と国内の権力状況をつぶさに賢察した四世が、自ら考える国のあり方をこの碑文に託したとの考えを主張している。ピリヤの著書 [ピリヤ 2004] に序文を寄せているタイ歴史学の大家ニティ・イオシーウォンは、四世の「発願文（パニターン）」ではないかと述べている。[*33] それにしても、刻文した者が四世であったとすれば、きわめて緻密で用意周到な計画であったとしか言いようがない。

以下に、「ラームカムヘーン王碑文」が四世による「大プロジェクト」の成果であるとの前提に立ち、私なりに少し敷衍しておきたい。

四世は、よく知られているように、即位前に仏教改革を推進しタンマユット派を興したが、それも「チャート・タイ」にふさわしい仏教を目指したからである。仏教からバラモン教や呪術的要素を払拭し、仏典に忠実な実践宗教を目指したのであった。同王はチャクリー王朝の歴代の国王の中でも、きわめて賢明で知識の深い王であっただけではなく、当時のアジアで西欧社会にもっとも通じた知識人であった。[*34] 独立を守るためにも、強力な西欧諸国に対応できる国家タイの必要を痛感していた。

パルゴア神父などの西洋人と深い交際を持っていた四世は、西洋文明を貫く合理的精神とそれが生んだ科学技術の力を熟知しており、「サヤーム世界」を改革して近代(国民)国家に昇華しない限り対抗できないと考えていた。そのためには、「外来人国家」から脱皮し、「サヤーム世界」、「タイ世界」および「マレー世界」を包括する新しい理想的なタイ的国家を建設しなければならないと確信していた。その基本は「タイ化」であり、「チャート・タイ」が充満する国家を夢見たのである。

「外来人国家」(サヤーム世界)の歴史を振り返ってみても、タイ的な理想の故郷が見当たらないため、「サヤーム

＊31　たとえば、上述の「三重城壁」について、以下のような反論が示されている。「ラームカムヘーン王碑文」はラームカムヘーン王が自ら刻んだ碑文であるとの説を採るウィナイ・ポンシーピエンは、論稿「ラームカムヘーン王碑文」の中で、「三重城壁」という表現は、城壁の実際を説明しているのではなく、インドの古来伝説による「三重の壁を一つにしたぐらい強固で頑丈な壁」という言葉の上での表現であると、ピリヤに反論している［ウィナイ 2009: 21］

＊32　［ピリヤ 2004］,［Piriya 1991a］,［Piriya 1991b］,［Piriya 1991c］

＊33　［ピリヤ 2004:(14)］

＊34　同王の賢明さを知るには、［石井 2015］を参照されたい。

世界」に地理的にもっとも近く、その昔繁栄し、相互交流があり、「タイ世界」の有力なクニであったスコータイに注目し、見倣うべき理想郷として持ち出した。そして、自らの考える「チャート・タイ」の基本要素を、願いを込めて「スコータイ碑文」に刻み込んだ。

この碑文の性格を含む問題点については、「スコータイの揺らぎ」(第2章)の中で既に述べたが、碑文では、明らかにスコータイが「チャート・タイ」の故郷として理想化されている。父たる国王、財の所有権、通商の自由、裁判における公平性、仏教の興隆などが存在するクニの姿が述べられている。つまり、まさに幸福が充満する理想郷がそこにはある。まるで父親のように慈悲深い国王と戒律厳守の仏教が生き、人々が自由に経済活動を行なって楽しく平和に生活でき、タイ族固有のタイ語がコミュニケーションの基盤として存在する社会である。しかも、碑文の中では、ラームカムヘーン王がタイ文字の創始者であるとされ、田圃に黄金の稲穂が波打ち、川に魚が跳ねる豊かな社会「スコータイ」を見事に刻み込んでいる。

ラーマ四世は、スコータイこそが「チャート・タイ」が存在する社会であり、祖先が創り上げた理想郷であり、その末裔である私たちはそこに示された「チャート・タイ」を継承しなければならないと教示するために、「ラームカムヘーン王碑文」を、おそらくは、「密かに工作」したのであろう。

以上の私の個人的な推察は別にしても、タイの歴史を左右するこの大史料の正確な姿がいまだに未解明であるのは、きわめて大きな問題である。「ラームカムヘーン」というスコータイ時代の大王の名前および同王に関する情報は、同時代史料としては、この史料に限られている。[*35] タイ史全体の解明の多くはこの史料にかかっていると言ってもよい。これほどの不可解極まる史料を抱えたタイは、今後どのように対応していくのであろうか。対応次第では、学界のみならず、タイ社会全体を揺るがすことになる可能性があるのは間違いない。

(3)「カー・ラーチャカーン」へ

「チャクリー改革」の本質は「タイ化」であったと述べたが、表面的な事象としては、一般に言われているように、ラーマ五世期を中心に推進された統治システムの中央集権化や近代化のための諸々の制度改革として表われている。その制度改革推進のためにもっとも必要とされたのは人材であった。旧来の官僚ではなく、新しい改革意識を有した人材であった。

最初の課題は、明らかに成長し力をつけた「クンナーン」の処遇であった。五世に言わせれば、「増長した」クンナーンの扱いである。同王が即位した時期の中央政治は「クンナーン」中の「クンナーン」であるブンナーク家系が権勢をほしいままにしており、地方でもその土地の有力「クンナーン」が伝統的身分制度を利用して、中央へ税は納めるものの、ほぼ独立した権力を維持していた。つまりは、国王とは名ばかりで、実質的な統治権限は自らの掌中になかった。伝統的「クンナーン」の存在が改革の障害であった。

五世は二〇歳になって成人王として第二回目の正式な即位式を行ない(一八七三年)、改革に着手したが、本格的な改革は、「クンナーン」の代表的存在で実力者であった摂政シースリヤウォン(チュワン・ブンナーク)およびそのバックアップを得ていた副王ウィチャイチャーンの死(前者が一八八二年、後者が一八八五年)まで待たねばならなかった。

＊35 ［飯島 2003: 288］

中央政府組織編制原理の地域別から機能別への変更、中央からの州知事派遣による地方国主の権限削減（中央集権化）、「クンナーン」支配下の労働力（プライおよび奴隷）の解放、私兵の禁止と徴兵制の施行、人頭税の導入などの税制改革、近代法の整備、教育機関の設置、交通網の整備などの主たる改革内容には、国王を中心とした本格的な中央集権国家システムの構築と近代的領域国家創出という目的が如実に表われている。

そうした諸々の「チャクリー改革」の制度的改革を実際に推進していく上で重要な役割を担っていたのは、やはり官吏であった。しかし、旧来の「クンナーン」とその配下の官吏に任せるわけにはいかなかった。とはいえ、官吏を新しく急造することもできなかった。高位の官僚には、旧来の「クンナーン」に代わって信頼できる王族や留学帰りの有能な王族などの親近者を登用し、リーダーシップをとらせたが、一般官吏については入れ替えをするわけにはいかなかった。そこで、政府が求めたのは、官吏の意識改革であり、新しい官吏文化の育成であった。以下に、二つの文献を取り上げ、その辺りを見てみたい。

■ダムロン親王『内務大臣訓辞』 よく知られているように、ラーマ五世の命を受けて「チャクリー改革」を実質的に推進したキーパーソンは、同王の異母弟のダムロン親王（一八六二～一九四三年）であった。二三年間（一八九二～一九一五年）にわたり内務大臣を務めたダムロン親王こそ、統治システムの問題点をもっともよく理解していた。そのことをよく示す材料の一つとして、一九〇二年に親王が主として地方官吏に対して送った『内務大臣訓辞』がある。[*36] その訓辞の中に当時のタイが克服すべき課題が如実に示されている。

ダムロン親王は、新しい国造りの要は人材、とりわけ官吏であり、まったく新しい種類の官吏が必要であると主張している。つまりは、国王をトップとする中央政府を中心とした一体的領域国家創造の成否は、新しい官吏の存在にかかっているというのである。

親王が言及する新しい官吏とは、旧来の統治を実質的に担ってきた「クンナーン」を中心とした官吏に代わる者である。「代わる者」とはいえ、人そのものをすぐに変えるわけではなく、旧来の官吏の意識改革ないしは質の変換を迫っている。さらには、役割や権限の明確化、組織力の向上といった改革を進め、官吏の変身を推し進めようとした。

ダムロン親王は、とりわけ、頻発し始めた地方官吏が関係する反乱や横暴な行為は国の統治力の低下につながり、植民地主義勢力に付け入る隙を与えることを懸念した。そのため、「モントン（州）制」を施行し、中央から州長を派遣することにより、旧習に塗れた官吏の代表である地方国主の権限低下を促した。

西欧の脅威に対抗するには、新しい国家造りは絶対条件であり、そのためには基本方針を立て、それに沿った制度をつくり、加えて方針を理解し、制度を支える人間（官吏）が必要であるとし、改革を推進した。中央省庁の再編成など西欧的制度の導入（近代化）にも積極的であったが、ダムロン親王が守る必要があるとして譲らないのは仏教的価値と王権であった。とりわけ、国王を頂点とする政治体制（絶対王政）のさらなる強化は「チャクリー改革」の柱であると強調した。そして、その成否を握るのはまさに官吏であると認識していた。

ダムロン親王は絶対王政国家の大きな目標は平和、幸福、独立であるとし、その実現の要である新しい官吏に要求した資質はより具体的には次の通りである。

①忠実（公務、職務および地位に忠実であること。公僕、つまり国王の臣下であるとの意識を持つこと。清廉潔白であること）、②精励（担当地域の状況、人々の生活、職務などに関する知識を高める。仕事に励む）、③寛容（目上、同僚、目下の官吏に対する適切な対応。横柄な態度を捨てるなど人民にも寛容に接する）。その上で、親王は、官吏にとっての禁止項目を七項目

＊36 ［スッパカーン 2010a: 227–256］

挙げている。①不誠実、②不正、③怠惰、④過激、⑤徒党行為、⑥軽率、⑦贅沢である。

ダムロン親王が、チャクリー改革において、もっとも重視したのは、官吏文化の改革であったと言える。伝統的な意識にどっぷり浸かった「クンナーン」をはじめとする官吏に、新しい意識または心得を諭し、絶対王政を支える「カー・ラーチャカーン（公僕）」への変身を要求したのである。

■ラーマ六世『公務の基本』 ラーマ五世の後継者であるラーマ六世（一八八一～一九二五年）は、即位（一九一〇年）後まもなく、ラッタナコーシン暦一三〇年反乱（一九一二年）に遭遇し、統治システムの一部が新しい社会の潮流に対応できていないことに危惧を抱いた。その不具合を来し始めた統治の最大の問題は官僚組織にあると考え、非効率で不誠実な官吏の資質を改める必要を感じていた。そして、六世は、ダムロン親王と同じように、「クンナーン」時代の旧習に縛られ続けている官吏を批判し、新しい時代意識を持った官吏への変身を主張した。官僚組織といえども、究極的には組織を構成する個々の官吏の資質が決定的に重要であると考えた。その上で、官吏の指南書として六世王が一九一四年に著わしたのが『公務の基本』である。[*37]

この著の中で、六世王は、自分は普通の人よりは知識があると偉ぶっている官吏が多いが、官吏はけっして「国民の主人」ではないと強い警告を発した上で、官吏の望ましい資質として次の一〇項目をあげている。

①能力（単なる知識持ちではなく、臨機応変に知識を駆使する能力）、②精励、③機転、④応用力、⑤職務への忠実、⑥すべての者への誠実な対応、⑦人を見る眼、⑧適度な許容力、⑨確固とした生活条件（住居を持ち、家族に恵まれている。規律正しい生活）、⑩忠誠である。

とりわけ、六世は⑩の「忠誠」に力点を置いている。同王によれば、「自らを犠牲にしても、国王（国家）のために尽くす」ことこそが官吏の基本である。体制維持が最大課題であった六世は、ダムロン親王の官吏に対する考えは生温いと評している。特に、親王が目上、同僚、目下の間の互いの寛容さを求めている点を批判し、上下関係を厳しく守り、国王への忠誠を徹底しなければならないと主張する。

六世は、九年間の長いイギリス留学経験から、近代国家の要素として国家意識ないしは国民意識が不可欠であることを学習していた。同王は膨大な著作を残しているが、もっとも大きな知的作業として評価できるのは、ある一つの言葉の創出である。その言葉とは、「チャート（民族）」である。元来「生まれ」または「世（あの〜、この〜）」といった語義を持っていたこの言葉に、「民族」の語義を付加した。一つの領域国家に住み、生活している人々の集団を「チャート」と呼ぶことにより、タイ国民（民族）の同一性の確立を狙った。それは、五世王に始まる「チャクリー改革」が目指した地方国連合の形の旧来型国家統治に代わる中央集権国家の確立と軌を一にしていた。そして、その「チャート」に「サートサナー（宗教、仏教）」と「プラマハーカサット（国王）」を組み合わせることで絶対王政国家の理念を樹立しようとしたのであった。国民が忠誠を尽くさねばならない対象として、これら三つを歴史の中から抽出したのである。

六世も、明らかに官吏自身が古い意識から脱皮することを狙っていた。「クンナーン」意識から脱皮し、「カー・ラーチャカーン（公僕）」意識を持つように強調した。しかも、より大きな国家意識を備え、国王に忠誠を誓う官吏を望んだ。

■「カー・ラーチャカーン」へ　ともすると「チャクリー改革」は統治制度の近代化と捉えられがちであるが、制度だけではなくその改革に付随する意識や文化の改革こそが社会に必要とされた。つまり、外から押し寄せる植

＊37 ［スッパカーン 2010b: 257-284］

民地主義の脅威から自らを守るには強固な国家造り以外になく、制度改革を実施したが、その成否を握っているのは官吏（クンナーンやムーン・ナーイなど）の意識改革であった。地方にあっては、官吏とはいえ、実態はその地の有力者であり、中央政府から一定の地域の統治を請け負った者であった。彼らは、人民から徴収した税の中から請負料を中央へ支払い、残りを自らの収入とした。政府からの給与支給はなく、半ば自立した存在であった。請負料を支払う義務を果たせば、あとは自由裁量に任された。それだけに、自らの権益に対する関心は高かったが、中央政府や国家への忠誠意識は相当低かったと言える。

そうした官吏を動員して新しい国造りを推し進める当事者であったダムロン親王やラーマ六世王は、彼らに意識改革を求める以外になかった。「クンナーン」に代表される旧来の官吏に対して、古い意識を捨て、新しく「カー・ラーチャカーン」としての意識を持つことを要求したのであった。「チャクリー改革」の核心は、制度的改革よりも官吏の意識改革にあったと言える。「クンナーンからカー・ラーチャカーンへ」という流れを促すことに取り組んだのが、「チャクリー改革」であった。

この流れを「外来人国家」という観点から捉えると、「外来人から国民へ」という流れになるであろう。多くが「外来人」であった「クンナーン」も世代を重ねることにより土着化していった。それは、外来人系の一般人についても同じであった。都市を中心に居住していた「外来人」の多くは、相互に婚姻を重ねるなどして土着民化していったのである。そこに、六世により「（タイ）民族」概念が提唱され、彼らも徐々に国民として包摂されていくことになる。それは、また「タイ化」の大きな側面であった。

もう一つ指摘しておかねばならないのは、この「チャクリー改革」時には、多くの西洋人がタイへ渡来してきたが、専門家として招聘された外国人顧問を含めて、彼らは新しい「外来人」であり、旧来の「外来人」ではない。時期は少し遡るが、バウリング条約が締結された年の翌一八五六年に、急増する西洋人（ファラン）への対応として、彼らの住居や店舗などの賃貸ないしは購入についての布告「ファランが賃貸ないしは購入できる地区に関する布告」[*38]が出されているが、その中で従来から住みタイ人化しつつあるファランを「ファラン・ドゥーム（旧来ファラン）」と呼び、新米のそれを「ファラン・ノーク（外来ファラン）」と呼び分けている。もちろん、この布告は後者を対象としている。いずれにせよ、ファランの場合だけではなく、アユッタヤー時代からラッタナコーシン初期の時代の「外来人」とその後に新しく外国から移入した新米の「外来人」とは分けて考えねばならない。

（4）「タイ世界」の包摂

タイが「借景国家」であることは、既に述べた。ここでは、その「借景」の内容をもう少し具体的に見てみたい。「タイ世界」の代表的存在であったチエンマイを中心とする北部タイと「サヤーム世界」の関係を「借景」という視点から考えていく。

ところで、第3章の冒頭で、一九三二年の人民党革命により絶対王政から立憲君主制に移行したタイは憲法改廃を頻繁に行なってきたが、ほぼすべての憲法で、第一条に「タイ国は一体かつ不可分の王国である」と掲げられていると、「不可分条項」の存在を指摘した。

確かに、「三つの世界」は一体化したのであるが、完全な一体化はいまだ未完成で、今なおその過程にあると捉えねばなるまい。

＊38　［タッサナー　2010: 75–78］

■ラーンナー人民民主共和国　たとえば、ムスリム住民が多い南部国境県における分離独立運動は今でもくすぶりつづけているが、北部タイで二〇一四年に見られた以下のような事件も、タイ国における可分性の存在を示している。それは同時に、「借景」しようとした側と「借景」された側との関係を物語っている。それにしても、憲法の「不可分条項」が示唆するおそれが、ここ数年にわたってタイに充満しているタックシン派と反タックシン派の衝突の過程で表出するとは意外であった。二〇一四年の年初に、タックシン派の中の赤服グループを中心とした分離主義運動が発生した。北部や東北部を中心に堂々と分離主義を表明する動きが見られたのである。

一月下旬には、「この国には公平がない。我々は国の分割を要求する」との大きな垂れ幕がパヤオ県内のパホンヨーティン路に架けられた陸橋に掲げられた。また、二月に開催されたナコーンラーチャシーマー（コーラート）での赤服の集会では、プアタイ党の党首であるチャールポン・ルアンスワン内務大臣が演台に立ち、国を分割する考えを支援する演説を行なった。さらには、赤服の最高幹部であるティダー・ターウォーンセート、チャトゥポーン・プロムパン、ナッタウット・サイクアなども各地の集会でタイ国分割を呼び掛けている。とりわけ、「チエンマイ51グループ」として知られている有力な赤服グループの中心人物であるペッチャワット・ワッタナポンシリクンは、既に分割案の検討を進めており、実現に向けたロードマップも作成済であると言明した。Nation Multimedia Group の新聞である『コムチャットルック』紙も、このことを三月一日付けの紙面で「赤服受け入れ！　ラーンナー人民民主共和国の建設　六ヵ月の協議を経て」といった見出しで大々的に報じた。

「ラーンナー人民民主共和国」の命名は明らかにチエンマイを中心に一四世紀～一六世紀半ばにかけて繁栄したタイ族の「ラーンナー・タイ王国」に因んでおり、北部と東北部を版図とする国家と、バンコクを中心とする中部や南部半島部を版図とする国家に、タイ国を二つに分離するという案である。当時生じていた政府派と反政府派の対立を、バンコクを中心とする中部（サヤーム世界）と北部・東北部連合（タイ世界）の対立と捉え、もはや中部による北部・東北部の蹂躙には耐え切れず、自分たちは独立して共和制の自治国をつくるという主張である。その場合、完全な独立国ではなく、一国二制度も視野にあると主張している。しかも、既に民兵（義勇軍）の組織化にも着手し始めたとの報道も流れた。

この「ラーンナー人民民主共和国」運動は、その後の五月に生じたクーデタによる政治情勢の変化から急速にしぼんでしまったが、「タイ世界」の底辺には依然として地域主義の意識が残存していることを示していると言わざるを得ない。

■自称「コン・ムアン」　ところで、現在でも、チエンマイを中心とした北部の人々は、自らを「コン・ムアン」と呼び、独自意識を有している。つまり、ラーンナー・タイの住民はタイ系民族で、古来盆地での稲作（灌漑農業）を基本的生業とし、モチ米が常食で上座仏教を信仰してきた民族であり、原初的タイ語や独自のラーンナー・タイ文字を基盤とした高い文化を保持してきた。周辺の山地民族やバンコクを中心とする中部住民とは異なる民であるとの誇りを大切にしている。誤解を恐れずに言えば、「コン・ムアン」は他の地方の人々とは違う優れた「良民」であるといった意味合いの意識が一般に共有されてきた歴史がある。

以下に、その自称「コン・ムアン」を手掛かりに、前述の分離主義ないしは地域主義の背景を探ってみたい。

上述の通り、ラーンナー・タイ王国は、チエンマイを都として（一二九六年建都）約六〇〇年（一三世紀末～一九世紀末）にわたって存続したことで知られている。[*39] この王国は、現在のタイの版図で言えば、チエンマイ、チエン

＊39　マンラーイ王がチエンマイを建設する以前は、この地域には、ラムプーンにハリプンチャイというモーン族の国家が繁栄していたし、ドーイステープやドーイトゥンなどの山腹にはルア族が多数居住していた。

ラーイ、ラムパーンを中心とした北部八県の地域にほぼ該当するが、そこにタイ系諸民族が「ムアン」と称する小国を形成していた。「チャオ・ムアン（国主）」を統治者として、城壁に囲まれた都を中心に、現在の北タイ地方の盆地に生まれたこの空間は、一三世紀のタイ系民族の典型的な世界であった。ラーンナー・タイ王国は、そうしたいくつかのムアンと現ミャンマーのシャン州などのムアンも加わったムアン連合であった。なお、ラーンナー・タイ王国の時代を大きく区分すれば、マンラーイ王家支配期（一二九六～一五五八年）、ビルマの属国時代（一五五八～一七七四年）、カーウィラ王家支配期（一七七四～一八九九年）の三期となる。

古来、ラーンナー・タイ人は、自分たちを「タイ」、「タイ・ヨーン」、「タイ・ユワン」などと呼んでいた。ビルマは、ラーンナー・タイ人を「ヨーン」と呼び、その「ヨーン」の後に居住するムアン名を付すのが普通であった。たとえば、「ヨーン・チエンマイ」、「ヨーン・ナコーン（ヨーン・ラムパーン）」などと呼んでいた。他方、アユッタヤー王朝は彼らを「ユワン」と呼んでいた。タイ文学の古典で、一五世紀半ば頃のアユッタヤーとラーンナー・タイの間の戦の戦記として有名な作品『リリット・ユワン・パーイ（ラーンナー、アユッタヤーに敗北）』は、その題名そのものが恰好な証左である。[*40]

一九世紀半ば以前のラーンナー・タイの人々の自称と他称はほぼ上述の通りであるが、そこには今日でも一般にタイ北部の人々の自称として知られている「コン・ムアン（都人、みやこびと）」の痕跡が見当たらない。どうやら、「コン・ムアン」という自称が登場したのは、それほど古くないとだけは言えよう。

いずれにしても、ラーンナー・タイ人の自称である「コン・ムアン」なる言葉が生まれた背景はいくつか考えられるが、そこには自らの差別化が横たわっている。

一つは、ビルマに対する差別化である。ラーンナー・タイは、一五五八～一七七四年までのおよそ二〇〇年にわたりビルマ支配下にあった。ビルマの属国からの独立はカーウィラ王（一七四二～一八一六年）の登場を待たねばならなかった。一七七五年同王はビルマから離れバンコク王朝に帰属することにより、ラーンナー・タイの自治を回復したが、その自治回復を機に北タイではシャン州も含めて大きな民族の移動が生じ、ラムパーンやチエンマイの都に人々が集まった。「コン・ムアン」という自称は、その頃から自然に生まれたのではないかと言われている。つまり、支配者であったビルマ系の者ではなく、古くからこの地に住んでいる者であると主張するため「コン・ムアン」と呼んだとの説である。[*41]

もう一つは、周辺民族に対する差別化である。つまり、元来この地域の人々は自分の出身ムアンを付して身を明かす慣習があり、「コン・ムアン・チエンラーイ(チエンラーイ人)」とか「コン・ムアン・カムペーンペット(カムペーンペット人)」といった表現をしていたが、ある時期からムアン名を省略した形「コン・ムアン」が一般になっていったとする。加えて、ラーンナー・タイの言語は「カム・ムアン」と称され独自性を保持していたが、その言語を話す者として「コン・ムアン」という自称が生まれたとの説もある。自分たちムアンの人間は経済的、政治的かつ文化的に周辺の人々(ルア族など)とは異なり一段と高い位置にあるとの誇りを示すためであった。[*42]

いずれにしても、「コン・ムアン」の決定的な起源は不明であるが、この言葉はその後タイ系諸民族のみならず、ムアンに居住するイスラム、華人、モーン人などといった多様な住民をも徐々に包摂し、北部住民を形容する自称に発展していったのである。

■チエンマイ対バンコク　上述したラーンナー・タイ人の差別化の背景はそれなりに理解できるが、最大の背景

＊40 [アルンラット 2012: 43-45]
＊41 [アルンラット 2012: 47], [チャヤン 2012: 79]
＊42 [アルンラット 2012: 49]

はバンコク中央に対する差別化、もっと的確に言えば対抗意識であったと見ることができる。その意識は、ラーンナー・タイの歴史はバンコクのそれより古く、タイ民族文化の純粋性＝固有性をより強く保持してきているとの自信に基づいている。

先にアユッタヤーとラーンナー・タイの戦争を描いた作品『リリット・ユワン・パーイ（ラーンナー、アユッタヤーに敗北）』を取り上げたが、この作品中では、ラーンナー・タイの人々を「ユワン」と表現しているのはもちろんであるが、「ラーオ」と表現している箇所も実に多い。しかも、時代が下り、カーウィラ王はバンコク王朝のラーマ一世により一七八一年には正式にチエンマイ王として認められるが、バンコク王朝のラーンナー・タイの認識は「ラーオ」が優勢であった。ラーンナー・タイ人が「ユワン」という自称を有し、しかも諸ムアンを中心に「コン・ムアン」というさらなる自称が生まれていたとしても、バンコクは彼らを「ラーオ」と認識し、現ラオスや東北部に住む人々と同一視していたと推察される。だから、バンコク王朝のラーマ四世時代には「ラーオ・ヨーン」という呼称が見られるし、ラーマ五世時代には「ラーオ・チエン」、「ラーオ・プンカム」、「ラーオ・プンカーオ」、「ラーオ・カーオ」などの呼称が一般であった。[*43]

ラーンナー・タイ人にとっては、「ラーオ」と同一視されることは苦痛であったに違いないが、現実にはそれほどの支障をもたらす問題ではなかったため、自称と他称の対立が表面化することはなかった。つまり、バンコク王朝初期からラーマ五世時代までは、自称「ユアン」または「コン・ムアン」と他称「ラーオ」の間にそれほどの軋轢は生まれず、両者は共存していたのである。

しかし、ラーマ五世による統治改革（中央集権化）は、ラーンナー・タイ人にとって大きな嵐であった。その嵐の中で、「コン・ムアン」意識が再生強化されていったと考えられる。やはり、出発点は一八九四年のバンコクによるチエンマイのタイ王国への統合であろう。この統合というラーンナー・タイ人にとっての冷酷な現実は、一九二二年のバンコク〜チエンマイ間の鉄道開通、一九三三年のチエンマイ県誕生などといったバンコク中央の攻勢として如実に示された。

■チエンマイ大学設置　そうした攻勢にラーンナー・タイ人が対抗するのは、戦争(第二次世界大戦)の終結を待たねばならなかった。しかも、政治的な変更を求める余裕はもはやなかった彼らにとって、バンコクに対抗する手段は文化的優位性の主張しか残されていなかった。

戦後、その運動に精力的に取り組んだ中心人物の一人がクライシー・ニムマーンヘーミン(一九一二〜九二年)であった。ここでは、彼の詳しい紹介は省略するが、ラーンナー・タイが生んだ傑物である。富裕な家庭に生まれ、アメリカに留学したクライシーは実業家としても成功するが、ラーンナー・タイ文化の発掘と保存に精魂を傾けた。おそらくは、タイ国へ統合後のラーンナー・タイの新しい方向性を定めた人物として、歴史に残るに違いない。*44

彼のグループの具体的な動きの最初は、一九四六年のバンコクでの「北部協会(サマーコム・チャーオヌア)」設立であった。おそらくは、自分が考えるラーンナー・タイ文化復興運動の支持と理解を深めるために設立したのであろう。そうした準備を進めた上で、クライシーが一九五三年に始めた二つの行動は、きわめて重要であった。

＊43　[アルンラット 2012: 45]

＊44　彼の祖先も華人系の「外来人」である。アユッタヤー崩壊後のトンブリー時代にタイへ渡来し、トンブリー地区に居を構えていたが、ラーマ二世の時代になり北部に移住したという。その後、一族は事業に成功し北部の大富豪として君臨した。彼の諸々のラーンナー・タイ文化の保存と活性化の運動については、地域主義者として中央(バンコク)と闘った者として見る見方と、中央に奉仕した北部の資本家と見る見方に分かれる[タネート 2012]、[ピンヤパン 2012]。

一つは、一九五三年の週刊誌(紙)『コン・ムアン』の創刊である。[*45] ラーンナー・タイ人の心に宿っていた誇りとしての自称「コン・ムアン」を直接タイトルに取り込んだメディア媒体の創刊は画期的であった。この創刊により、自称「コン・ムアン」が再生され、バンコクをはじめとした外部の者の間でも「コン・ムアン」が広く認識されるようになった。「コン・ムアン」がタイ国内で一つの位置を占めたのであった。おそらくは、他者によっても、「コン・ムアン」の独自性が認められたと言っていいだろう。

もう一つは、大学設置運動である。自らが所有する広大な土地を寄贈することにより、学術や芸術のメッカとしての大学を設立する構想を打ち上げたのである。それは、まさに地方の主張の具体的な表われであり、ラーンナー・タイのバンコクへの対抗宣言でもあった。当初は、アメリカの宣教師団の協力を得て私立大学構想も模索されたようであるが、バンコク政府の思惑もあり、結局は国立チエンマイ大学として一九六四年に発足した。もちろん、タイにおける地方大学の最初であり、その後の北部の発展を考えると、この大学設立は偉大な事業であったと言えよう。[*46]

こうして、一九五〇年代以降クライシーなどの努力によって「コン・ムアン」が確立されていった。しかし、その確立は、首都バンコクとの本格的な関係の始まりであり、かつ新たな「コン・ムアン」の位置づけの始まりでもあった。バンコク(中央)は確かに「ラーオ」という呼称は取り下げたが、ラーンナー・タイの包摂に積極的に着手した。それは、「コン・ムアン」(ラーンナー・タイ)文化のタイ(バンコク)への取り込みであり、利用であった。その先頭に立たされたのが王室であった。一九五八年の国王のチエンマイ御幸では、ドーイステープ仏塔祝典が挙行され、スワンドーク寺で北部王族の霊魂礼拝祭儀が執り行なわれた。[*47] これは、明らかに、ラーンナー・タイ(タイ世界)のバンコク(サヤーム世界)による認証であった。

一九六二年のプーピン宮殿(プーピン・ラーチャニウェート)完成と一九六四年のチエンマイ大学開校は、そうした動きに拍車をかけた。さらに、偶然とはいえ、人々が吉祥と捉えたのは北部での白象の発見であり、一九六六年一月にはその白象の登録命名式典が盛大に挙行された。[*48] また、この頃から、ラーンナー・タイ文化の発掘が本格的に始まった。その象徴は『マンラーイ法典』の刊行（一九六七年）であったかもしれない。チエンマイに建都したマンラーイ王の手になるとされるタイ・ユワン文字による法典が、タイ語訳もなされ刊行されたのである。まさに、それはラーンナー・タイ社会を知る第一級の資料であった。加えて、舞踊や絵画をはじめとするラーンナー・タイ芸術の復興も開始され、あらためてラーンナー・タイの価値が問い直される時代となったのであった。その動きはその他の地方にも及び、各地で郷土史の研究や郷土文化の再興の活動が始められた。

一九六〇年代から本格的に開始されたラーンナー・タイ文化包摂の一つの終着点は、ほぼ二〇年後の一九八三年にチエンマイで完成した「三王記念立像」と見做すことができる。この像は、一三世紀後半に活躍し、互いに親密な関係にあったとされるマンラーイ王（チエンマイ）、ガムムアン王（パヤオ）、ラームカムヘーン王（スコータイ）の友好像であった。[*49] バンコク王朝はスコータイ王朝からの発展であるとする公定史からすれば、この友好像はまさにバンコクとラーンナー・タイの握手を意味していると言えよう。やっと、「タイ世界」と「サヤーム世界」がタイとして合体したのである。

＊45 ［ピンヤパン 2012: 175］
＊46 ［タネート 2012: 229–230］
＊47 ［ピンヤパン 2012: 178］
＊48 ［ピンヤパン 2012: 179］
＊49 ［ピンヤパン 2012: 188–189］。なお、飯島は、これら三王が本来的な「同盟」関係にあったのかどうかについて綿密な史料考証を行ない、伝説の域を出ないとしている［飯島 2001: 260–265］。

■バンコクにタイはない　このように、ラーンナー・タイ人ないしは「コン・ムアン」はバンコクからの正当な評価を受け、タイという国家の中で重要な位置を占めるようになった。しかし、逆に言えば、バンコク（サヤーム世界）がチエンマイ（タイ世界）を上手に利用したと言える。クライシーが「コン・ムアン」文化またはラーンナー・タイの文化にこだわったのは、真のタイ文化はラーンナー・タイに保存されており、バンコクのそれは偽であるとの強い信念による。

たとえば、チエンマイでは純粋なタイ語が生きており、バンコクのタイ語にはクメール語やインド系の語が混じっていると強調する。彼の言説は正しいと言わざるを得ない。その証拠に、バンコクによるラーンナー・タイの包摂の過程は、バンコクへのラーンナー・タイ文化の移植（借景）でもあった。実際、バンコクやアユッタヤーにはタイ族を表現する純粋文化は、寺院を除きほとんどなかった。アユッタヤーに育った文化は主としてクメールやインドの文化の影響を受けた統治や支配の文化であり、住民のほとんどが「外来人」であったこともあり、共同体の文化は乏しかった。たとえば、今日では有名な「カントーク」と称する料理は、クライシーらが北タイ料理にヒントを得て賓客を応対するために考案したものだが、それに対抗するバンコク料理やアユッタヤー料理はない。あちこちで演じられているタイ舞踊も、ラーンナー・タイ系のものが多い。今日、バンコクで紹介されるタイ文化は、ラーンナー・タイ文化からのコピー（借景）ものがほとんどである。

「タイ世界」の一つの中心であるチエンマイ（ラーンナー・タイ）が観光地として脚光を浴びた理由は、タイの本来的文化がそこに存在するからである。外国の賓客にタイ文化を紹介するためには、バンコク（サヤーム世界）では無理であり、チエンマイ（タイ世界）へ案内する必要があった。もちろん、観光（文化の商品化）を通じての消費文化や外国文化の流入は、環境破壊を含めチエンマイにも相当な犠牲を強いた。しかし、チエンマイがタイという国家に文化的要素を貸し出したがために、タイは観光立国として立ちいくことができたのであった。

クライシーが唱えたのは、閉じた地域主義ないしは地方主義ではなかったし、もちろん分離主義ではなかった。「コン・ムアン」の有する文化こそがタイの文化であることを訴えたのである。上述したように、バンコクはチエンマイのその点をよく認識し、必死になって包摂（借景）を行なったのである。

タックシンおよびその一族がチエンマイ出身であるのはよく知られている。また、赤服グループにはチエンマイをはじめ北部出身者が多い。だから、ここに来て、支持者の中でタイからラーンナー・タイを独立させようとする分離主義運動が持ち上がってきたのである。その運動に上述のような歴史が影響を与えているのかどうかはわからない。ただ、今回の分離主義運動は、政治運動であり、文化運動ではない。バンコクがラーンナー・タイを政治的に平等に扱っていないとの理由で、分離独立を唱えているのである。彼らの「ラーンナー人民民主共和国」構想は、現在のところタックシン派の権力闘争における一つの戦略であって、真剣にその実現を考えているわけではあるまい。また、その現実味にも乏しい。ただ、私たちは、タイという国家は、このような分離主義的考えが登場してくる可能性のある史的土壌を有していることだけは覚えておきたい。

■最高の「借景」は「スコータイ」　これまで何度も「スコータイ」について触れてきたが、考えてみると、「サヤーム世界」が「タイ世界」から「借景」した最高のものは「スコータイ」であると言えるのではなかろうか。

既に何度か触れたように、ラーマ四世は、「チャート・タイ＝タイ的価値」を込めた「スコータイ」を「ラームカムヘーン王碑文」という形で「創り出した」とも考えられる。そこには、タイ族の本来的文化と考えられる「チャート・タイ」が凝縮されていた。「サヤーム世界」にとっての故郷を「タイ世界」の中に位置するスコータイに措定し、そこを理想郷として描き出したのである。六世以降の「サヤーム世界」の為政者たちは、この「スコータイ」を借り入れることにより、国民国家タイの創出に効果的に利用した。「スコータイ」は主として教育を通して国民の頭の中に完全に刷り込まれ、たとえ学界において「スコータイ」故郷説が否定されても、今や「スコータイ」を欠いたタイはあり得ない。

「サヤーム世界」は、「タイ世界」の中に自分たちの先祖の地を措定し、まるでその地の文化の真の継承者であるかのように振る舞ってきた。その先祖の地として措定されたのが「スコータイ」であった。「スコータイ」を上手に利用したという点では、きわめて賢明で明察力に富んだ「借景」であったと言わざるを得ない。

第5章　現代タイの葛藤

前章の要点をまとめておきたい。

ラーマ五世治世を中心とする「チャクリー改革」は、長年続いた「外来人国家」から脱皮し、国王に実権を取り戻し、タイ的な近代（国民）国家を建設する試みであった。

バンコクの寺院の中でも、ラーマ五世の寺院と言えば、名称そのものが「五番目の王」という意味を持つベンチャマボーピット寺（通称、大理石寺院）であろう。五世が一八九九年に建立した寺院であるが、同王の考えが随所に如実に示されている。一言で言えば、自らが打ち立てようとしていた絶対王政を表現している。たとえば、そこには父王四世が日蝕の観察にお供を連れてプラチュアップキーリーカンに出かけた際の壁画があるが、当時実権を握っていたシースリヤウォンも単なる従者の一人として描かれており、国王一人が最高権力者で絶対的存在であることを強く示している。国王に実権が移ったことの証左とも言えるであろう。

私は、近代（国民）国家形成の上で欠けているものは「タイ国民」であり、それは「タイ文化」であり、「タイ的価値」であったと強調した。そして、それらをまとめて「チャート・タイ＝タイ的価値」と呼んだ。強いて日本語にすると、「タイ的同一性」といったところであろう。タイという国家に正当性を持たせるにも、この「チャート・タイ」が必要であった。

しかし、本来「外来人国家」から出発したタイには、「チャート・タイ」が乏しかった。一八五五年に締結されたバウリング条約は、ラーマ四世をはじめとする統治者に大きな意識の変更を迫った。四世は、近代（国民）国家への編成の必要性をよく認識していたし、そのためには欠落している「チャート・タイ」を創生しなければならないことも理解していた。

実際、ラーマ四世以前のタイには、「チャート・タイ」は存在していなかった。もちろん、「サヤーム世界」には王権が存在していたが、それを支えていたのはインド文明の影響を受けたヒンドゥー教的「神王」観念であった。

そこには、「チャート・タイ」の姿はなかった。言語も王宮をはじめとしてクメール語が幅を利かせていたし、仏教もモーン色が強く、「三蔵経」などもモーン文字で表現されていた。王権、仏教、言語に「チャート・タイ」要素を持たせること、つまり「タイ化」が最大の課題となった。

この「チャート・タイ」を求める旅は、本格的には五世時代から始まる。そして、長旅になり、今なお続いている。

ラーマ五世も、即位当初は国民概念についての明白な理解がなかったようである。中央集権に向けた統治改革が進行する過程で、「タイ世界」や「マレー世界」の事情を知るにつけ、そこに住む住民の認識に戸惑ったようである。ラーオ、クメール、ユワンについては、総じて軽蔑的見方が先行していて、劣ったグループであると認識していた。また、バンコク王朝になって押し寄せた新参の華人はトラブルを起こしやすく、マレー人は文化的に融和がむずかしいと考えていた。

しかし、五世はそうした「サヤーム世界」以外の土地の住民も国民であるとの認識を徐々に深めていった。一八九七年の初めての西欧旅行の後になると、生まれた国を愛する気持ち、つまり愛国心の必要性に言及するようになった。そして、「サヤーム世界」はもちろんのこと、「タイ世界」や「マレー世界」をも含めた地域の過去を発掘するために、一九〇七年に「歴史倶楽部（ボーラーンカディー・サモーソーン）」を立ち上げ、国王の業績を中心とした伝統的な「王朝年代記（ポンサーワダーン）」から食み出た歴史事象をも取り込むように指示したのであった。[*1]

また、五世時代でも、タイ語はまだすべての階層に普及していなかった。ましてや、読み書きは一部の者しかできなかった。五世は、「ラッタナコーシン暦一二一年サンガ統治法」（一九〇二年）の中で、住職をはじめとする仏教指導者はタイ語の読み書きができて、説法の際にタイ語を使用するよう求めている。タイ語は「チャート・タイ」の中心要素であり、タイ語の普及があってこそ「チャート・タイ」が確立すると考えていた。そして、タイ語と仏教はきわめて密接な関係にあり、両者の一体化の必要性を感じていた。五世はアショーカ王を引用し、「人民の宗教」、「国家の宗教」という言葉を使っている。仏門に入り、仏教を通して規律を学び、良き国民となり、国王の命に従う民になって欲しいとした。

その仏教と教育の全国的な普及に大きく貢献したのは五世の異母弟であるワチラヤーン親王（一八六〇～一九二一年）であった。父王四世が興したタムマユット派をベースに、全国の寺院をサンガの下に統一するため行脚し、仏教の近代化に尽力するとともに、初等教育の場として寺院を活用し、タイ語教育にも貢献した。「三蔵経」のタイ文字による印刷出版やタイ語による仏教教科書の開発も行ない、仏教の「タイ化」を推進した。仏教は「チャート・タイ」の核心的要素の一つであり、国王は仏教の擁護者であるとする考えの定着に奔走した。ちなみに、仏教界で本格的にタイ語が使用されるようになるのはラーマ六世時代になってからである。

とはいえ、「タイ化」はなかなか進展しなかった。その最大の理由は、国家の中核を「サヤーム世界」が握っていたからである。本来「サヤーム世界」にとっては、不都合なことがない限り「タイ化」する必要はなかった。「チャクリー改革」が「タイ化」を目指したのは、「タイ世界」や「マレー世界」を包摂する新しい国家を王室主導で建設しようとしたからである。国境という新しい概念を学習し、その国境内の隅々まで行き渡る主権を持った近代国家を建設しようとしたが故に、「サヤーム世界」以外とも本格的な関わりを持たざるを得なかったのである。

本章では、そうした状況の中で現代を迎えたタイを俎上に載せたい。

一九三二年六月の「立憲革命（人民党革命）」は「サヤーム世界」にとってきわめて大きな出来事であった。絶対王政が崩壊し、立憲君主制に移行したのである。実権は、軍部を中心とした官僚の手に移った。この新しい権力

＊1　[Beemer 1999: 9]

層である官軍複合体が、基本的には今日まで政治の実権を握ってきたのである。

一九三二年からの今日までの九〇年間足らずを「現代タイ」と捉えるならば、現代タイにおいても「タイ化」は王政時代から継続した最大の課題として君臨し、様々な挑戦が試みられた。しかも、王政時代よりもより真剣な取り組みがなされた。なぜならば、もはや「サヤーム世界」だけではタイという国家を維持することができなくなり、「タイ世界」および「マレー世界」を本格的に視野に入れた統治を行なう必要が明白になったからである。その際、「タイとは何ぞや」を端的に示す「チャート・タイ」の存在は必須である。「タイ化」は「チャート・タイ」と対であり、「チャート・タイ」を欠くと、「タイ化」の方向は定められない。現代タイにあっては、「チャート・タイ」はどのような状況にあるのかが検討されねばならない。

また、現代タイを眺めたとき、遅々として進まない政治的民主化は国民国家形成の上で大きな問題であり、多方面からその要因が突き止められなければならない。ここでは、その要因の一つとして、「三つの世界」から形成されたタイという国家の性格を考えてみたい。

より具体的には、ピブーン政権期(一九三八〜四四年、一九四八〜五七年)およびサリット政権期(一九五九〜六三)における「タイ化」への努力、さらには「プーミポン時代」における「チャート・タイ」と「タイ化」の進行の特徴を述べてみたい。また、スラック・シワラックという現代タイを代表する知識人が唱える「チャート・タイ」を追いかけることにする。その上で、タイ社会に実際に根付いた「チャート・タイ」はタイ語だけではないかとの考えを示す。また、現代タイが抱える最大の課題である政治的民主化を阻害する政治文化を、「サヤーム世界」とその優位性の観点から説明したい。

1　「タイ化」の進展

一九三二年六月の「人民党革命（立憲革命）」は、一般に現代タイの始まりとして評価されることが多いが、基本的には「サヤーム世界」内での出来事であり、タイ全土に影響を与えることはなかった。一言で言えば、「サヤーム世界」の中心であるバンコクで、王族から官僚へ政治権力が移行したに過ぎない。しかも、人民党が持ち込もうとした政治制度は、明らかに西欧世界の所産であり、「タイ世界」や「マレー世界」はおろか「サヤーム世界」自身にも適合しない代物であった。その志と現実には大きなギャップがあった。とりわけ、「チャート・タイ」に対する関心がほとんどなく、もっぱら自由とか平等といった西欧の理念を持ち出しての絶対王政批判に終始した。[*2]実際、「人民党革命」そのものは「タイ化」の進展には寄与することはなかったと言える。

もちろん、曲がりなりにも国王をも法律の下に置き、代表制原理を骨子とする「仏暦二四七五年サヤーム国統治憲章」および「仏暦二四七五年サヤーム王国憲法」が公布され、立憲君主制が動き始める。ただ、長く王政を

＊2　「人民党革命」のイデオローグとされるプリーディーが起草したと考えられる「人民党綱領」、「国家経済計画（案）」、「人民の福祉保障に関する法律（案）」の日本語訳を参照されたい［赤木 1972: 19–42］。

担ってきた王党派の抵抗は強く、翌一九三三年一〇月にはボーウォーラデート親王を首領に立てた反乱が勃発したが、陸軍を掌握していたピブーンが率いる軍事力の前に屈服した。このボーウォーラデート反乱を機に、王党派の力は相当の程度低下した。

(1) 国名「タイ」の決定

私たちは、今日では「タイ」という国名に慣れてしまっている。だから、「タイ」という名の国家が古い時代から存在していると錯覚してしまう。しかし、実際には「タイ」という国名が正式に採用されたのは一九三九年であり、まだ一〇〇年も経ておらず、きわめて新しい。

実は、それまでタイの正式国名はなかったと言ってもよい。もっともよく国名として使用されていたのは「サヤーム(日本語ではシャム)」であるが、「タイ」も用いられていた。どちらかと言うと、「サヤーム」は地理的名称である傾向が強く、チャオプラヤー川下流域(まさに、私が「サヤーム世界」と呼んでいる地域)を指す名称であったが、その意味は明白でなく、しかも元来外国人がこの地域を呼ぶ他称であった。一方、「タイ」の方はそこに住む住民の呼称として使用された。国号として「タイ」の使用が始まるのはラーマ四世以降で、「ムアン・タイ(タイ国)」という名称が登場してきた。しかし、政府が、公式に国号を定めることはなく、その時の都合により恣意的にこの二つが使用されてきたとしか言いようがない。[*3]

いずれにせよ、国名「タイ」の決定は、きわめて重要である。少なくとも、一九三二年の「人民党革命」までは、統治者は「サヤーム世界」、「タイ世界」、「マレー世界」のそれぞれの世界の重要性を頭では理解していた。しかし、その理解はあくまでも「サヤーム世界」の中での理解であり、「三つの世界」が一体化した国家「タイ」を明白に描いた国家像ではなかった。この一九三九年の国名の決定から、明確に国家「タイ」を意識し、その国家建設を志向するのである。本格的「タイ化」作業の始まりである。

■「ラッタ・ニヨム」時代　一九三九年以前にあっては、名前の明白でない国家である以上、独立した近代国家として確立していなかったと言わざるを得ない。その不安定な状態を憂い、国号を明確にしたのは、ピブーン（一八九七〜一九六四年）である。

一九三二年の人民党革命後急速に勢力を伸ばし、ほぼ陸軍を掌握したピブーンは、一九三八年に首相の座に着くや、近代国家としてのタイの政治的統一を強く意識し、着手したのが「タイ化」であった。その中心となった政策が「ラッタ・ニヨム（国民信条）」と呼ばれる全一二号からなる首相府布告であり、ピブーンの一九二〇年代半ばのフランス留学経験を織り込み、かつ当時の世界情勢を読みながら、「タイ民族」を前面に押し出した民族主義の色彩濃い内容であった。

その「ラッタ・ニヨム」の第一号（一九三九年六月二四日）が「国家、国民、国籍の名称使用について」であり、それらの名称には「タイ（国）」を宛てること、英語の国名を“Thailand”とすることを政府が公示したのである。国名については、その後も何回か見直しの論議もなされたが、この公示以来「タイ国」という国名が正式に使用され今日に至っている。

＊3　なお、この国号をめぐる事情については、［吉川 2012: 101-147］に収められている「8章『シャム』と『タイ』―国号に見る四海同胞主義と民族主義―」が詳しいので、参照されたい。

国名を「タイ国」と定めるこの第一号は明らかに「タイ化」宣言であり、他の「ラッタ・ニヨム」も「タイ化」に向けた内容で満ちていた。おそらくは、それまで正面から明確にかつ大々的に「タイ化」を表明した最初であると言えよう。この第一号をめぐっては、閣議の中で数回論議されたが、「タイThailand」支持派(ピブーン派)と「サヤームSiam」支持派(プリーディー派)に分かれた。最終的には、一九三九年五月八日の閣議で決定されたが、わずか一〇分で審議は終わった。反対は一票のみで、「タイ」に決まり、一連の「ラッタ・ニヨム」の布告につながった。*4

正式国名決定の決め手となったのは、やはりタイという国家が、「サヤーム世界」だけではなく、より領域の広い「タイ世界」、さらには「マレー世界」をも含めて初めて成り立っているという事実であろう。さらには、もっとも使用人口が多く、公文書などでも使用されているのはタイ語であり、「タイ人」という呼称はあるが、本来地理的範囲を示す「サヤーム」を用いた「サヤーム人」という表現は適切ではないといった理由が、「タイ」に決まった基本的な背景であった。

国家統一のための「タイ化」戦略にとって、もっとも要求される概念は「タイ民族」であった。「タイ民族の国家タイ」の実現が最終的な目標である以上、「タイ民族」の存在は大前提であった。だから、ピブーンは、第一号で国名を「タイ」と定め、それに準じて「タイ国民」を措定し、その先にある「タイ民族」につなげていったのである。

少々疑問に思うのは、きわめて重要な国名の決定を「ラッタ・ニヨム」という首相府布告という法形式で行なったことである。その本当の理由はわからないが、全一二号に目を通せば「ラッタ・ニヨム」は文化革命的性格が強いことがよくわかる。その内容は、国名「タイ」の決定はもとより、国旗、国歌、国王賛歌、国産品愛用、タイ語の読み書き能力の養成、タイ国民(民族)の創造といった一連の「タイ化」政策に関わるものに付加して、服装の近代化、日常生活の紀律、児童・女性・老人・障害者への支援といった西洋的文化の取り入れが一部なされている。つまり、領域内の住民に「(西欧と並ぶ)文明度の高いタイ人」になるよう呼びかけた文化革命であった。こうしたきわめて文化的要素の高い内容であったが故に、法律の形で進めるのがむずかしかったと推される。もっとも、事後的には、必要に応じて法律化の措置が取られている。たとえば、国名については、一九三九年一〇月に「仏暦二四八二年国名に関する改正憲法」を制定している。

一九三八年から一九四四年までの戦前におけるピブーンの首相就任期は、まさに初めて「タイ国」という国名が確定し、それに伴い「タイ民族」が措定され、政府主導の民族主義が燃え上がった時代であった。「ラッタ・ニヨム時代」と呼ぶ向きもあるその時代は、まさに本格的な「タイ化時代」の幕開けであったが、そこには次に述べる一人の知識人が大きく関与していた。

その前に、一つだけ付け加えておかねばならない大切なことがある。それは「ラッタ・ニヨム時代」の「タイ化」には、国王と仏教がほとんど姿を見せない点である。政治の舞台で威勢よく踊り続けているのはもっぱら「タイ民族」で、国王と仏教は陰に隠れているのか、ほとんど見えないのである。一九三二年の人民党革命後で国王の権威が落ちた時期であり、国王は「チャート・タイ(タイ的価値)」として重要視されなかったのであろう。

■ウィチット・ワータカーン　この時期に「タイ化」に貢献した知識人は、ウィチット・ワータカーン(一八九八〜一九六二年)であった。華人であったウィチットは、一〇歳頃から寺子として寺院で過ごしたが、幼年期から勉学に熱心で、とりわけ語学に秀でていた。一九一八年に外務省に入ったが、語学の学習に加えて、心理学や法学

＊4　［プレーマー 2009: 284-286］、［チャイアナン 1989-1990: 104-105］。

などにも手を伸ばした。外務省勤務の傍ら文筆活動に精を出し、一九二八年に刊行した『八つの知識』がベストセラーとなって、その名が知られるようになった。そして、一九三四年に芸術局長に任ぜられるや、水を得た魚のごとく、八面六臂の活躍を見せた。とりわけ、「タイ民族」というテーマに執念を燃やし、「タイ民族」の偉大さを唱える歴史劇や歌曲などを数多く創作した。一九三六年に初上演された『スパンの血』はタイ人女性と敵国ビルマの軍人との間の戦場恋愛物語であるが、タイ民族の勇敢な精神を謳い上げ、民族主義を鼓舞した。

知識人ウィチットと権力者ピブーンが「民族主義」で共鳴し、生まれたのが「ラッタ・ニヨム」であった。その起草者は間違いなくウィチットであり、国名の「タイ」への変更を勧めたのも彼であった。また、「ラッタ・ニヨム時代」を飾った標語「指導者を信じれば、民族は危機を脱する」はピブーンを偉大な指導者として持ち上げたが、ウィチットが考え出したものであった。

ウィチットは、一九四二年には外務大臣に取り立てられるが、翌一九四三年には攻守同盟を締結していた日本へ、戦局が不利になる最中に、大使として赴いた。終戦を日本で迎えたウィチットは、戦後一時戦犯として収監された。しかし、後述するように、しばらくして、彼は再び権力者の側に戻ることになる。

■大タイ主義——失地回復　バンコクの中心に「戦勝記念塔」と呼ばれる建築物がある。北部へ伸びる国道一号線の起点でもあり、その周辺はバスの大ターミナルにもなっている。ただ、この戦勝記念塔の由来については、あまり知られていない。タイがどこに「戦勝」した際の記念塔なのかだれも気にしないが、「ラッタ・ニヨム」時代の民族主義運動や「タイ化」政策を知る上では、きわめて重要なモニュメントである。

一八八〇年代末頃から生じたタイとフランスの間のメコン川流域をめぐる国境紛争において一九〇四年および一九〇七年にフランスに割譲した失地の回復に、一九四一年に日本の仲介により成功(勝利)したのを記念して、ピブーン政府が一九四二年六月に除幕したのが、この戦勝記念塔である。つまり、植民地主義を背景に東南アジアでも領土の拡張を進めてきたフランスと一八九三年の「シャム危機」以来領域をめぐって紛争関係にあったタイが、日本の助けを得て、過去に割譲した現ラオス領のチャムパーサックなどメコン川流域の一部やシェムリアップなど現カンボジア西部の失地を回復した記念である。

フランスへの屈辱を晴らし、領土を回復した勝利に、人々は歓喜した。「タイ民族」に価値を置き、民族主義運動を強力に展開していたピブーン政府にとっても、この上ない喜びであった。この回復に成功した領域はもともとタイ族が多く住んでいたところ（タイ世界）で、タイ領であると主張する根拠があったからである。同じように、一九〇九年にイギリスに割譲した経緯のある現ビルマのシャン州についても、一九四三年に日本の仲介でタイ領に編入された。このシャン州も本来タイ族の居住する地で、これまたピブーン政府にとって大きな贈り物であった。

しかし、これらのフランスおよびイギリスに対する失地回復は束の間で、終戦後の和平協定でどちらも両国に返還されたが、「ラッタ・ニヨム」時代にピブーンによって推進された民族主義政策の一つの大きな成果とされた。国際情勢を利用してタイ国外にも居住するタイ族を領土内に取り込もうとしたこの拡張主義政策は、「大タイ主義」とも呼ばれるが、まさにタイという国名を決定した直後の「タイ民族」を糾合する「タイ化」政策推進と時期が一致した。

(2)「サリット革命」

日本と同盟関係にあったタイは、当然のことながら、敗戦国として終戦を迎えた。しかし、在米および在英タイ人を中心に戦争中から組織された反日地下組織「自由タイ」の活動をアメリカが評価し、摂政プリーディー・パノムヨン(一九〇〇〜八三年)が終戦直後に発した「宣戦布告無効宣言」を受け入れたこともあり、政治的には深刻なダメージは残らなかった。ただ、軍(陸軍)の権威は失墜し、政治権力は文官と海軍を中心にした「自由タイ」派の手に移った。政界をリードした「自由タイ」派の領袖プリーディーは議会制民主主義の導入に奔走したが、軍部の力を見誤ったのであろうか、一九四七年一一月のクーデタで失脚する。

ピブーンはこのクーデタで陸軍司令官に復帰し、翌年は首相に就任するが、もはや戦前ほどの力も意気込みもなく、「ラッタ・ニヨム」時代に見せた「タイ民族」やタイ文化への執着は、経済を牛耳っていた華人系企業に対抗し国営企業の拡大を図るなどの経済ナショナリズム的試みを行なったものの、それほど強くなかった。一方で、当時の冷戦構造の深まりを利用して反共姿勢を誇示し、アジアに反共の砦を必要としていたアメリカと密接な関係を築いた。一九五四年の東南アジア条約機構(SEATO)本部のバンコク誘致は、その密接さの可視的象徴であった。アメリカから巨額の経済援助および軍事援助を引き出し、戦争で疲弊した社会の復旧に務めたのであった。

そのピブーンを一九五七年にクーデタで倒したのは、他でもないピブーンの部下のサリット・タナラット(一九〇八〜六三年)で、一九五四年に四六歳の若さで陸軍司令官に就任し軍を掌握した新しい世代のリーダーであった。サリットは、ピブーンまでの政治指導者のトップが人民党員であったのと異なり、まったく新しい経歴の軍人であった。つまり、一九三二年の「人民党革命」のしがらみを持たない世代に属していた。そのサリットは、再びウィチットを担ぎ出し、「革命」を標榜し新しいタイという国家の創造に取り組んだ。それこそ、権威主義体制下で行なわれた徹底した「タイ化」の営みであった。

■サリットとウィチット　サリットは軍人の子であり、しかも一一歳で陸軍士官学校幼年部に入学して以来一貫して軍人畑を歩んだ生粋の軍人である。加えて、それまでの指導者と違い、外国への留学経験もなかった。彼がどの程度タイの歴史を学習し、タイに対する知識を持っていたかはわからない。しかし、自らの母国であるタイをより良き国にしなければならないという強い信念に満ちた軍人であったことは確かである。その強い信念が、ウィチットの民族主義的著作に衝撃を受け、彼をブレーンとして身近に置いたのであった。

サリットは、クーデタ前の一九五六年頃からウィチットに直接手紙を書き、親交を深めて、意見を交換できる仲になっていた。だから、サリットがイギリス滞在中に計画を練って実行された一九五八年一〇月の再クーデタの際には、事前にウィチットをロンドンに呼び寄せて相談している。そして、クーデタ実行日の前日（一〇月一九日）に一緒にバンコクに戻っている。[*5]

サリットを首領とする軍警幹部から成るクーデタの主体は「革命団」と呼ばれ、法律と同等の効力を持つ「革命団布告」を次々と発し、新たな方針や施策を実行していった。このクーデタにより多用され、以後タイ社会に本格的に普及していった「革命（パティワット）」という言葉こそが、ウィチットがサリットに教示した国家統治の核心であった。[*6]

＊5　［タック 1989: 226–227］，［スラック／赤木 1984: 283–284］

ウィチットが唱えサリットに教示した「革命」は、単なる政権当事者の交代ではなく、社会全体の根底からの変容を意味した。政治、経済、教育といったすべての分野における大変革であった。その積極的変革の実際をウィチットやサリットは「開発（パッタナー）」と呼んだが、社会全体を「開発」し尽くすのが彼らの目指した「革命」であった。

■「スコータイ」への回帰　ただ、その「革命」にも方向が必要である。サリットもウィチットも、西洋留学経験者が多数を占める人民党が鋭意取り入れようとした統治制への西欧的価値（代表制原理）を否定し、「チャート・タイ」を求めた。「タイ化」を志向したのである。そして、採用したのが、第2章および第4章で取り上げたあの「スコータイ」のラームカムヘーン王の統治であった。つまり、「スコータイ」の統治に見られた支配者と被支配者の関係を親子関係と捉え、親は子に対して慈悲に溢れた統治を行ない、子は親の言うことに従うという関係を理想とした。こなれた表現ではないが、「父子政治（家父長制統治、温情主義政治）」とでも呼べるだろう。[*7]

現実的には、一つ厄介な問題が存在した。つまり、ラームカムヘーン王時代と異なり、「父」に当たる者が二人いた。国王（プーミポン）と自分（サリット）であった。そこで、国王をタイという国を今日まで守ってきた伝統的権威（元首）として崇め、自分が現在の政治を慈悲で以って司る「父」であるとした。正当性を国王に置き、その正当性を土台に自らが統治を行なうという原理と言える。当時、プーミポン国王は三〇歳を超えたところでまだ比較的若年であったことが、この原理がスムーズに働いた理由の一つかもしれない。後述するように、サリットは、国王をあらゆる面で引き立て、その権威の向上に尽力した。別の見方をすれば、国王を上手に利用した。[*8]

ともあれ、サリットが目指した「タイ化」は、一三世紀の統治システム原理を二〇世紀に生き返らせるものであった。まさに、その「革命」は「先祖帰り」であった。その統治システムこそ、現在まで存続している権威主義体制＝タイ式民主主義である。

付言しておかねばならないのは、サリットの強権性である。彼は、自らが目指す「革命」と「開発」に反対する者、そこから食み出る者を、反社会的人間ないしは異端分子として、反価値化した。そして、彼らに「コーミュニット（共産主義者）」というレッテルを貼り、徹底的に弾圧した。もちろん、その中には放火犯や麻薬取扱い者なども いたが、サリットに批判的な知識人、政治家、社会運動家、農民指導者も多く含まれていた。ちなみに、一九六三年三月一四日現在で、「コーミュニット」としてラートヤーオの拘置所に勾留ないしは拘置されていた政治犯の数は八六三人に達した。[*9] サリット式の「革命」ないしは「開発」は、そうした負の部分を多く伴っていた。

■サンガへの介入　サリットが重要と考えた「チャート・タイ」のもう一つは仏教であった。彼は、仏教はタイ社会の重石の一つで、国家の安定を支える大きな要素であると、ウィチットの助言もあったと思われるが、よく理解していた。そして、仏教の要であるサンガ（僧伽）の円滑な運営こそが社会にとって必要であると、そのありように注目していた。

そのサンガが、一九六〇年の初め頃から内部分裂抗争を来し、自治能力を失い始めた。その状況を憂慮したサリットは、一九六〇年一〇月二八日に「サンガの動向に関する首相府声明」を発表し、サンガの動きが国家に対する危害となる事態になれば、政府がサンガに介入せざるを得ない旨の警告を与えた。

＊6　［タック 1989: 228–229］
＊7　［タック 1989: 225–226］
＊8　［タック 1989: 229–230］
＊9　［赤木 1980: 39］

決着しないサンガの混乱を見極めた上で、その原因がサンガの内部運営方法を定めた「仏暦二四八四年サンガ法」の法臣会議(カナ・サンカモントリー)やサンガ議会(サンカ・サパー)といった運営組織の民主主義的装いにあるとにらんだサリットは、一九六二年に新しく「仏暦二五〇五年サンガ法」を制定した。この新サンガ法の特徴を一口で言えば、合議制を止め、すべての権限を長である大僧正に集中し、大僧正が任命する僧侶からなる大長老会議(マハー・テーラサマーコム)を通してサンガを運営ないしは統治するところにあった。[*10]

この新法制定の背景には、明らかに西欧的民主主義原理はサンガの統治になじまず、タイの政治風土に合致した一つの大きな権威のもとに秩序付ける原理の存在を見て取ることが可能である。それは、サリットが考える「タイ化」への一つの方向であった。

■国民教育への傾注　加えて、サリットが力を入れた政策で注目されねばならないのは、教育であろう。国民教育という視点で教育を捉え、実際に強力に教育政策を実行した政治の最高責任者は、サリットが初めてである。一九五九年に自らを議長とする国家教育審議会を設置し、翌年には国家教育計画を策定して、初等教育を従来の四年から七年に引き上げた。とりわけ、東北部を中心とした地方農村における教育の普及に力を入れたのである。このように、タイで本格的に国民教育が開始されたのは、まさにサリットの時代であった。

彼の国民教育への視点は、「開発」のためのマンパワーの養成にあったのであろうが、後でも述べることになるが、この時期の初等教育の普及こそがタイ語という「チャート・タイ」を本格的に全国にひろめる大きな契機となった。つまり、このサリットの国民教育政策は、地方大学設置政策と相俟って、基本的には「タイ化」に大きく貢献し、国民統合を大きく前進させた。

（3）大王プーミポン

サリットは一九六三年一二月に五五歳の若さで死去した。若い頃から体調が思わしくないことが多かった。とりわけ、陸軍司令官に就任した四〇歳中頃からは病身で、一九五七年のピブーン政権追放クーデタの後は、忠実な部下のタノームを首相に就け、自らはアメリカやイギリスに渡って治療に専念したほどであった。

サリットが樹立した軍部を中心とする権威主義体制はきわめて強固で、死後も約一〇年間（一九六三〜七三年）持ちこたえた。そして、腹心であったタノームとプラパートによる軍部独裁政治の存続を可能にした。

このサリット体制とタノーム・プラパート体制の約一五年間は、タイで軍部独裁政治が最高度に展開した時代であるが、別の角度から見れば、一九七〇年代以降の大王の登場を準備した時代でもあった。

■本当の「父」の登場　先に、サリットも一人の「父」であるが、もう一人の「父」として国王が存在していたことを指摘した。サリットは、このもう一人の「父」である国王の権威を利用しようと、彼を表舞台に立てた。その点を見事に分析しているのは、タック・チャルームティアロン『タイ——独裁的温情主義の政治』(1989)であり、その説明はほぼ次の通りである。

ピブーン政権が政府の行事や国家儀式などにのみ国王を臨席させ、名ばかりの国家元首の扱いをしていたのと

＊10　［石井 1975: 218–219］

大きく違い、サリットは国王と国民のあらゆる層との交流機会を増やした。そのため、国王の民間人との謁見が急速に増加し、国王の威信と人気も同じように高まっていった。また、それとともに国王への寄付が急激に増加し、病院や学校の建設に充てられた。政府は、税金ではなく、国王への寄付を間接的に使用し、社会福祉事業や教育事業、さらには被災者救済事業を行なうことができた。それはまさに、困苦に喘ぐ「子＝国民」への「父＝国王」の慈悲深い施しであった。[*11]

もっとも重要なことは、タックも指摘しているように、ある時期から国王と軍部の地位が逆転してしまったことである。たとえば、サリット政権の末期ないしはサリットの死後、国王は学生との交流機会を増やし、卒業証書の授与だけではなく、学生行事に頻繁に出席し、学生団体との交流も行ない始めた。もはや、政府による国王の統制は利かなくなり、国王が自立し始めたのである。[*12] それは、プーミポン国王が四〇歳にならんとする頃であった。国王が政治権力の正当性を真に代表する存在と化したのである。それは、まさに、現代における「王政復古」であり、[*13] これまた「タイ化」の一つの方向でもあった。

■溢れる才知　サリットの支持が国王の権威と権力を高めた大きな理由であるのは間違いないが、私は、もう一つのより大きい理由があると考える。それは、プーミポン国王自身の資質である。

周知のように一九歳で急遽王位に就いたプーミポンは、若さゆえの未熟さもあったが、それまでのほとんどが外国生活であり、タイのことについては無知であった。そのことに気が付いていた彼は、サリット政権の支持を得るや、機会あるごとに国内の各地を訪問し始めた。それは踏査であり、自分が元首である国を自分の眼で知ろうという積極的行為であった。地図、ノート、カメラという三点セットを携帯し、タイ各地を踏査するプーミポンの姿は、研究者そのものであった。この踏査が国王と国民の距離を縮めたのは言うまでもない。

また、後に国王の発案による「王室プロジェクト」として具現化した諸々の社会環境改革プロジェクトの出発点は、この踏査にあった。タイ全土を歩きながら国民の直面する課題に耳を傾け、その解決策を自ら考えて、諸官庁などの関係先と連携し具体的に実施していったのである。その典型例を挙げるとすれば、「人工雨」であろう。東北部の農村を訪れた際の旱魃に悩む農民の訴えに、人工雨を対策案として考え、研究プロジェクト・チームを発足させ、数年後実際に人工雨による降雨を成功させたのであった。農民にとって、まさに「慈雨」以外のなにものでもなかった。

プーミポンの資質として、もう一つ指摘しておかねばならない。サリット体制からタノーム＝プラパート体制にかけての一九六〇年代の約一〇年間、彼は軍部独裁をその側にあってよく観察し、軍部と王室の権力関係について模索した。つまりは、政治学の勉強である。おそらくは、自国の歴史はもちろんのこと、王権と軍部の関係、王室外交、立憲君主制、西洋的代表制原理など政治に関する様々な事象と知識を学修したに違いない。そうしたひたむきな姿勢が、一九七〇年代以降の本格的な「王政復古」を可能にしたのであった。

実際、タイの社会経済を安定させた一九八〇年代のプレーム首相との連携政治および「一〇・一四政変」（一九七三年）や「暴虐の五月事件」（一九九二年）に見事に表われた調整能力は、プーミポン個人の優れた資質を抜きにはあり得ない。

加えて、王統がプーミポンを基底で支えたことも忘れてはならない。第4章で王統の強靭性について説明したが、王統は現代にあっても根強く生きている。サリットやタノームなどのように強大な軍事力を掌握している実

＊11　［タック 1989: 368–373］
＊12　［タック 1989: 371–373］
＊13　［赤木 2002］

力者であっても、王統を備えていない以上、国王と同じリングで戦うわけにはいかなかった。

■「プーミポン時代」 二〇一六年一〇月一三日に崩御したプーミポン国王（ラーマ九世）の即位は一九四六年であり、その在位期間は実に七〇年に及ぶ。チャクリー王朝の歴代国王の中では、五世（チュラトロンコーン王）の在位年がもっとも長かったが四二年（一八六八～一九一〇年）であり、七〇年はずば抜けて長い。

しかも、この七〇年という時間はきわめて重い。なぜなら、タイ国民の約六九〇〇万人のほとんどが在位中に誕生し、その中枢がタイ社会の現在を担っているからである。つまり、国民のほぼ全員が同王の治世の経験者である。

このプーミポンの七〇年をさらに区分するとすれば、大きく、①踏査・学修時代（一九五〇～七〇年）、②指導者時代（一九七〇～二〇〇〇年）、③晩年（二〇〇〇～一六年）の三時代になるであろう。①については、上述した通りで、一九五二年にタイへ本格的に帰国して以来、タイを知ろうと踏査に励んだ時代である。また、タノーム軍事政権を側で見ながら政治権力構造を学修した時代であった。その努力が花開き、真の指導者、真の国王として君臨した時代が②である。立憲制下にある国王としてのタイ的モデルを確立し、タイ社会の安定と経済発展を促した時代であった。

特に、「暴虐の五月事件」（一九九二年）の際に、衝突の当事者であるスチンダーとチャムローンを呼び、衝突を回避し和解するように諭した映像は全世界を駆け巡り、プーミポンの権威を示した。わが国でも、その裁きぶりに「水戸黄門」を髣髴させるものがあると思った者が多かった。

この裁きこそがタイ的立憲制の究極の象徴であると私は考えている。タイの憲法をはじめとした政治関係文書に頻繁に登場する「国王を元首とする民主主義」、つまりは「タイ式民主主義」を見事に表わしている。それを敷衍すれば、「民政を基本に置き、軍はそれに協力する。大きな問題が生ずれば、枢密院と連携し、最後は国王が裁可する政治システム」となる。プーミポンが到達した究極の「タイ的」政治システムとも言える。権力の正当性の根源は国王にあり、民政であれ軍政であれ、国王の認可を得ない限り、政治を運営することはできない体制が出来上がったのである。

二〇〇六年に、「プーミポン時代」は頂点を迎えた。六月には即位六〇周年記念式典が挙行され、世界二五ヵ国の王族や皇族がバンコクに集まり、世界最長在位の現役君主プーミポンを祝った。

しかし、二〇〇六年は「プーミポン時代」に陰りが見え始めた年でもあった。二〇〇一年に登場した内閣は、新興資本家であるタックシン（一九四九年〜）という個性の強い人物を首班とし、事あるごとに既存の政治勢力と衝突し始めた。そのため、タイ社会が大きく二分される対立を引き起こし、街頭デモや公共の場での政治集会が頻繁に開かれて、タックシン派と反タックシン派が流血を伴う衝突を繰り返し、秩序が失われ始めた。二〇〇六年九月および二〇一四年五月の軍部クーデタにより一旦は混乱が収まったが、この対立は現在もまだ完全には解消していない。

重要なことであるが、こうした対立にプーミポンの裁きを国民は期待したが、二〇一六年一〇月に崩御するまで彼が応えることはなかった。おそらくは、二〇〇七年頃から大きく体調を崩したのが最大の理由であろう。プーミポンは、誕生日である一二月五日の前日に、テレビを通して原稿なしで国民に呼びかける講話を行なうのが恒例で、そのウィットに富んだ内容は国民を魅了してきた。その毎年の恒例の講話が中止になったのは二〇〇八年であった。また、二〇一二年一二月の誕生日（八五歳）には、アーナンタサマーコム宮殿前広場に祝賀に集まった数万人の国民に椅子に座りながらも応えたが、おそらくはそれが元気な姿を国民に見せた最後であった。いずれにせよ、もはや「国王を元首とする民主主義」を実践することは不可能であった。

「プーミポン時代」の七〇年間に、国王は飛び抜けた権威・権力の存在となり、「タイ式民主主義」が花を咲かせた。それは、確かに、政治分野における「タイ化」の一つの到達点であった。

しかし、この「タイ式民主主義」には大きな弱点がある。それは、国王個人の資質に大きく左右される点である。優れた資質を持ち国民から敬愛される国王であれば、それ相応の政治運営が可能である。しかし、その反対の場合には、政治が行き詰まってしまうおそれが高い。つまり、政治が国王個人の資質に大きく依拠するために、場合によっては混乱が生じかねない。

さらに言えば、「プーミポン時代」があまりにも偉大な国王を生んだため、きわめて深刻な事態が派生した。つまり、国王は絶対的であり、いかなる批判の対象ともならない存在と化した。そのため、「不敬罪」が幅を利かせ闊歩する社会が誕生した。一九五六年に施行された刑法第一一二条は、「国王、王妃、王位継承者、摂政を侮辱、軽蔑する行為は、三年から一五年の禁固刑に処する」と定められているが、政敵の攻撃など政界における勢力争いにはもちろんのこと、軍事政権批判に対する言論弾圧などに濫用された。SNSをはじめとするインターネットの発達で、王室関係への侮辱記事が増加し、警察も手を焼いているという。また、市井の普通の市民が些細なことで「不敬罪」に問われ、軍事法廷で裁かれて牢獄へ送られる事件が一九九〇年代以降多発した。*14

いずれは、この「プーミポン時代」に完成した「タイ式民主主義」を克服し、より民主度の高い政治制度の確立に向かわねばならない。そのためにも、新しい「チャート・タイ」を模索する作業は今後ますます必要になってくる。

(4)「チャート・タイ」の変遷

「タイ化」にとってもっとも必要なものは「チャート・タイ」以外のなにものでもないことは既に何度も述べた。しかし、その「チャート・タイ」を理論的に整合された形で提示する能力は一般人には無理である。当然のことではあるが、タイにおいても、その役割は統治者や政治家、さらには知識人と呼ばれる類の者に託された。「チャート・タイ」のこれまでの模索作業を、関係した知識人を取り上げながら紹介してみたい。

幸いなことに、チエンマイ大学の気鋭の学者サーイチョン・サッタヤーヌラックによる『サヤームの知識人一〇人』(2014)は、二巻からなる大作であるが、まさに「チャート・タイ」を模索しそれを体系化しようとした知識人に焦点を当てた研究成果である。以下、主としてこのサーイチョンの研究を参考に述べていきたい。[*15]

サーイチョンが取り上げた一〇名の知識人は、次の通りである。

①ラーマ五世(一八五三～一九一〇年)

②ラーマ六世(一八八一～一九二五年)

③ダムロン親王(一八六二～一九四三年)

＊14　[岩佐 2018]

＊15　[スラック／赤木 1984: 247-321]で、タイの代表的知識人を紹介している。あわせて参照されたい。

④ワチラヤーン親王(一八六〇～一九二一年)
⑤タムマサックモントリー(一八七六～一九四三年)
⑥ウィチット・ワータカーン(一八九八～一九六二年)
⑦アヌマーンラーチャトン(一八八八～一九六九年)
⑧ナラーティップポンプラパン(ワンワイタヤーコーン)親王(一八九一～一九七六年)
⑨クックリット・プラーモート(一九一一～九五年)
⑩スラック・シワラック(一九三三年～)

この一〇名の知識人のうち、最初の五名は絶対王政下で活躍した者である。しかも、五名のうち二名は国王であり、③と④の二名は王族であり、⑤は名門「クンナーン」の出である。後の五名は、⑧と⑨の二名が王族であり、残り三名は一般人であると言えよう。もっとも、⑨クックリットは王族(ラーマ二世の曾孫)とはいえ、母はブンナーク姓の「クンナーン」家系であった。しかもプラーモート姓の始祖である祖父は、二世と華人の后との間に生まれている。典型的な「外来人」家系である。残りの⑥⑦⑩の三名も全員が華人系である。タイ生まれではあるが、華人であり、祖先は「外来人」であろう。もちろん、何度も説明したように、彼らは立派なタイ人であるが、⑩スラックが望郷の念から先祖を求めて中国を訪れたことがあるように、彼らの思考のどこかには先祖の顔が覗いているかもしれない。「外来人」のハイブリッドが「チャート・タイ」を模索し議論する点は「外来人国家」故であり、興味深い。

■「ラック・タイ」

「ラック・タイ」についてはこれまでに何度も触れてきたが、ここで再度取り上げねばならない。なぜなら、「ラック・タイ」こそが、これまで「チャート・タイ」として議論されてきたものの本命であるからだ。①五世、②六世、および③ダムロン親王により一九世紀後半から二〇世紀初頭にかけて創り出された「チャート・タイ」は、「チャート（民族）」、「仏教」、「国王」であった。この三つの「チャート・タイ」が相互に関係づけられ、体系化されたのが「ラック・タイ」である。いずれにしても、西欧のアジア進出という脅威に対して「タイ化」という基本的姿勢で対抗しようとした統治者がアイデンティティーの必要を痛感し、考え、措定したのが「ラック・タイ」であった。「ラック・タイ」は「公定アイデンティティー（価値）」であると言われる所以である。

実際、その後の「チャート・タイ」をめぐる議論は、すべてこの「ラック・タイ」から始まる。それどころか、今日に至るまで「ラック・タイ」を超える「チャート・タイ」の発掘はなく、現在でも「ラック・タイ」は生きている。先にあげた知識人リストの後半の五名（⑥〜⑩）による「チャート・タイ」の議論も、この「ラック・タイ」の枠から大きくは食み出ていない。[*16]

ちなみに、④ワチラヤーン親王と⑤タムマサックモントリーの二人は、「ラック・タイ」の創出に直接関与したというよりは、補強の役割を果たしたと言った方が正確であろう。前者は、「ラック・タイ」の一つの構成要素である仏教の国民への内面化の推進に取り組んだ。それまでは主としてパーリ語で比丘の間でなされていた仏教理解を解放すべく、タイ語でやさしく一般の人々に説明できるよう数多くの仏教書や教科書を著わした。また、後者は一八九六年に国王奨学金を得て英国に留学し教育学を修めたほか、一九〇二年には日本に七二日間滞在し教育事情を視察したこともある。初等教育法（一九二四年）の制定など教育制度を整備したほか、自らも道徳など多

＊16　「ラック・タイ」の成立過程と一九七〇年代における挑戦については、[赤木 1984] を参照されたい。

く の教科書を著わし、「ラック・タイ」を広く国民の間に普及させることに大きく貢献した。

いずれにしても、これらの五名(①～⑤)は絶対王政下にあって、西欧のアジア進出という新しい脅威に対して「チャート・タイ」の必要を痛感し、「タイ化」という基本的方向の中で「ラック・タイ」を創出し、体系化し、かつ社会の中に浸透させていったのである。

■「ラック・タイ」の継承・強化　一九三二年の人民党革命後の立憲君主制下では、「ラック・タイ」は部分取りとでも言えるような扱いを受ける。つまり、「ラック・タイ」を構成する三要素の内の一つだけを重要視する考えが出てくる。

その代表例が、既に述べた人民党革命直後のウィチット・ワータカーンである。彼は、「ラック・タイ」の一つである「チャート(民族)」を強調した。「タイ民族」の優秀さ、偉大さを鼓舞し、そこには東南アジア大陸部の覇者を目指す野心さえも見えた。「大タイ主義」の生みの親でもある。つまり、彼は「チャート」に焦点を当て、国粋主義、国家主義、エスノセントリズムの色彩を帯びた思想を普及させた。もっとも、ウィチットは、後のサリット政権下では、「国王」要素に目を向け、「チャート」や「民族」よりも重視し、「国王」を、権力構造の枠を超えた存在であり、かつ権力の正当性の根源として措定した。「国王」を「チャート・タイ」の最高位に置いたのである。

もっとも忠実な「ラック・タイ」の信奉者はクックリットであり、彼こそが現在の平均的国民の頭の中に「ラック・タイ」という価値を植え付けた張本人であると言っても過言ではない。

クックリットは代表的な王族である。彼は、政治家(第一三代首相)、ジャーナリスト、文筆家、俳優などとして幅広く活動した。特に、絶対王政時代の文化を現代に伝える中で、民族・仏教・国王の重要性を強調し、それこそが「チャート・タイ」であると主張した。それは、まさに「ラック・タイ」に他ならなかった。タイ文学の最高傑作とも言われる長編小説『王朝四代記』(1951)は、ラーマ五世〜八世の時代を、王宮を中心とした人間関係に諸事件を絡ませて描いた歴史小説で、まさにロイヤリストとしての彼の真髄の発露であった。

加えて、クックリットは、一九五〇年に新聞『サヤーム・ラット』を発刊した。自ら社主・主筆として軍部独裁に反対の論陣を張り、バンコクを中心に知識人や都市住民の間に多くの愛読者を獲得し、タイ唯一のクオリティ・ペーパーとして世論形成に大きな影響を与えた。評論、随筆、小説をはじめとする彼の膨大な著作は、「ラック・タイ」の普及に大きく貢献したと言えよう。クックリットについては、また言及することになる。

さて、アヌマーンラーチャトンは、官僚の身にありながら民俗学や文学の分野に関心を持ち、大きな功績をあげて、芸術局長なども務めたが、どちらかと言えば学者としての評価が高い。特に、村落レベルでの慣習や信仰(農民文化)を研究し、民衆の伝統的文化の発掘に貢献した。彼には、強い政治的発言は少ないが、文化や民族の多様性を認めた上でその融合を進め、強固なタイ民族やタイ文化の創造をすべきであると主張した。農民層の「チャート」の中への取り込みを図った点が評価されている。

もう一人の知識人は、少々異色である。ラーマ四世の孫に当たり王族であるワンワイタヤーコーン親王は、一九一〇年から英国や仏国へ留学し、主として外交学を修めた。帰国後も外務省に入り、外交官、外務大臣、副首相などを歴任した。国際的にもよく知られた外交官で、一九四七年には第一一回国連総会の議長を務めた。親王の政治姿勢はリベラルで、国民主権を重要視していた。教養人としてタムマサート大学学長なども引き受け、国民の間でも人気があった。

彼の最大の貢献は、タイ語の表現能力の向上である。わかりやすく言えば、術語の策定である。立憲君主制に移行し新しい制度や思想がタイにも流入したが、それに対応するタイ語が存在しない場合が多く、一般の理解が進まなかった。その点を心配した親王は、博学を生かし政治、外交、法律、文学などの分野の数多くの術語のタイ語策定を行なった。たとえば、「ラッタタムマヌーン（憲法）」、「パティワット（クーデタ、革命）」、「タッサナーチョーン（観光）」、「ソンティサンヤー（条約）」などがそうである。

また、一九三四年にタイ版アカデミーとして発足した「王立学士院」の設立に寄与し、初代院長として活躍したが、やはりタイ語に関心を示し、現在ではタイ語のもっとも権威ある辞典として知られている『学士院版国語辞典』の編纂プログラムを最初に提唱し推進したのは同親王であった。

こうしたワンワイタヤーコーン親王のタイ語辞典編纂や術語策定作業への関心は、単なる編纂作業ないしは翻訳作業と見えるが、タイ語の標準化ないしは規範化を図るという本来的意味からすれば、「タイ化」作業であった。それは、術語策定作業により濃く反映されている。たとえば、英語の revolution に該当する「パティワット」という語は、その代表例かもしれない。急激な政治変革を意味する語として捉え、「クーデタ」と「革命」の両方の意味を持たせて策定されており、きわめてタイ的な処理であると言えよう。親王の術語策定作業のおかげで政治や社会の説明が容易になった。しかし、この例のように、西欧的価値に付加し、「チャート・タイ」を入れ込もうとした点では、静かな「価値のタイ化作業」でもあった。

大きく見れば、一九三二年の人民党革命後のタイ思想界にあって、絶対王政期に創り出された「ラック・タイ」は、四人（⑥〜⑨）の知識人によって継承され、さらに強化普及されたと言える。もう少し詰めて言えば、四人の中の二人、つまりウィチット・ワータカーンとクックリットが「ラック・タイ」をタイ社会に植え付けた張本人である。

ところで、この四人を並べて気が付いたのであるが、彼らが活躍した時期はおおよそ一九五〇〜六〇年代である。「ラック・タイ」という「公定アイデンティティー」が継承され、より明確に確立されたのは一九五〇年代以降で、先に述べた「プーミポン時代」の①踏査・学修時代（一九五〇～七〇年）と重なっている点も注目したい。「プーミポン時代」の演出を基底の部分で支えたのが「ラック・タイ」であることは間違いない。

■上流人士——スラック　サーイチョンが挙げた知識人の最後の一人スラック・シワラックは、きわめて異色の人物である。スラックは他の知識人と基本的に異なり、偶然とはいえ、絶対王政崩壊直後の一九三三年の生まれであり、絶対王政をまったく経験していない。しかも、一九五二年に留学先の英国から帰国してから今日まで、定職を持たず、評論活動や社会運動を続けてきている。現在のタイを代表する知識人で、あらゆる権威を恐れない辛辣な言論には定評があり、そのために不敬罪で何度も拘束されている。スラックの「チャート・タイ」に対する考えは、クックリットが主張したいわゆる保守本流として王道を歩んできた伝統的価値＝「ラック・タイ」とは異なるがゆえに、彼は異端児であると評される。

しかし、スラックは当初から「ラック・タイ」に異を唱えていたわけではない。一九六〇年代のスラックの「チャート・タイ」の追求における姿勢は、生まれや生活環境から抜け出ることはできなかった。つまり、華人系の家に生まれたが、留学帰りのスラックの周囲を行き来する者は高位の官吏、軍人、王族、元「クンナーン」など上流の人がほとんどで、彼らが持つ文化を「チャート・タイ」として評価していた。加えて、スラックが学修したタイの歴史は、ダムロン親王が唱えた「王朝史観」に支えられた歴史であった。タイという国が現在でも存続しているのは、王族による優れた統治の故であると教え込まれたのであった。だから、人民党革命を「勇み足」（機が熟していないのに実行した）と批判した。その後発足した民主制の要である議会制にも、選出された議員の能力や信頼性が乏しいと疑問を呈した。

また、この頃のスラックの考えには、バンコク（サヤーム世界）というタイの中心から発想する傾向が強かった。

後にスラック自身もそのことを認めて反省しているが、バンコクで生まれ、英国で教育を受けた者にとっては当たり前のことであったと言っていいだろう。

たとえば、戦後の一九四六年にプリーディー派である生活連合党が勢力を得た際、その中心を東北部（タイ世界）出身者が多く占めていたことで、スラックも含めて中部（サヤーム世界）の者はこれらの輩は程度の低い人々であると軽蔑した。ククリットのような教養に溢れた政治家は、東北部出身の議員にはいるはずがないと考えていた。まさに、中部による地方の軽視、蔑視であり、差別であったが、当時のバンコクの地方観はほぼそのようなものであった。「サヤーム世界」の「タイ世界」の蔑視であり、スラックも、この時代には同じような考えを持っていた。

スラックは、そうした社会状況を受け、バンコク中心思考から抜け出せず、きわめて保守的な考えを持っていたと、後に弁明している。そして、当時の「中部の人のみが人間である」という「サヤーム世界」中心主義を社会に強く植え付けたのは、先にも触れた新聞『サヤーム・ラット』で、反プリーディーのキャンペーンを張ったのも同紙であった、と指摘している。社主であり編集主幹であったククリットは、マスコミを上手に利用し、自らの主義主張をバンコクの中間層を中心とした都民に広めることに成功した。新聞を通して王党派に協力し、学生を煽動した。王族賞賛の空気でバンコクを埋め尽くした張本人は『サヤーム・ラット』であった。戦後タイの思想界を引っぱり、政党政治にも参加して、首相をも務めたククリットは、いわゆる王党派の代表選手であり、「ラック・タイ」の真の継承者であった、ということである。

このように、スラックも、一九七〇年代半ば頃までは、ククリットに代表される保守本流から大きく外れた「チャート・タイ」観を持っていたわけではなかった。

彼は中高校時代から本が好きで、ワチラヤーン図書館の常連となり、ダムロン親王の著作に引きつけられたという。読書を通して、「チャート・タイ」に気付かされ、それを追い求める。そして、アヌマーンラーチャトンらとも交流し、おそらくはもっともタイ文化に造詣の深い一人となった。彼の著作は一九六〇年代から一般にもよく読まれるようになり、「ラック・タイ」の信奉者、王制主義者として注目を浴び、ついには伝統的「チャート・タイ」を語ることができる第一人者と見做されるようになる。

スラックの主張は次のようなものであった。タイの伝統社会は身分制であったとはいえ、統治者と被統治者の間の緊張が弱く、西欧の身分制とは大きく異なる。固定的な身分制ではなく、垂直の社会的流動性も十分に確保されていた。また、仏教の存在が、無限の財や権力の保持に制限を加えた。民衆もそれなりに自由を持っていた。特に権力から遠い地方（タイ世界など）では共同体的生活が可能であった。土地は豊富だが労働力（人口）が不足していたタイ社会にあっては、統治者と被統治者の間が相互的であった。

彼は、一九七〇年代の初め頃でも、まだ王政に好意的で、人民党革命に批判的で、人民党、ピブーン、サリットを鋭く批判した。人民党革命は単なる権力奪取にすぎず、彼らは民主制、憲法、国会などの重要性を訴えたが、それらはすべて嘘で、自分たちの手に権力を保持する術に過ぎなかった。ピブーンやサリットはアメリカ追随外交を行ない、自己利益を図った。カネのためにタイの名誉と尊厳を売り渡したと非難し、タイ社会はますます本来的「チャート・タイ」から遠ざかりつつある、と嘆いた。チャクリー王朝政府は、西欧による植民地化を免れ、「クンナーン」からの権力取り戻しに成功したが、権力の分散を図らなかったため、官僚につけ込まれ、人民党革命を招いた、と主張したのである。

■転向　ところが、一九七〇年代に生じた「一〇・一四政変」（一九七三年）および「一〇・六事件」（一九七六年）という二つのきわめて大きな出来事を経た一九七〇年代後半頃から、彼の「チャート・タイ」に関する考えが変わる。スラックが「転向」を示したのである。

学生の量的拡大と都市を中心とした市民層の意識改革がもたらした「一〇・一四政変」は、長期にわたり君臨した軍事独裁体制を転覆させ、民主化を大きく前進させた。しかし、直後からの右派の巻き返しは、インドシナ半島の共産化(一九七五年)という国際情勢と相俟って、きわめて強力であった。ナワポンなど右翼大衆組織の活動が活発化し、一九七六年一〇月にタムマサート大学で演じられた学生による寸劇は王室への不敬罪であるとの糾弾が右翼から燃え上がり、同大学に軍警と右翼組織が突入して、多くの学生や活動家を殺戮した。

この「一〇・六事件」を機に左派弾圧が始まり、身の危険を感じたスラックは海外に難を逃れ、約二年間タイへ帰ることはなかった。この海外滞在がスラックに熟慮の機会を与えたのか、以後従来の考えが大きく変わっていった。新しいスラックの登場である。「一〇・一四政変」や「一〇・六事件」に見られた新世代による反政府、反軍部の運動に、スラックもタイの過去への見方を変更せざるをえなかった。

彼は、過去の自らの考えや主張に多くの過ちがあったことを認めたのである。特に、これまで王政に対して一定の理解を示していたが、絶対王政時代の中央集権統治には誤りがあった、今や「王族より庶民、天空より大地が重い」時代を迎えていると主張し始め、「王宮」を通り越して「村落」、「寺院」、「学校」などを重視する姿勢を示した。また、タイ社会にはまだ「身分制意識」が根強く残存していると指摘し、仏教を最高の「チャート・タイ」として、諸問題を解決する基本に置くべしとの持論を展開した。

しかも、それまで持ち上げていた王族をはじめとする支配層を批判し、一般の民衆の能力を評価し始めたのである。一九八〇年代の初めに出版したいくつかの著書のタイトル、たとえば『王族—下僕　同じ天空』(1982)、『天空は低く、大地は高い』(1985)にもその考えが表われているが、人は皆平等であると説く。王族や都市の住民の能力は高く、地方の住民は無知であるといった従来の考えからの脱皮である。一般民衆は愚かで貧困で、身分の高い特権階層の「慈悲」により生きている存在ではなく、「民族」や「チャート・タイ」の中核を担う存在であるとした。農民は国の背骨であると言うが、それだけではなく、彼らは土台である。にもかかわらず、もっとも不利に扱われていると嘆いた。民衆の権利、民衆文化、民衆の知恵などの重要性を主張し。農民運動を支持した。農民の中にも悪い面もあるが、資本家や権力者よりもその悪は少ないと強調した。

こうしたスラックの「転向」の背景として、やはりタイ社会の変容を指摘しなければなるまい。サリット政権が推し進めた開発政策や教育振興政策が、都市だけではなく農村をも含めて、生活はもちろんのこと、意識の変容をもたらし始めたのを、スラックは敏感に察知していた。

■仏教民主主義　過去を反省したスラックは、一九七七年頃を境に、「仏教」を他の何よりも高い価値として、「チャート・タイ」の基本に置き始めた。そして、タイでも顕著になってきた資本主義、消費主義、それに付随する貧困と環境の問題に強い関心を示し、そうした社会問題をも解決する原則として「仏教原理」に基づく政治を説いた。スラックの考えは、明らかにそれまでの保守本流的考えから食み出るもので、radical conservative（過激保守）という言葉を彼にあてる向きも多い。

この仏教への執着こそが新しいスラックの核心であり、物質欲に囚われない教えを持つ仏教が「チャート・タイ」であり、政治や経済における闘争を緩め、消費主義の悪に落ち込まず、真に自由で兄弟精神に溢れる社会の建設が可能であると、主張した。その主張は、従来の「民族」・「仏教」・「国王」という三つの価値の対等性を崩し、「チャート・タイ」に順番を付けることに発展した。

もっとも、民族主義を鼓吹したウィチットワータカーン（一八九八〜一九六二年）が一九三二年頃に「民族」を「仏教」や「国王」よりも価値が高いと主張したことがあるし、クックリットが一九四七年頃には「国王」を、「民族」

や「仏教」を超えて最高の位置に置くとする考えを示したことは、既に述べた通りである。しかし、「仏教」を明確に最高位に位置付けたのは、スラックが最初であった。その考えは、仏教原理の政治への導入であり、「仏教民主主義」という言葉で表現するのがもっとも適切かもしれない。

スラックは言う。仏教には本来、民主主義の考えが織り込まれており、サンガはそれを実践している。その形を世俗にも取り入れれば、統治＝政治の民主化も可能である。真・善・美が揃った人間関係も構築できる。我々は一九三二年から民主主義の形を持つが、それ以前の古い時代には人々は村落を基盤として生活し、寺院が中心的存在であった。寺院と僧はサンガとして組織されていた。サンガ内では成員全員が平等である。仏教は村落共同体（チュムチョン）と密接に結びついており、そこでも成員は平等で、共生、相互理解、相互扶助が行きわたっていた。まさにサンガや寺院で実践されている生活様式の考えを、現代の在家社会にも適応することが望まれる。仏教の原理は、「与えること」であり、それは「受けること」より重要である。人は寛容になり、利己的でなくなる。他人を支援、救済、尊敬することが重要である。形式も内容も「タムマ（法、ダルマ）主義」で一貫している。「タムマ」が最高の価値であり、真・善・美を奉じ、平等、兄弟主義、自由、寛容で満たされる社会でなければならない、と。

さらに言う。この「仏教民主主義」は、西洋の民主主義とは異なる。「タムマ」を欠いた多数が力を持つと、劣悪、下劣が生じ、はびこる。西洋型の民主主義では、民主主義の要は選挙であると言うが、選挙や多数決は民主主義の外見、外形に過ぎず、内容に欠けている。選挙は金権主義に陥りやすい。権力とカネが友達になる。カネの多い者が権力を手中にする。現に、現在のタイ社会がそうである。本当の民主主義は仏教の中にある。一致した意見、協力、平等、兄弟意識、自由、寛容といった「徳」を奉じながら、仕事を行なう。全成員一致が原則であり、「タムマ」に基づいて議論した結果を皆が受け入れ、全員一致で行動する。資格、民族、年齢などによる偏見はなく、皆が平等である。公開主義による相互注意、懺悔、赦免が利己主張を和らげる。「仏教民主主義」は村落民主主義がモデルであり、保守本流がモデルとするスコータイ型の父＝国王と子＝国民が温情主義で結ばれた統治ではない。一般民衆も同等に参加する民主政治である、と。

スラックも、「仏教民主主義」が理想主義であると認める。しかも、資本主義の浸食によりサンガ社会も堕落してきている。しかし、これまで、社会の最底辺を支えてきたのは仏教であり、サンガである。カネで役職を買う風潮が出てくる以前の村落の統治は、まさにサンガに倣ったシステムで、民主的であった。徳のある者が自然に村長などに選出された。選ばれた者も、利権の争いに精を出すのではなく、村落の平静、相互扶助に努力した。そこには村落自治が見受けられた、と主張する。

■俗界と聖界の統合　スラックは、サンガと政府が同等で互いに助け合いながら統治を行なうのが「仏教民主主義」の好ましい一つの特徴である、と言う。つまり、そこに流れている基本原理は、「アーナーチャック（俗界）」と「プッタチャック（聖界）」の統合である。これまで、サンガは政府の統治下に置かれ、国家の一つの歯車となっている。それは、クックリットをはじめとした保守派の主張に沿った組織化であった。サンガこそが、「アーナーチャック」に対し助言者となることができるし、行き過ぎにブレーキをかけることができる。実際、ラーマ四世から五世の時代には、国王に助言した高僧が存在した、と。

もちろん、スラックもタイ仏教界の現状を憂慮し、批判している。僧のほとんどが、仏教を社会の中で生かす能力がない。その上、寺院も資本主義に浸食され、グローバリゼーションの波に侵食されている。サンガも堕落しており、僧の位階（サマナサック）の昇任などでも、コネが横行している。また、カネ（賄賂）を要求する僧もいて、まさに俗界と同じ嫌悪すべき状況にある。消費主義が仏教界を破壊しつつあるとも言える。嘆かわしいことに、仏教界の指導者が権力におもねる。大資本におもねる。呪術に走る。また、破戒(アーバット)が横行している。タイ仏教界はタムマを欠き、もはや仏教を社会に生かす力を失っていると言えるかもしれない。いずれにしても、仏教改革は必要である。仏教改革を断行し、政府とサンガが同等の立場で協力して国家を運営していく方向が望ましい、と。

スラックが唱える「タイ式政治」は、サリット体制またはタノーム体制以来、保守本流の支持を得てタイ政治を牛耳ってきた軍(暴力)を要とする統治ではない。「チャート・タイ」として国民の間で内面化されている仏教に範を求めた民主的政治である。もちろん、この「仏教民主主義」は理想主義であり、地に着いた理論ではないとの批判も強い。

スラックは、タイのアイデンティティーとして「チャート(民族)」や「国王」の価値よりも「仏教」を一段上に置き、従来の「ラック・タイ」に反旗を翻したということになる。彼の思想がタイ社会の多数から受け入れられたわけではないが、一つの楔を打ち込んだのは間違いない。

■批判的知識人　以上、一〇人の思想家をベースにタイにおけるアイデンティティー模索の基本的流れを述べたが、絶対王政時代から軍部独裁政治時代に創られた「公定アイデンティティー」としての「ラック・タイ」がほぼ変容することなくそのまま今日に至っていると言えるであろう。その言説は、政治権力の正当化のために創り出され、「プーミポン時代」においてさらに強化され、あらゆるメディアが動員され、人々の間で内面化されていったのである。

もちろん、保守本流である「ラック・タイ」を批判する動きは、スラックの「仏教民主主義」だけではない。一九三二年の人民党革命後に限っても、軍部独裁や官僚政治に強く異議を唱える思想家ないしは知識人は多数存在した。一定の影響力を社会に与えた人物をあげるとすれば、たとえば次の通りであろう。

クラープ・サーイプラディット（一九〇五〜七四年）
スパー・シリマーノン（一九一四〜八六年）
アッサニー・ポンチャン（一九一八〜八七年）
ウドム・シースワン（一九二一〜九三年）
サックチャイ・バムルンポン（一九一八〜二〇一四年）
サマック・ブラーワート（一九一六〜七五年）
プルアン・ワンナシー（一九二三〜九六年）
タウィープ・ウォーラディロック（一九二八〜二〇〇五年）
チット・プーミサック（一九三〇〜六六年）

ここでは、個々の履歴、活動、業績などについての説明は省くが、ほとんどは文筆家であり、西欧の左翼思想の影響を受けていた。「ラック・タイ」思想が蔓延するタイ社会で自らの主張を通すのはきわめて困難であり、官憲の弾圧を受けた者が多い。たとえば、チュラーロンコーン大学文学部在籍当初から文才を認められていたチットは、「ラック・タイ」思想によるダムロン親王の歴史を真正面から批判したが、逮捕投獄などの弾圧を受け、最後はゲリラ活動を行なっていた東北部の山中で暗殺された。彼が著したタイで最初の唯物史観による歴史書『タイ・サックディナー制の素顔』が正式に出版されたのは一九七四年で、彼の死後しばらくしてからであった。他の思想家たちも様々な形で「ラック・タイ」に挑戦したが、有効な手立てを講ずることはできなかった。

さらにもうひとり、現代タイを考える上できわめて重要な人物を忘れてはならない。プオイ・ウンパーコーン（一九一七〜九九年）である。タイ国立銀行総裁、タムマサート大学学長などとして手腕を発揮したプオイは、その仕事上の能力もさることながら、おおよそ汚職とは縁のない稀に見る清潔な人物として広く知られていた。常に農村（地方）と青年層を重視する姿勢を見せ、リベラルな見識と相俟って、タイ社会に大きな影響を及ぼした。プオイの考えは「平和的手段によるタイ的民道」という表現に集約されるが、明らかに暴力を否定し、仏教的な「民道（プラチャータム）」を大切にする政治運営を主唱した。「民道」は、単純な多数決という数の論理ではなく、そこに仏教的な「タムマ（法、ダルマ）」を加味した「チャート・タイ」であるとされる。いずれにしても、プオイらしい倫理的価値を重視した考えである。プオイは、「民道」こそがタイ社会が目指す方向であると強く主張した。プオイの考えは、スラックのそれと重なる部分が多いと言えるかもしれない。[*17]

プオイは、一九七六年の「一〇・六事件」の際、右派からの攻撃に身の危険を感じ、海外に亡命した。以降、海外にあったことと、中風を患っていたため、思うような活動はできず、結局はイギリスで死去した。ただ、プオイを慕うタイの若い世代の者は多く、イギリスに彼を訪問する者は絶えることがなかった。

(5) タイ語——大きな「チャート・タイ」

タイの支配層が一九世紀中ごろから、「タイ化」するために「チャート・タイ」として創り出したのが「ラック・タイ」であったことを長々と述べてきた。しかし、実は、「タイ化」に大きく貢献したもう一つの価値が存在する。それは、「タイ語」である。私は、今日もっとも強力な「チャート・タイ」は「タイ語」であると確信している。以下、「外来人国家」における多様な言語状況の中から、その「タイ語」がいかにして「チャート・タイ」の地位を占めるようになったかを述べる。

タイの歴史の中の言語状況を探索するのは、きわめて困難である。アユッタヤーの街がビルマ軍の火攻めにあって焼き尽くされ、言語資料を含む文化財の類もほとんど焼失してしまったのが大きい理由であろう。だから、残念ではあるが、この分野での研究はほとんどない。

加えて、「外来人国家」であったアユッタヤー王朝やバンコク王朝の言語事情にも、注目しなければならない。アユッタヤーやバンコクの街では、少なくとも二〇〜三〇前後の数の言語が使用されていた。つまり、もともと「タイ語」はそれらの社会の中でドミナントな地位を占めておらず、使用されていた多様な言語のうちの一つに過ぎなかった。

タイ語の重要性が本格的に意識され始めたのは比較的新しく、一九世紀半ばに始まる「チャクリー改革」の時期からであり、それ以前は、多様な「外来人」が使用する多様な言語が飛び交っていた。ましてや、書き言葉してタイ語が全国に本格的に普及したのは一九六〇年代以降であり、つい最近であると言っても過言ではない。もっとも、その過程はタイ語がタイという国家の価値として成立していく過程でもあった。今日では、国語の位置を獲得し、タイ最大の価値に成長したと言える。

「タイ語」に言及する際には、タイ族が遺した最古の文字文化財であるとされる「ラームカムヘーン王碑文」（一二九二年？）の存在を指摘しておかねばなるまい（同碑文については、後世の作であるとの説が強いことも何度も述べたが、ここではそのことはひとまず措く）。これはスコータイ時代（一二四〇？〜一四三八年）のタイ語の状況を伝える貴重な史

＊17　「民道」など、プオイの考えを知るには、［プオイ　1987］が参考になる。

料である。タイ族が当時から既に固有の文字を持つほどの高い文化を有していた証拠となる。文字を持ったタイ語が一三世紀の昔から使用されていたと考えられる。

「ラームカムヘーン王碑文」以外にも、同時代の代表的作品として、一般には次の三つがあげられる。①「金言集（スパーシット・プラルアン）」、②「ノッパマート女訓（ルアン・ノッパマート）」、③「三界経（トライプーム・プラルアン）」である。それぞれの内容には触れないが、文化行政の元締めでもある芸術局が一九八五年に発刊した『スコータイ時代の文芸』なる書物でも、この三作品が紹介されている。

しかし、今世紀に入った頃から、「ラームカムヘーン王碑文」のみならず、タイの歴史学界ではこれらのスコータイ時代の代表とされる三作品とも同時代の作品ではなく、バンコク王朝初期の著作である可能性が高いとの説が定着しつつある。

スコータイ時代の代表的文芸作品であるとされたこの四つの言語文化財が同時代のものではないとすると、タイ語そのものの状況がどうであったかはわからなくなってくる。敢えて言えば、タイ文字がいつ頃から存在したかもわからないし、タイ語を使用した相応の作品などはなかった可能性もある。タイ語やタイ文字の発展は、クメール語やラーオ語など、この地域の他の言語とその文字と強い関連があり、きわめて複雑である。[*18] 今後の研究の発展を待つ以外にない。

■アユッタヤー：二つの言語空間　アユッタヤー時代は長く、その歴史に紆余曲折はあるものの、現在のタイの社会的基礎はこのアユッタヤー王朝時代（一三五一～一七六七年）に形成された。日本にたとえれば、江戸時代と考えれば理解しやすいであろう。ただ、日本と違い、アユッタヤー王朝は「外来人国家」であり、居住民も、使用されていた言語もきわめて多様性に富んでいた。しかも、上述の通り、肝心のタイ語自身の当時の詳細な事情もほとんどわからない。

もちろん、アユッタヤー時代のものであるとされる数多くのタイ語による文芸作品が今日に伝えられている。代表的な作品をあげると、『リリット・ユワン・パーイ（ラーンナー、アユッタヤーに敗北）』、『リリット・プラ・ロー（プラ・ロー王子物語）』、『布施太子本生経』、『サムッタコート・カムチャン』、『カーキー』、『カーウィー』、『イナオ』、『クライトーン』、『マノーラー』等となる。また、天才詩人との誉れが高いシープラート（一六三五頃～八三年頃）が活躍したのもナーラーイ王時代（一六五六～八八年）で、彼が南タイへ流刑になった際、その道中で綴ったとされる紀行詩『シープラート悲歌』は今日でもよく知られている。ラコーン（劇）が隆盛になったのもこの王の時代とされる。[*19]

加えて、タイ語を考える上では重要な出来事であるが、最初のタイ語教本であるとされる『チンダーマニー（宝珠篇）』が著わされたのはナーラーイ王時代の一六八〇年だという。タイ語を学ぶ基礎テキストで、ほぼ一九世紀の中頃まで使用された。また、日々の出来事を記録した『編年史』の編纂もこの時期に始まったという。

アユッタヤー時代のタイ語による文芸作品事情を簡単に紹介したが、その特徴は次のようになるであろう。まず、インド文化の影響を強く受けており、文芸作品のほとんどのモチーフはインド文化に求められる。とりわけ、古代インドの仏教説話である「ジャータカ（本生経）」からはきわめて多くの話が作品に取り込まれている。先にも触れた『カーキー』、『マノーラー』、『サントーン』など、今日でもよく知られている作品もそうである。その上、これらの作品の多くは、元来コーム（クメール文字）を用いパーリ語で書かれたものなどからのタイ語への翻訳な

＊18　［スチット 2005］。現在のタイ語とカンボジア語の親密性はだれもが認めるところであり、たとえば［キーンティ 2010］に採録されたクメール語からの借用タイ語を見ても、よく理解できる。ただ、双方の言語の関係史はまだ解明されていない。

＊19　ここに名をあげた作品を含むタイの古典文学を味わうことのできる唯一の日本語による紹介［冨田 1981］を参照されたい。

いしは翻案であった。

二つ目の特徴として、ほとんどの作品が韻文である点を強調しておかねばなるまい。劇台本を含めて、タイの古典文学の中心は韻文である。韻文について詳細を述べる能力は私にはないが、「タイ語」そのものが声調言語であり、その高低は普通に読むだけでも調子を帯びる感があるが、タイ語では「押韻」という手法が徹底しており、その技巧によりきわめて美しい詩が出来上がるのである。意味や筋もさることながら、音声が作品の出来不出来を最後は決める。多様な詩形式が発達したのも、そこに理由があると言えよう。

そして、最大の特徴は、文芸活動が宮廷ないしはその周辺に限られていた点である。つまりは、王室を中心にして、王族や「クンナーン」の間での楽しみとしてのタイ語を用いた文芸活動が盛んであったが、その外側にはほとんど波及せず、一般の人々にとってはあずかり知らぬ存在であった。アユッタヤーの市井では、他の多数の言語に混じってタイ語が話されていたと推察される。つまり、タイ語は宮廷内部では主要言語であった（クメール語も使用されていた）に違いないが、アユッタヤーの都全体からすれば「一つの言語」に過ぎなかった。「宮廷言語空間」と「市井言語空間」という二つの異なった言語空間が存在したと考えられる。

■**「宮廷（公的）言語空間」**　トンブリー王朝（一七六七～八二年）を経てバンコク王朝（一七八二年～）を迎えると、「タイ語」をめぐる状況が変化してくる。とりわけ、ラーマ一世から三世の間に、「タイ語」は宮廷から脱け出し、徐々に一般社会の「市井言語空間」でも広く共有されるようになってくる。

そうした中で、注目すべきは『三印法典』の編纂であろう。既に述べた通り、一八〇五年にラーマ一世の命により編纂された。それは、新しい王朝における法体系の整備作業であり、「バンコク王朝版六法」と呼んでもいいだろう。近代法が整備される一九世紀末頃まで（完全に廃止されたのは一九三五年）、社会の法的規範として長く作用した。

この『三印法典』にはアユッタヤー時代に制定された法令が数多く所収されており、それらの法令はタイ語で書かれている。つまり、宮廷の一角に宮廷学者やバラモン法律僧が詰める場所が用意され、そこでは裁判（紛争）の際規範となる法令の編纂が日々の仕事として行なわれていたと推察される。宮廷には、先述の文芸活動のタイ語空間の他に、王朝政府を支える権力機構の一部として法令作成部門が設けられており、そこではタイ語が重要な働きをしていたと言える。多様な言語が使用されていたアユッタヤー時代においても、タイ語は公的性格を備え、実際の裁判の際には宮廷外とも接触する機会を持っていた。王朝政府の公的コミュニケーションはタイ語によりなされ、「宮廷（公的）言語空間」には文芸活動のためのタイ語空間とは別に、もう一つの公的タイ語空間が存在していたことを、『三印法典』は物語っている。

また、タイ語がアユッタヤー時代から宮廷内において公的性格を有していたと考えられるもう一つの有力な点は、だれもが権力の核心（国王）に近づくには、特別なタイ語の能力を必要としたことである。既に何回か触れた通り、王や王族との会話や彼らに関わる事象を説明する際に使用される「王語（ラーチャーサップ）」というきわめてユニークな表現（語彙）体系が宮廷内で発達していたからである。この「王語」の存在は、王権と言語（タイ語）の強い関係を物語っている。加えて、官吏には国王から個人名に代わって尊称が与えられる制度による「欽賜名（ラーチャティンナナーム）」などが発達していたのも、統治システムの中のタイ語の役割を表わす一つの好例であろう。

■スントーンプー　タイ語が徐々に宮廷という言語空間から外に向かって拡大していく傾向は、バンコク王朝になると強くなってくる。ラーマ二世時代（一八〇九～二四年）は古典文学の黄金時代と呼ばれるが、同王自身も有能な詩人で、多彩な作品が次々と生まれた。「三国志演義」をはじめとする中国の歴史小説が翻訳され、一般市民の間でも読まれ始めた。『イナオ』、『ラーマキエン』、『サントーン』などの伝統的作品も、二世は新しく自らの手で改編創作するほどであった。

この時代を代表する詩人としてスントーンプー(一七八六〜一八五五年)をあげねばならない。タイ史上最高の詩人と言われるスントーンプーは膨大な数の作品を残しているが、壮大なスケールの冒険物語『プラ・アパイマニー』が代表作とされる。また、主役が王族ではなく一般庶民であり、タイ民衆の生活を描いていることで著名な『クンチャーン・クンペーン』は、二世自身を含む複数の詩人の合作であるが、スントーンプーも当然含まれていた。

スントーンプーは数々の佳作を残しているが、最大の功績は「宮廷言語空間」から「市井言語空間」へのタイ語空間の拡大である。ラーマ二世に対して、国王は王族中心の話は作れるが、一般民衆を主人公とし、平易な一般人の言葉による物語の創作は無理ではないかといった内容の発言を敢えて行なったという。この言葉に反発した二世が作り出したのが『クライトーン』で、ジャータカではなくまさに民間の口承を基にした物語であった。[*20] スントーンプーは、王族や「クンナーン」の専有物であった文芸活動を一般人にも開放できる環境づくりに努力し、一般大衆が用いているやさしいタイ語による表現を心掛けた。つまり、主として宮廷内に限られていたタイ語空間を宮廷外の一般社会に拡大する上で、大きな貢献をしたのである。この頃から、タイ語が「外来人」社会も含めてほとんどの社会に徐々ではあるが本格的に入り始めたのである。

■**「異言語絵詩」、「ノッパマート女訓」** ラーマ三世時代頃までのバンコク王朝初期の言語状況を示すきわめて興味深い史料がある。

一つは、「石碑大学　University in stone」とも呼ばれ、仏教、文学、建築、医学などの諸分野に及ぶ当時の知識を壁などに文字や絵で残していることで知られているポー寺（正式名プラチェートポン・ウィモンマンカラーラーム寺。創建年不詳）に残存する「異言語絵詩（クローン・パープ・コン・ターンパーサーまたはクローン・ターンパーサー）」である。この絵詩は、ポー寺を取り囲む一六ヵ所の休憩所（サーラー）に描かれ刻み込まれていた。休憩所一ヵ所につき二枚の絵詩が刻み込まれ、全部で三二枚であったが、現在残っているのは二枚にすぎない。なお、この絵詩の作成は、ラーマ三世時である。[*21]

さて、問題はそれらの絵詩のきわめて斬新な内容である。一枚の絵詩に、ある一つの「外国（言語、民族）」の服装、風土、慣習などの特徴をタイ語による詩で説明し、その言語・民族の人物像が描かれている。[*22] つまり、全部を合わせると、三二の言語ないしは民族の紹介になっている。西洋勢力のアジアへの進出が始まりかけた時期のバンコク王朝の外国（語）認識を示す第一級の史料とされ、タイで最初の民族誌であるとも評されている。

以下に三二の民族・言語の名称を列挙する。

①シンハラ（スリランカ）、②タイ、③カリエン（カレン）、④アフリカ、⑤ダッチ（オランダ）、⑥イタリア、⑦フランス、⑧エジプト、⑨サラセン、⑩日本、⑪アラブ、⑫トルコ、⑬パシュトゥーン（アフガン）、⑭チュリア、⑮ロシア、⑯タタール、⑰モーン、⑱クラセー（シャン）、⑲ギオ（タイ・ヤイ）、⑳ビルマ、㉑ヒンドゥー、㉒マレー、㉓バラモン・ヒンドゥー、㉔バラモン・ラーマヘート、㉕チャム、㉖ラーオ・ユワン、㉗フイフイ（回族）、㉘朝鮮、㉙ベトナム、㉚中国、㉛クメール、㉜琉球の三二。

＊20　［冨田 1981: 256］
＊21　［タウィーサック 2003: 25–28］
＊22　［タウィーサック 2003: 31–57, 121–129］

たとえば、「⑩日本」の詩による説明は「まげを結い、色違いの服を着、日本島に住む。技巧があり、光沢のある美しい刀、急須、弁当箱などをつくる」といった意味になっている。[*23] そうしたタイ語の詩による説明がそれぞれの人物像に付してある。もちろん、イギリスやアメリカが出てこないように、当時のバンコクに居住していた外国人をすべて挙げているのではない。しかし、外国(人)認識がきわめて進んでいたことを物語る史料であろう。

もう一つの史料は、王宮内の儀礼や作法について述べている「ノッパマート女訓」である。既に、この作品はスコータイ時代の代表作であると教科書などでは説明されていると述べたが、ダムロン親王も一九三七年三月にアヌマーンラーチャトンに宛てた手紙の中でラーマ三世の作であると指摘している。近年の歴史学界の研究では、確かに似たものが既にアユッタヤー時代には存在したかもしれないが、作品として確立したのはバンコク王朝初期、とりわけラーマ三世時代であったとの見解が一般的になっている。

実は、この「ノッパマート女訓」の中にも、人間界の言語の分類について言及した部分がある。驚くことに、そこで挙げられている言語は、タイ語に始まり、ゴ語(マレー半島に居住していたネグリト系の人々の言語か?)に終わる六二種に上る。ラーオ語やクメール語、イスラム系の語は再分類され複数の言語が採用されている。たとえば、ラーオ語は、ラーオ語以外に、ラーオ・ナムムック語、ラーオ・ルー語、ラーオ・ギオ語、ラーオ・ソンダム語、ラーオ・ソンカーオ語などが載っている。ちなみに、オランダ語、英語、フランス語、ポルトガル語はもちろんのこと、日本語と琉球語も独立して入っている。[*24]

この二つの史料から、バンコク王朝三世期には、相当の言語や民族さらには外国に関する知識が蓄積されていたことが理解できる。また、アユッタヤーの街と同じように、バンコクの街の住民の民族構成も複雑で、使用されている言語も多数であったと推される。

私にはこの二つの史料から強く考えさせられることがある。「異言語絵詩」は「異言語」を扱っていると推察されるのであるが、上述の通り二番目にタイ語が出てくるのである。本来、「異なった民族・言語」を扱った作品であるはずである。であるとすれば、なぜそこにタイ語が上がっているのか、しかも二番目に、という疑問である。

素直に考えれば、タイ語も異言語と認識されていたということになる。つまり、タイ語は確かに「宮廷（公的）言語空間」で使用されている特別言語であったが、バンコク社会では数多い言語のうちの一つであり、けっして絶対的な地位にはなかった。だから、タイ語も相対的に扱われ、リストに加えられたと考えられるのである。ただ、シンハラ語に次いで二番目に上がっている理由は、わからない。順番はそれほど重要視されなかったのかもしれない。

「ノッパマート女訓」にも、解せない点がある。この資料では、真っ先にタイ語が出てくるのであるが、その表現形式（語順）が他の言語とは異なっている。つまり、タイ語のみが「語＋民族名（パーサー＋タイ）」の語順となっており、他はすべて「民族名＋語（たとえば、ラーオ語は、ラーオ＋パーサー）」の語順で、まったく逆の表記になっている。タイ語だけが特別扱いとなっているのである。つまり、「異言語絵詩」の場合と異なり、ここではタイ語が特別扱いを受けていると言える。ただ、その理由はわからない。

考えられるのは、多くの言語の中で、タイ語がもっとも優位な位置を占め始めた影響であろう。しかも、ここで言うタイ語は「サヤーム世界」で使用されているタイ語（サヤーム語）であり、バンコク圏以外のところ（タイ世界など）で使用されているタイ語と区別して認識していたため、特別の語順を用意した可能性もある。

＊23　［タウィーサック 2003: 35］
＊24　［タウィーサック 2003: 61］

いずれにしても、タイ語の本格的な成立と普及は検討される必要があるが、このタイ語（サヤーム語）が王宮から外に飛び出し、徐々にではあるが、バンコクにおける主要言語に成長していく出発点はラーマ一世〜三世時頃に準備されたと言えよう。

とりわけ、タイ文字の活字を使った印刷が可能になった一八三〇年代以降は、一挙にタイ語（サヤーム語）の普及が進んだ。当時キリスト教の布教活動に従事していた宣教師の手により、文法書や辞書が出版されるようになり、タイ語の共通語ないしは公用語としての社会的位置が確定していった。そうした出版物の中に、James Low, *A Grammar of the Thai or Siamese Language*, 1828. なる語学書があるが、タイトルに含まれている *Thai or Siamese* なる表現は、当時の「サヤーム世界」で使用されていたタイ語には「サヤーム語」という別の呼称が存在していたことを示している。そのタイ語（サヤーム語）が徐々に拡大し、今日の標準タイ語に成長したと考えられる。

■「チャート・タイ＝国語」へ　港市国家アユッタヤーは「外来人」で埋め尽くされていたが、権力の中心にはタイが生きていた。確かに、王権を支え維持した最大の力は交易からの「富（経済力）」であった。王権を守るために必要な「武力（軍隊）」でさえ、王は「外来人」を主体とする傭兵でまかなった。しかし、王権を真に守り継続させた要因は、こうした「外来人」頼りの富や武力に優るものにあった。その一つが、「言語（タイ語）」であった。ただ、アユッタヤーの言語空間は二つ存在し、「宮廷内」と「宮廷外」であった。前者の言語空間の基本語はタイ語（サヤーム語）であったが、後者の言語空間では多様な言語が使用されドミナントな言語は存在しなかった。

しかし、バンコク王朝になり、タイ語（サヤーム語）が宮廷外の「市井言語空間」にも普及し始め、一九世紀半ばからの王室主導による近代化の過程で国語としての地位を獲得していくことになる。支配層が「タイ」という国家を創るため、つまり社会を「タイ化」するために「チャート・タイ」として重視したのが「タイ語」であった。

公定言語として「タイ語(サヤーム語)」の生き残りがはっきりしてきたのは、バンコク王朝の初期であったと言える。そして、民族や国家と言語が切り離せないという鉄則を最初に理解したのは、やはりラーマ四世であった。それは、「ラームカムヘーン王碑文」への関わりからよく理解できる。たとえ四世が同碑文に何らかの「工作」をしていなかったとしても、同碑文を発見し公開したのは四世自身であるのは事実である。それこそ、同碑文に重要な価値を見出していたからである。自分たちの祖先であるスコータイ時代のラームカムヘーンという偉大な王が自ら考案したタイ文字で刻まれた碑文の存在は、きわめて有力な政治的武器(ソフトパワー)でもあった。タイという国家はきわめて古い歴史を有すること、また古くから文字を有する言語(タイ語)を持った優秀な民族で高い文化を保持していたことを、アジアに進出してきた西洋諸国家に見せつける上で効果的であった。また同時に、国内的には、近代国家の核としてタイ語を国語として育てる大きな理由となり得た。

ラーマ四世時代に作られたという『シータノンチャイ』という物語がある(作者不詳)。今でも、この話を知らない人はタイ人ではないと言われるくらい有名であるが、それはその内容が普通ではないからであろう。主人公は『シータノンチャイ』と称する頓智の天才男であるが、すべての権威や秩序に反対し、役人、僧侶、後宮の女性、さては国王までをもからかい、機智を使いこなし、相手を負かしては喜ぶ内容である。悪ふざけで強きを挫くところが庶民をひきつける頓智話になっている。つまり庶民性が高く、まさに「市井言語空間」で盛り上がる作品である。こうしたそれまでのタイ文学の規格から食み出た作品がバンコクの街に少しでも広がり始めたとすれば、タイ語が確実に王都に根付き始めたと言えるであろう。『シータノンチャイ』は、王族や「クンナーン」が喜ぶ作品ではなく、日頃役人などから様々な不自由生活を強いられている庶民にとって溜飲が下がる作品であったから、予想以上に広がっていったのである。

こうして、ラーマ三世、さらには四世の頃からタイ語が国語への道を徐々に歩み始めたのであるが、具体的には次のような経過を辿った。

タイ語の普及にもっとも大きく貢献したのは、やはり印刷技術である。西欧のタイ進出の一環として一九世紀前半頃から急増した宣教師のこの面での活躍は大きかった。中でも、医師で伝道師としてタイに一八三五年から三五年間住んで、医療技術を伝播しただけではなく、自ら印刷所を造ったブラッドレー（一八〇四〜七三年）は、印刷や出版の面で大きな貢献をした。タイ語の活字がタイで初めて作られたのは一八四一年であるが、その後、様々なタイ語文献が一般に普及し始めた。

辞典や文法書などを中心にそのあたりの動きを見てみよう。後にラーマ四世として即位するモンクット王子と出家中から親交があり、英語をはじめ多くの西洋知識を同王に教えるとともに、自らもタイ語を学びタイ文化に溶け込んだ神父パルゴア（在タイ一八三〇〜六二年）は、一八五〇年に『タイ語文法 *Grammatica Linguae Thai*』を、一八五四年には『サヤーム語・ラテン語・フランス語・英語対訳辞典』を出版している。ラーマ五世は、一八七一年に宮廷内に王族貴族の子弟教育を目的としたタイ語学習学校を設立した。そして、この学校の校長に抜擢されたプラヤー・シースントーンウォーハーンにタイ語教科書の編纂を命じ、その年には一冊目である『作文諸事基本』が出来上がった。一八七六年には、その『作文諸事基本』に加えた全六冊シリーズの『タイ語公定教本』が完成した。また、ブラッドレーは、自ら辞典を編集し、一八七三年に『サヤーム英辞典 *Dictionary of the Siamese Language*』を世に送りだした。タイ語を扱った本格的辞典の最初と言われている。

タイで最初の焚書となった書物は『ノーンカーイ紀行』（一八七八年）である。ティム・スックヤーン（一八四八〜一九一五年）が一八七五年に従軍した「ホー族征伐」での体験をもとに、本来であれば旅情や女性への思いなどを謳い上げるべき美しい詩形式を使いながらも、兵士の不満、徴兵における不正、地方国主の不正、王族や官吏の汚職、さらには地方の民衆の生活苦を訴えた内容で、当時の権力者である摂政プラヤー・シースリヤウォン（一八〇八～八二年）を激怒させることになった。[*25] ティムは、鞭打ち刑を受け、八ヵ月の禁固刑に科せられた。発禁処分になる書物が出たことは、一般に出版活動が盛んになり、庶民の関心を持つ内容のものは、よく読まれるようになったこととの裏返しでもあると言える。タイ語世界が着実に拡大していったのである。

一八九七年にはタイ語タイプライターが発売され、タイ語はますます社会の中に参入していった。二〇世紀初頭の一九〇五年には今日の国立図書館の前身である王立図書館が設立された。そして、政府当局が関与した最初の簡単な「国語辞典」は一八九一年に出版されたが、本格的な権威のある国語辞典としてはプラヤー・ウッパキットシンラパサーン（一八七九～一九四一年）が中心になって編纂し、道徳省（後の教育省）が出版した『国語辞典（パターヌクロム）』（一九二七年）を待たねばならなかった。この辞典には約二万六〇〇〇語が収録されており、「タイ語」規範化の一定の水準を示すものであった。

タイ語の歴史の中で最大の出来事は、一九一八年のプラヤー・ウッパキットシンラパサーン著『タイ語基礎』の刊行であろう。これにより、タイ語の学術的説明が初めて行なわれ、理論武装が完成したのであった。それは、とりもなおさずタイ語が「国語」として成立したことを意味した。

また、こうして成立した「タイ語＝国語」の地位を固め、タイ語をめぐる諸問題に規範を与える機関として「王立学士院」が諸分野の学者を動員して設立され（一九三三年）、「タイ語」の番人の役割を果たしている。その好例は、先にも触れたが、『王立学士院版国語辞典』（初版は一九五〇年。最新版は一九九九年）で、今日ではもっとも権威ある国語辞典として知られており、書き言葉の綴りなどはこの辞典が規範となっている。

＊25　［スラック／赤木 1984: 262-263］

■本格的普及は一九六〇年代以降　バンコクを中心に完成した「タイ語（サヤーム語）＝国語」は、最終的には教育制度の整備と並行し全国に普及していく。タイにおける義務教育制度の発足は一九二一年であり、タイ語が「国語」として成立した時期とほぼ同じである。つまり、理論武装を完成したタイ語は、この時期から「タイ化」の柔らかい武器として威力を発揮することになる。

既にラーマ五世時代から、寺院を場所に僧侶を教員としてタイ語の教育は開始されていたが、本格的に学校が整備され、国語教育が地方の小学校にも実質的に普及していくのは一九六〇年代である。*26

とりわけ、一九五九年のサリット政権下において国家教育審議会が設置され、翌年に国家教育計画が公布されたのが出発点であった。「タイ語＝国語」は、教育制度網の拡充と並行して「タイ世界」や「マレー世界」へ普及していったのである。もちろん、それまでもタイ族が多く居住するそれぞれの地方では、同じタイ語とはいえ独自性の高いタイ語が使用されていた。そこへ、国語として成立した「サヤーム語」を核としたタイ語（特に書き言葉）が公定のタイ語（国語）として覆い被さっていったのである。いずれにしても、タイの領域内が「タイ語＝国語」で満たされるようになったのは、つい最近である。

残念なことに、確かにタイ語は重要な基礎的「チャート・タイ（タイ的価値）」であり、タイ人の意識の形成や考えの表出、さらには国民統合（タイ化）には大きな働きをしたが、タイという国家の政治社会のあるべき姿（理念）に直接関わる価値ではない。そこには言語の限界がある。国民意識の向上を促し、集団性の基盤強化をもたらすのは間違いないが、国会や行政府の仕組み、社会のあり方などに直接的な示唆を与える性格は備えていない。

2 まとわりつく「外来人国家性」

現代タイ社会の特徴を大きく捉える際、上述した「タイ化」への努力と「チャート・タイ」の模索と並んで、きわめて重要な影響をもたらしているのは、「外来人国家性」である。

「外来人国家性」とはこなれない表現であるが、「外来人国家」であるがゆえに、そこに住み生活する人々が共通して有する価値意識や行動様式である。多様性を特徴とする「外来人国家」であったアユッタヤー王朝とバンコク王朝初期の長い歴史の中で徐々に育成され、住民が共通して有するようになった社会的性格である。

その「外来人国家性」こそが、現在でもタイという社会の性格を深層で規定しているもっとも主要な要因であると、私は考えている。アユッタヤーやバンコクを中心とした「サヤーム世界」で育った「外来人国家性」が、今日でもタイ社会のあちこちにまとわりついて離れないのである。とりわけ、個々人のほぼ全ての社会的行為にもまとわりついているため、タイを学ぶにはその正体を究めておかねばならない。

以下、その「外来人国家性」についてより詳しく見ていきたい。

＊26 ［野津 2005: 91–92］

（1）「外来人国家性」

「外来人国家性」とは、第3章で述べた「サヤーム世界」＝「外来人国家」の構造に起因する社会的性格である。「外来人国家」である「サヤーム世界」の最大の特徴は、そこに住み生活する人々の多様性であった。しかも、彼らのほとんどが外からこの地にやってきた人々ないしはその子孫であり、その中心であったアユッタヤーの街はまるで人種（民族）の坩堝で、そこで使用されている言語の数は少なくとも三〇以上に達していた。住民相互のコミュニケーションが悪かったのは、言うまでもない。おそらくは、母語以外に二つ程度の言語を使用しないと生活に支障を来したであろう。

また、アユッタヤーを支える経済基盤は交易であったため、ほとんどの住民は、大小はあれども商業（交易）に従事していた。つまり、人種（民族）的に多様な人々が商業活動を行ないながら、生活していたのである。

■**「カネ」と「コネ」**　そのような状況から生まれる価値意識や人間関係（社会関係）は、集団性に乏しく、基本的には商業主義ないしは営利主義に律される。人々の行為は、個人的「カネ（利益、権益）」が最大の契機となり、ことごとく「カネ」に左右される。人生の最大の目的は「カネ」の獲得であり、その他の目的や価値は二次的な存在となる。そして、その延長に生まれてくるのが「コネ（知り合い）」である。この「コネ」を最大限利用して「カネ」を獲得するのが、もっとも適切な生き方であり、「コネ」の拡大に人々は努力を重ねた。とりわけ、「クンナーン」をはじめとした政府関係者との「コネ」は、様々な許認可を有利にかつスムーズに進めるために欠かすことはできなかった。「コネ」の有無または強弱が取引の成否を決めた。

一般に、商人気質と言えば、「カネ」に敏感であるのはもちろんであるが、人間関係においては「信用」を大切にする点があげられる。しかし、「外来人国家」の場合には、多様な人種（民族）との交渉がほとんどであり、相手に対して「信用」を置くのを避けた。だから、安定した人間関係の継続も困難であり、原則として取引の終了と同時に関係も停止した。

例外は、同じ人種または出身地といった強い共通性が相互にある場合で、「信用」を介在した集団に発展する場合も多かった。たとえば、華人系の間で数多く結成された特定の業界団体、出身地団体、血縁団体、宗教団体などがそうである。ただ、こうした団体も突き詰めてみれば、「コネ」のためであり、最終的には「カネ」のためという側面が強い。

さらなる問題は、こうした「コネ」と「カネ」に重きを置く価値意識は、ただ単に商人だけではなく、一般の人間関係にも及んでいる点である。「外来人国家」では、スムーズな人間関係を築くには、「コネ」と「カネ」を駆使する以外になかった。

■**「コーラップチャン（汚職）」**　おそらく、現代タイ社会における最大の問題は、規則やルールを差し置いて、「カネ」と「コネ」が闊歩している状況であろう。政界や官界はもちろんのこと、一般社会でも、公私を問わず、目的を達成するために動員されるのは「カネ」と「コネ」である。

「外来人国家」の人間関係においては、「カネ」と「コネ」を駆使した対応や処置は、至極当たり前のことであった。そのあたりを物語る興味深い言葉が今でも残っている。「シン・ボン」という言葉で、現在では「賄賂」と訳されることが多い。「シン」は「品、財、物」、「ボン」は「願をかける」という意味で、本来的には「願いが叶えられた際の（神仏への）お礼の品」といった意味合いの言葉であった。つまりは、「シン・ボン」はおおよそすべての取引に付随する慣行であり、お礼、手数料・お世話料（コミッション）、成功報酬と呼べるようなものであった。「外来人国家」では取引に伴うコミュニケーションの壁を破る最強の道具として、「シン・ボン（カネ）」の重みがますます増大し、広範囲で見られる大きな社会慣行に成長した。それが現代でも根強く残存し、いや、より発展し、「コーラップチャン corruption（汚職）」という外来語で語られるようになったのである。

「コーラップチャン」の実態は、タイで少しでも経済活動ないしは様々な交渉を経験した者は骨身に沁みているはずで、敢えてここでは述べない。ただ、警察署長のポストさえも「カネ」で売買されているというニュースを仄聞するだけでも、「コーラップチャン」の形態と広さ、さらに根深さは、想像を絶すると言わざるを得ない。三五件の実際に生じた汚職の実例を、前菜からデザートまでの洋食メニューに見立てて並べ説明した『汚職のメニュー』という報告書を一読すれば、その実態がよく理解できる。[*27]

現在でも、典型的な「コーラップチャン」は官界や政界に多いのであるが、おそらくは、一般の社会生活の上でも節目となるような契機にあっては「カネ」と「コネ」が多用される、いずれにしても、こうした慣行は「外来人国家性」の最たるものと言わざるを得ない。

付言しておかねばならないが、こうしたタイ社会における「汚職」ないしは「賄賂」の源を華人社会に求める見方があるが、それは妥当ではない。確かに、「外来人国家」時代にあっては外来人に占める華人系の量的割合が大きく、商業をはじめとする経済活動に従事した者も多かったため、また華人はおしなべて利益追求の猛者であるとの先入観もあり、そうした見方が強いのであろう。しかし、「外来人国家」の構成員はきわめて多様性に富んでおり、とりわけアユッタヤー王朝時代やバンコク王朝初期にあっては、インド系をも含む中東出身者も多く、華人系一人に責任を負わせるわけにはいかない。おそらくは、華人系の中でも一八八〇年代以降に大量に押し寄せた新世代華人（いわゆる華僑）が目立つためにそうした見方が出てきたのではなかろうか。「外来人国家」論の立場から言えば、商業世界であったアユッタヤー王朝からバンコク王朝にかけての長い歴史の中で培われた「外来人国家性」に新参の華人が乗っかっただけである。

■相対的地位関係　このような、コミュニケーションがむずかしく、「カネ」と「コネ」を基盤とする社会における人間関係は、集団性にはなじまない。実際、「外来人国家」社会では二者関係が基本であり、それが連鎖して集団には拡大しにくい。その二者関係も、関係を取り持つ契機（多くは「カネ」）がなくなれば、それに応じて消滅する。つまり、刹那的で永続性に乏しい。集団性を形成する契機に乏しい「外来人国家」社会では、その時々の状況に応じて相手との人間関係を持たざるを得ない。

また、二者関係で決定的に重要なのは、相手との相対的地位関係である。中でも、上下関係を見極めなければならない。だから、初対面の際、相手の「品定め」が必要となってくる。年齢、経済力、社会的地位、学歴などを考えながら、自らとの相対的地位関係を決定することが要求される。

相手の地位確認作業は、現代社会でも存続しており、きわめて重要とされている。初対面の際には、まず自分と相手の関係を検討し、相互の上下を決定する。そうした地位の相互関係は、「ヤイ・ノーイ（大・小）」とか「ピー・ノーン（年上・年下）」といった表現で日常的に確認される。とりわけ、「ピー・ノーン」は「親分・子分」、「上司・部下」、「先輩・後輩」、「兄・弟」、「姉・妹」、「主・従」といった意味合いを持ち、互いの呼びかけにも使用される。つまり、一旦上下関係が相互に確認されると、以後は「ピー」または「ノーン」の呼びかけが普通になる。

＊27　［汚職・利益追求を見抜く国民のための手引き計画 2014］

そして、そこにはそれ相応の作法や礼儀が伴ってくる。同じように、合掌挨拶(ワイ)を交わしても、「ピー」に対する時と「ノーン」に対する時は、その手や頭の高さなどが微妙に異なる。互いの上下関係とそれに伴う二者関係を維持するためには、このような礼儀作法が重要となる。

そして、学校の先輩・後輩といった純粋に非利益的コネで結ばれた二者関係は別として、両者の間に利益関係がある場合、「カネ(権益)」を与える方と受ける方の間には、絶対的上下関係が成立する。ただ、どちら側かがその関係に魅力を感じなくなると、すぐに関係は崩れる。そのようなケースがきわめて多く、永続的関係の維持は困難である。だから、二者関係が連帯を生み、チーム(集団)に発展するのもむずかしい。しかも、集団が形成されても、その凝集性は低い。たとえば、よほど潤沢な資金がない限り、大政党を維持することは難しく、政党間の離合集散が激しい。

こうした人間関係の特徴には、「サヤーム世界」における「外来人国家」時代の身分制の伝統が生きているとしか考えられない。まさに「外来人国家性」がしつこくまとわりついているのである。

(2) 見えない身分制

「外来人国家性」は、人間の個人的関係だけにまとわりついているのではなく、社会全体を覆う社会関係意識にも住み着いている。制度として確立しているわけではなく、目にも見えないのであるが、確実に存在し人々を拘束している。その代表の一つが身分制である。それはまさに空気のようなものであるが、現在のタイ社会に流れている。その空気の源は、「サヤーム世界」の「外来人国家」社会で育った「サックディナー制」である。

■エスタブリッシュメント　第3章で「クンナーン」について、また第4章では王族について、それぞれ説明した。「クンナーン」とは、簡単に言えば、アユッタヤー王朝からバンコク王朝の伝統的統治制度である「サックディナー制」下における高等官（勅任官）のことである。また、俗に「プーディー（良き人）」と呼ばれることもある。そして、アユッタヤー王朝とバンコク王朝初期にあっては、この「クンナーン」と王族の連合体が「サヤーム世界」の支配層として君臨していた。その支配層が、「クンナーン家系の形成」として説明したように、世代を超えて存続し、その中から「名門家系」が誕生していった。祖先は「外来人」であったが、「クンナーン」として登用された彼らこそが王族と連携し「サヤーム世界」を支え、発展させてきたのであった。

現代タイの支配層は、その時代から基本的に大きくは変化していないと言える。つまり、現代タイを動かしているのは、そうした名門家系と王族、さらにはそれらと「カネ」ないしは「コネ」で強くつながっている層（資本家、官僚）、および「暴力装置」の所有者である軍部である。彼らこそが現代タイのエスタブリッシュメントであり、明らかに「外来人国家」時代の支配構造をほぼそのまま継承してきている。

現代では、付されている称号により判断が可能である王族以外は、「サックディナー制」時代のような指標がないため、その者がエスタブリッシュメントに属するかどうかは見えにくい。しかし、私の経験では、タイの人はある種の勘のようなものを持ち合わせており、相手が名門家系であることを見抜く眼を備えている。もっとも、名門家系の表象としては姓がある。姓を見れば、その家系が名門であるかどうかだいたい推察できるという。

正確に調査はしていないが、たとえば、外務省の高級官僚ないしは大使などの名簿を一見しただけでも、名門家系の者が多い。戦後の歴代駐日タイ大使は二〇名を数えるが、やはり名門系の姓を有する者や王族が目立つ。[*28]

つまり、現在は制度としての身分制は存在しない。しかし、「外来人国家」の中で幅を利かせた身分制は目には見えないが社会の中に残っている。少なくとも、エスタブリッシュメント層であるか否かは、「外来人国家」時代の「プーディー」層であるか否かとほぼ同じように意識されている。しかも、後述するが、「サヤーム世界」が優位にあったため、一般に、「サヤーム世界」の者が「タイ世界」や「マレー世界」の者を低く見る傾向も依然として強い。

「外来人国家性」として現代タイにまとわりつく見えない身分制や地方軽視の意識は、徐々に低下してきているが、タイ社会のあらゆる分野で観察される。

■勲章と女性称号　現在のタイで唯一、制度として生きている称号がある。少し遠回りになるが、その称号は勲章制度と関係がある。

近代化の微風が吹き始めたラーマ四世時代（在位一八五一～六八年）には、decorationという英語が入ってきており、同王自身も栄誉を象徴するメダルの必要性を考慮し準備が始められていたが、ラーマ五世時代（在位一八六八～一九一〇年）にはそれが実現した。一八六九年には規定が整備され、「勲章」という言葉も定着してきた。一八七三年一〇月には、チャクリー王朝九〇周年を記念し、五世自らの名前を織り込んだ勲章「五世（チュンラチョームクラオ）勲章」を創設した。この五世勲章は、タイの勲章制度の根幹を成し、今日に至っている。

一九三二年の立憲革命では、伝統的な称号（位階勲等）制度であったバンダーサックが廃止された。既に授与された者は使用できたが、以後、あらたにバンダーサックおよび欽賜名が生まれることはなくなった。ただ、勲章制度は存続された。

五世勲章は七等級に分かれているが、画期的なことは女性も叙勲の対象とされたことである。七等級のうちの二位に当たる五世勲章第一等級章、三位に当たる同特別第二等級章、四位に当たる同第二等級章、六位に当たる同特別第三等級章、七位に当たる同第三等級章（小勲章）は、女性に対しても授与されることが決められた。また、これらの女性受章者に対しては人数枠が設定されており、三位以上の受章者は計一二〇名（二位二〇名、三位一〇〇名）以内、四位以下の受章者計五〇〇名（四位一〇〇名、六位二五〇名、七位一五〇名）以内とされている。

注目すべきは、この勲章制度に基づいた称号制度が、しかも女性に限って発足した点である。一九五五年一二月の首相府令により、女性へ称号を与える制度が定められた。五世勲章の三位以上の受章者には「タン・プージン」、四位以下の受章者には「クン・ジン」の称号が与えられ、いずれも既婚者に限るとされた。また、かなり遅れて、一九八二年五月の首相府令により、未婚女性の「五世勲章」受章者にも「クン」の称号を付与することとなった。

いずれにせよ、「タン・プージン」、「クン・ジン」および「クン」という女性に対する称号の授与制度が発足したのは、男性への称号授与が立憲革命で廃止されている中できわめて注目に値する。

■超エリート女性　現在では、五世勲章受章者で、三位以上の者（タン・プージン）の数はおおよそ一一〇名前後で、四位以下の者（クン・ジン）の数は五〇〇名程度となっている。称号保持者の死去などにより毎年新たに補充されるが、その数は前者で一〜五名、後者で一〇〜三〇名である。これらの称号の持ち主は、王室に近くタイ社会の最上流層に位置している女性であることに間違いない。どんな女性たちが該当者であるかを垣間見てみたい。

大きくは、二つのカテゴリーに分かれる。まずは、女性本人が議員や高級公務員である場合である。もっとも、議員は数名程度に過ぎず、ほとんどは公務員であり、王室関係部局に所属する者が多い。たとえば、王室秘書官

＊28　在東京タイ王国大使館のホームページで確認できるが、一八九九年からの全権公使・大使は、三一名を数えるが、スッチャリトクン、クライルークなど王族を含む名門家系姓が目立つ。ちなみに、現大使はブンナーク姓であるが、戦前の公使時代（〜一九三七年）にあっては九名の公使の内五名がブンナーク姓である。

室室長、国王・王妃医務官、王室秘書官室次長、王妃秘書官長、王妃侍女、王女秘書官室室長、王室プロジェクト調整官などである。一般公務員では、会計検査院長、人権委員会委員、チュラーロンコーン大学准教授、教育省次官などの顔が見られる。

もう一つのカテゴリーでは、本人よりも夫の職責の故と考えられる場合であり、この場合の方が、圧倒的に多い。その典型が枢密院顧問官夫人である。枢密院顧問官そのものが元国王秘書官長や元最高裁判所長官などの超高官歴任者であり、彼女たちはその夫人ということになる。その他にも、警察長官夫人、大使夫人、首相・閣僚夫人、軍司令官夫人といった政府高官や高級官僚の夫人などが並んでいる。タックシン元首相の夫人も、「クン・ジン」である。[*29] 実業(経済)界関係者の夫人は意外と少ない。

王族を対象とした複雑な称号(敬称)を別とすると、平民女性に限って付与されるこの「タン・プージン」、「クン・ジン」、「クン」という敬称制度の意味を考えてみる必要がある。

この敬称制度は、やはり、タイ社会一般における女性の役割の重要性を示唆している。とりわけ、王室を中心としたエスタブリッシュメントの底辺を支えているのは女性と言える。そして、それらの女性の代表が、「タン・プージン」や「クン・ジン」、さらには「クン」なのではなかろうか。彼女たちは、様々な形で王室や政府の用務で重用されており、現代タイ社会における女性の超エリートと言えよう。タイの一般社会では、特別な存在として扱われている。まさに、王族予備軍的存在である。

さらに一つだけ、ここで指摘しておきたい点がある。それは、タイ人の平民に与えられる最高級の勲章である「五世勲章」のみが「タン・プージン」や「クン・ジン」、「クン」の称号制度と連動している点である。そのことは、タイという現代国家の史的求心性は、やはり今もなお五世王であるチュラーロンコーン王に宿っていることを、あらためて示唆している。国王を頂点とする絶対王政時代の身分制が、今なおお見えない形で生きているのである。

■「国家経済計画案」と「サックディナー制」　ここで、一九三二年の人民党革命に触れたい。私は、現代タイを語る場合、これまでもっとも崇高な理念を表明した政治的文書は、現代史の出発点でもある人民党革命当日の「人民党宣言」であると考えている。

六原則からなる「人民党綱領」を含むこの宣言は、八〇年以上を経過したいま読み返しても古びることのない内容である。絶対王政批判、王族による搾取批判、愚民視批判、立憲君主制（民主化）の必要性、教育の充実などを謳ったその内容は、今日でも十分に意味を持つ。

この宣言の起草者が人民党革命のイデオローグで、後に政治家としても活躍するプリーディー・パノムヨンであったことは、よく知られている。宣言には、欧米での留学生活から学んだ人権、民主主義、平等といった価値がちりばめられている。プリーディーは、おそらくは、当時のタイにおいて政治・経済分野では最高の知識を持った人物であったに違いない。

そのプリーディーが、タイ社会の処方箋として宣言に付した「国家経済計画（案）」に注目したい。この経済計画案の骨子は国土の国有化、全国民の公務員化と経済活動の協同組合化であり、留学時代に馴染んだ社会主義思想の色が強い特徴を有する。この経済改革案は、人民党革命直後の一九三三年に国会で大問題となる。結局、プリーディーは共産主義者と追及非難され、フランスへ一時出国し難を逃れる。

問題にしたいのはこの案の中枢をなす経済の国家管理であるが、中でも全国民の公務員化である。さらに言えば、「人民の福祉保障に関する法律（案）」では、年齢別月給と労働内容（能力）別月給が定められている点である。

＊29　ポッチャマーン夫人は、二〇〇八年の一二月八日に区役所に出頭し、香港で提出した離婚届の写しを示し、姓をチンナワットから旧姓のダーマーポンに戻す届出を提出したが、同時に「クン・ジン」の称号については使用継続を願い出た。

これは、国民の数値による指標化であり、序列化につながる危惧がある。そうであるとすれば、西欧の平等(社会主義)を理解していたプリーディーですら、何がしかの序列を設けなければタイ社会の統治はむずかしいと考えていた証拠である。「外来人国家」時代に人民を序列化していた「サックディナー制」(身分制)が頭にあったのではなかろうか。この「国家経済改革計画(案)」は実施されなかったため、実際にどうであったかはわからないが、プリーディーはタイ社会をまとめるにはそうした装置が必要であると考えていたと推察できる。確かに、年齢と労働内容による報酬額の決定は平等に見えるが、三〇段階に分けられた能力給のどの級を当該労働に対して認めるかによって、差別が発生しかねない恐れが十分にある。[*30]

ともあれ、進歩的知識人であったプリーディーさえ、序列化めいた国民の公務員化を考えていたとすれば、やはり「外来人国家性」は相当根深いと言わざるを得ない。

(3)「サヤーム世界」の優越性

現代のタイは三つの世界から成り立っているとする「三つの世界」論を第3章で展開した。一九世紀の半ばに国境概念が持ち込まれ、西洋諸国との厳しい交渉の末、現在の国境(領域)がほぼ確定し、近代国家としてのタイ国が出来上がった。その国境の中には、歴史的、民族的に異なった「三つの世界」が存在しており、近代から現在に至るタイの歴史はその「三つの世界」の統合の歴史でもあると述べてきた。

現在でも抱える問題は、その「三つの世界」の間の格差である。もう少し詳しく言えば、「サヤーム世界」の他の「タイ世界」や「マレー世界」に対する優越性である。今では統合により一体化が進んだが、「三つの世界」の残像は依然として色濃く残っている。

「サヤーム世界」の優越性は、他の二つの世界とは比較にならない強力な政治力および経済力に裏打ちされている。私は、その統合過程における文化面での一つの特徴を「借景」というタームで説明した。つまり、「サヤーム世界」そのものが「外来人国家」であり、基本的にはタイ文化ないしは「チャート・タイ」を持ち合わせない世界であった。そのため、現在タイを代表すると言われている食文化や芸術（舞踊、音楽）などにも、実際はタイ国の中心である「サヤーム世界」のものではなく、実は「タイ世界」や「マレー世界」からの借用である場合が多い。また、逆に、「サヤーム世界」の産でありながらも、呼称には「タイ」を充てた場合も多い。

こうした「借景」に成功したのも、政治力および経済力において優越性があるが故のことである。「サヤーム世界」は、自分たちが有する価値観などの文化を、優越性を利用して、逆に「タイ世界」や「マレー世界」に広めていったのも事実であり、その先に出来上がったのが現在のタイ国である。

■「外来人国家性」の拡散　前述の通り、「サヤーム世界」において商業主義から生まれた価値観や人間関係（社会関係）も、「サヤーム世界」の経済的政治的優越性ゆえに、統合の過程で「タイ世界」や「マレー世界」に拡散していった。つまり、人生の最大の目的は「カネ」の獲得であり、その他の目的や価値は二次的であるとの考えが、広まっていった。人々の行為は個人的「カネ（利益、権益）」が最大の契機であり、ことごとく「カネ」に左右されるという「サヤーム世界」での事象が、「タイ世界」や「マレー世界」を包摂していく過程で、徐々に全国に拡大していった。

＊30　本章の註2を参照。

「タイ世界」の基底社会は稲作農村で、祖先崇拝や精霊信仰、さらには長幼を土台とした家族・親族構造があり、親子関係や兄弟関係はかなりの程度強かった。しかも、旱魃をはじめとする厳しい自然条件は、村落の成員間の協調性や結集性を促し、「結い」慣行などが見られる上に、ほとんどが寺院や村社を中心とした集村形態でもあり、一つのまとまりを持っていた。そこで人間関係を律する大きな契機は親戚関係や長幼関係などの非「カネ」契機であり、「サヤーム世界」にはないまとまりの構造が存在した。「小クニ」を特徴とする「マレー世界」も似たような状態であった。

そのような「タイ世界」や「マレー世界」を「サヤーム世界」が包摂していき、結局は前者でも後者と同じような人間関係が横行するようになっていった。その拡散の実際の担い手の代表は、「タイ世界」や「マレー世界」に利益を求めて赴いていった「サヤーム世界」の商人たちであり、「サヤーム世界」から中央集権化の過程で地方へ派遣された官吏たちであった。このようにして、「外来人国家性」が全国を埋め尽くしていったのである。

■「サヤーム世界」による包摂

「サヤーム世界」は、「タイ世界」や「マレー世界」よりも強大な世界であった。「チャクリー改革」に始まる「サヤーム世界」による「タイ世界」と「マレー世界」の包摂は、その政治力および経済力の優越性を背景としていた。その優越性を象徴する最たるものは、「サヤーム世界」が大切に扱い強化に努めた王権であった。その王権が「タイ世界」や「マレー世界」に浸透していくには相当の長い時間を必要とした。

いつ王権が浸透したかが確認できるメルクマールとして、私は「プラタムナック（御所）」の建設が適切であると考えている。「プラタムナック」は、国王が地方巡幸した際などに宿泊する施設であり、全国に二〇ヵ所程度存在するが、その場所から判断してメルクマールとなるのは地方に建設されたうちの本格的な次の三ヵ所であろう。その名称の中に「ラーチャニウェート（御殿）」の言葉が織り込まれている三ヵ所で、「プラタムナック」中でも特別な位置を占めている。

その三ヵ所の「プラタムナック」とは、①チエンマイ県のプーピン・ラーチャニウェート(一九六二年完成)、②ナラーティワート県のタックシン・ラーチャニウェート(一九七三年建設)、③サコンナコーン県のプーパン・ラーチャニウェート(一九七五年建設)である。①は北部「タイ世界」、②は南部「マレー世界」、③は東北部「タイ世界」にそれぞれ位置している。注目すべきは、「タイ世界」では、北部(チエンマイ県)と東北部(サコンナコーン県)の二ヵ所に建設されている点であろう。同じ「タイ世界」とはいえ、北部と東北部では歴史や文化が異なり、「サヤーム世界」との関係も異なっていたからであろう。特に、③はタイ国共産党をはじめとする左翼運動の基地があったサコンナコーン県に位置し、インドシナ諸国の共産化が進んだ時期の建設でもあり、「サヤーム世界」の強い意志を読み取ることが可能である。

いずれにしても、「サヤーム世界」の王権が「タイ世界」や「マレー世界」においても認知されたのは、この「プラタムナック」建設年が物語るように、一九六〇年代以降である。逆に言えば、「サヤーム世界」による「タイ世界」および「マレー世界」の包摂が政治的にほぼ完了した時期である。いずれにしても、この認知と包摂は「タイ王国」の実質的形成を意味するが、それはきわめて新しいと言わざるを得ない。

次いで、私が考える「サヤーム世界」による他世界の包摂のもう一つのメルクマールをあげておこう。それは社会的ないしは文化的な包摂と言うべきであるかもしれないが、国立大学の建設である。タイでは一九六〇年代まで大学は「サヤーム世界」の中心であるバンコクにしか存在しなかった。最古の大学であるチュラーロンコーン大学は一九一七年の創立であるから既に一〇〇年以上の歴史を有し、他にもタムマサート大学をはじめいくつかの大学が「サヤーム世界」には存在したが、他世界には皆無であった。それは、明らかに社会的文化的な「サヤーム世界」の大きな優越性の一つであった。

既にチエンマイ大学の創立経過について述べたが、一九六〇年代に入るや、「タイ世界」や「マレー世界」に大学が設置されたのである。一九六四年に「タイ世界」の中にチエンマイ大学が、一九六六年にコーンケーン大学が、少し遅れて一九六八年に「マレー世界」の中心県であるソンクラー県にタックシン大学が設置された。

この一九六〇年代における大学の設置は画期的事件であると言わねばなるまい。「サヤーム世界」、「タイ世界」、「マレー世界」が各々有する知的資産の共有（交流）が開始されたのである。王権の拡大と併せて考えると、「サヤーム世界」による他世界の包摂が完了し、タイが近代的国民国家への新しい段階への第一歩を歩み始めたのは、やはり一九六〇年代であると断言できる。

終章　新しい「チャート・タイ」を求めて

確かに、一九六〇年代になり、国名も定着し、タイ語が国語として成立し、王権が全領域で認知され、地方にも大学が設置されたのが象徴的であるように、「サヤーム世界」が「タイ世界」および「マレー世界」を包摂する形で、タイは新しい段階に入り、今日に至っている。しかし、その現代タイは、私の眼には、この一〇数年の激しい政治的対立や南部における恒常化したテロ問題などの重苦しい問題を抱え、葛藤していると映る。グローバル時代を迎えた今日、外からの重圧にも対応しなければならず、その葛藤は、増しはすれど、容易には消えない。

葛藤の基本的要因は、タイの出発が「外来人国家」にあった点に求められる。つまり、タイの故郷である「サヤーム世界」が各地からの「外来人」寄合所帯からなる商業的利益を追及する世界であり、その他にはほとんど社会的紐帯を持ち合せていなかった。たまたま居合わせた土着のタイ族と思われる豪族一派が、インド思想による王権で武装し、首領として、押し寄せてくる「外来人」を取りまとめ、秩序を保った。王権は、社会秩序をより確実にするために「サックディナー制」という身分制度を創設し、「サヤーム世界」のみならず、広く労働力を調達するため隣接する「タイ世界」や「マレー世界」にも影響力を及ぼし、支配にこれ務めた。

つまり、「外来人国家」は、経済的利益(カネ)、王権および身分制により条件付けられた社会であり、そこには民族のような社会的紐帯は存在しなかった。だからであろう。建国神話の類も乏しく、国家意識や民族意識も育ちにくかった。

隣国ビルマに攻撃され、「外来人国家」アユッタヤー王朝は一度滅んだが、その後独立を回復し、トンブリー王朝を経て、現バンコク王朝に至っている。ただ、王権は徐々に強化され支配基盤を確立していったが、「外来人国家」の基本構造はバンコク王朝の四世時代頃まで、きわめて長い期間ほとんど変化がなかった。

タイの為政者が大きな衝撃を受け、国家をまともに意識したのは、アジアの他の地域と同じで「黒船」を契機とした。近代国家、国境(領域)、国民といった新概念を学習したラーマ四世やラーマ五世は植民地化の脅威に真剣に悩み、独立を全うするにはどうすべきかを考えた。

即位前の実に二七年間を僧院で生活した四世は、当時のアジアでは西欧文明をよく理解した最高のインテリであり、タイが近代国家として出発するには何が欠けているかを考え抜いた。その具体的な結果が、タムマユット派の結成による仏教改革であり、明白には断定できないが、「ラームカムヘーン王碑文」による「スコータイ」神話の創造である。タイが民族国家でないことを理解していた四世は、仏教という紐帯を新しく練り直し、その上に建国神話を持ち出すことにより、近代国家の文化的基盤を築こうとしたのである。加えて、外圧にも柔軟に対応し、自由貿易を約束する通商条約を欧米列強との間で締結し開国した。

五世は、それまで「クンナーン」に握られていた労働力の自由化を奴隷解放により実施し、「サックディナー制」による身分制秩序を崩し、同じく有力「クンナーン」が独占していた統治権力を国王のもとに取り返し、文字通りの絶対王政の樹立に務めた。

この四世および五世を中心とした「チャクリー改革」の中心課題は「近代化」であったとの見方が従来示されてきたが、私は、そうではなくて、「タイ化」であるとの見方を示した。

四世が理想の統治として示した「スコータイ」は、「サヤーム世界」ではなく「タイ世界」に位置するタイ族のクニであった。後継者の五世と六世は、欧米列強が定めた国境で囲まれた領土内の住民の最多数がタイ族であり、彼らが信奉しているのは仏教であり、使用している言語はタイ語であるとの基本認識の上に立ち、「ラック・タイ」という「チャート・タイ」体系を措定するとともに、「外来人国家」から脱け出し、新しいタイ的な近代国家の建国に着手したのであった。まさに、明確な領土と国民を擁する主権国家としての出発を目指した。

結果として、「チャクリー改革」を通して「黒船」からタイの独立を守った担い手としての王室の評価が高まり、王権の肥大化現象が見られたが、そこへストップをかけたのが一九三二年の人民党(立憲)革命であった。ヨーロッパ留学帰りの民主主義理念に燃えた青年官僚層を中心とした絶対王政打倒事件である。この事件は、確かに絶対王政から立憲君主制に政治体制を変更させたが、基本的には、「チャクリー改革」以降実権を握ってきた王室＝王族(王党派)に代わって軍を含む官僚層にその実権が移行しただけであった。しかも、翌一九三三年には、王党派によるボーウォーラデート反乱の鎮圧に成功した軍部が台頭し、その後は実質上実権を掌握した。

それ以降今日まで、第二次世界大戦期を含めて、紆余曲折はあったものの、基本的には軍部が政治権力を握り続けてきた。確かに、総選挙も実施され、国会が置かれ、民選議員からなる政党が内閣を組織した民政期もあったが、概してきわめて短命であり、弱体であり、政治的不安定から逃れられなかった。

皮肉なことに、政治が安定しかつ経済的発展が顕著に見られたのは、立憲革命により政治世界から排除されたはずの王権が復活し軍部とタッグを組んだ時期であった。つまり、「プーミポン時代」をもたらした非凡な資質を備えたラーマ九世と軍部の中の民主派から支持を得たプレームがリードした一九八〇年代は、もちろんクーデタの試みはあったものの、微妙な安定がそれなりの期間存続した。一九八〇年代後半から一九九〇年代前半にかけての株式や不動産の投機に象徴される未曽有の経済ブームがタイを襲ったのは、このきわめて稀に訪れた政治的安定期の産物でもあった。

プレームの引退後に生じた一九九二年の「暴虐の五月事件」は、プーミポンが自らの存在の重要性を国の内外に示し、国民の間の対立に国王として最高で最後の大裁定を演じた事件でもあった。とりわけ、軍の政治関与を戒めたために、民主化に向けたあらたな政治改革運動が動き始める契機ともなった。一九九七年に制定された

「国民の憲法」との異名を持つ「仏暦二五四〇年タイ王国憲法」は、タイ政治の民主化の一つの到達点であった。

しかし、そうした経済ブームと「国民の憲法」が一人の風雲児を生んだのである。その名は、タックシン・チンナワット（一九四九年～）である。彼についてはよく知られているので詳細は述べないが、警察在職中から様々な事業に手を出し、一九八三年にはコンピューターの賃貸業で成功し、携帯電話や通信衛星まで事業を拡大して巨万の富を築いた。そして、政界への進出を考えた末、一九九八年に愛国党を結成するとともに、「国民の憲法」下で実施された総選挙に的を絞り、二〇〇一年および二〇〇五年の選挙戦を勝ち抜き、強力な文民首相に成長した。国会における圧倒的勢力を背景に、強い指導力で五年八ヵ月間首相としてほぼ独裁的地位にあった。

私は、タックシンは頭脳明晰な男であるのは間違いないと思う。新顔の政治家として政界で力を持つには国会攻略しかないと総選挙に狙いをつけ、議席確保のために選挙戦に総力を注入した。それに成功し首相に就任するや、政治の合理化を掲げ、権力を自らに集中するとともに、国会を軽視し官僚を重視する姿勢を示し、自らが設けた私的諮問機関および登用した個人を重用し、彼らに企業経営方式政治の導入を徹底して求めた。

タイ経済に詳しい末廣昭は、タックシンの政治姿勢を評して、「国家を企業と同一視し、政治運営に企業経営のやりかたをそっくり導入した」と述べ、[*1]「国は企業であり、首相は国のＣＥＯである」との国家観を強く持ち、民主化ではなく、あくまでも強い首相を目指したと指摘している。[*2]そして、実際に強い首相になった。

私は、タックシンが稀に見る強い首相になることに成功したのは、そうした国家観もさることながら、タイの社会的性格を見抜き、政党の結成、議員候補の選定、選挙戦、閣僚人事、高級官僚人事などの実際において、十二分にそれを利用したからであると考えている。タックシンが見抜いた社会的性格こそ、私が強調してきた「外来人国家性」であった。つまり、「カネ（権益）」と「コネ（ネポティズム）」が人を動かす社会であることを知悉していた。だから、貯めこんだ富を有効的に配分し、手下を手懐けていったのである。一般国民、特に低所得層からの選挙における票集めには、実弾の他に、いわゆるポピュリズム（カネのばら撒き）政策が効果的であると熟知しており、強力に展開し、人気を攫った。

タックシンのさらなる賢明さは、「カネ」をばら撒く裏で、「カネ」を個人的にも収集する仕掛けを上手に組み込んでいる点である。私が耳にした事例としては、全国の小学校の児童にタブレットを配布し新しい教育を推進する政策を実施したが、そのタブレットの購入先は息のかかった会社で、バックマージンがタックシンの手元に転がり込む仕組みが用意されていた。また、貧しい農村の生徒を海外の教育機関に留学させる画期的プロジェクトを手掛けたが、選出された生徒のほとんどは保護者などがタックシン支持派であった。

簡単に言えば、国のカネで自己利益が増える仕組みがあちこちに仕組まれていた。その最たるものが、妹のジンラック政権時における「政府によるコメの買い上げ制度」であろう。高い価格でコメが確実に販売できるため農民層は喜んだが、莫大な利益が転がり込むタックシンのコネにつながる会社や商人はもっと喜んだ。そして、最終的には利益が還元されたはずのタックシン自らも、この上なく喜んだに違いない。いずれにしても、異常な蓄財欲とネポティズムの効果的利用は、歴代の首相の中でも群を抜いている。

しかし、賢いタックシンが見抜けなかった「外来人国家性」が存在する。それは、「チカラ（暴力）」である。先に、「外来人国家」において人間関係を律するものは「カネ」と「コネ」であり、さらに加えると相対的地位関係（身分）であると述べた。そこでは、敢えて「チカラ（暴力）」について言及しなかったが、「カネ」や「コネ」などで決着がつかない場合の最終手段は、人間社会一般がそうであるように、「外来人国家」においてもやはり「チカ

＊1　［末廣 2009: 145］
＊2　［末廣 2009: 145］

ラ」であった。

タイ社会の場合には、法治国家となった現在でも、違法な「チカラ」の行使に対するサンクションが働かない場合が多く、「チカラ」の横行を許している程度が高い。その最たる例が軍警の「チカラ」行使による政権奪取、つまりクーデタである。不成功や未遂も含めると、数え方にもよるが、一九三二年の立憲革命以降少なくとも二四回を数え、平均すると四年に一回ぐらいになる。政権交代が選挙ではなくクーデタによって行なわれるのは、非合法である。そのことは、クーデタを決行する軍警もよく知っている。だから、彼らは直後に公布する暫定憲法などに、自分たちの非合法行為(クーデタ)は国家のためにとったやむを得ない行為であると明記し、その非合法性を正当化するのが常である。

実際には、タックシンは「チカラ」の存在と怖さを知っていたに違いない、と私は思う。タックシンも、クーデタ頻発の歴史を承知し警戒していたはずである。また、長い時間存続してきた「外来人国家」、さらにはそこから誕生し現在につながるエスタブリッシュメントの強大さもよく理解していたはずである。

にもかかわらず、二〇〇六年九月のクーデタで亡命を余儀なくされた。おそらくは、自らが「カネ」と「コネ」を駆使して築き上げた権力体制に自信を持っていたのであろう。実際、斬新な経済政策の推進により国民の支持層も拡大し、古巣である軍警にも多くのタックシンのシンパが育っていた。あまりにも強い首相になってしまったが故なのか、本来の性格なのかわからないが、自らが「カネ」と「コネ」の効果を過信していたのである。

タックシンが形成した新しい社会勢力は、従来のタイにはなかった国造りの方向を示した。それは、端的に言えば、「国は企業である」との彼の基本的考えから来る過度な経済中心主義の国家観であると言える。もちろん、その政策には貧困対策や高齢者対策も含まれているが、多くは行政の合理化などを含めてあらゆる改革は国家の経済競争力強化につながっていた。その限りにおいては、一つの素晴らしい国造り方針であり、評価されてもよい。実際、実績もあげている。

しかし、問題はそうした政策を実現しようとするタックシンの手法が、「外来人国家性」として私が指摘した「カネ」と「コネ」そのものであったところにある。この二つへのこだわりは異常とも言えるほどで、既成のエスタブリッシュメントのそれを上回るほどであった。だが、端的に言えば、タックシンは確固たる自信を持っていたが、「カネ」と「コネ」の総合力においてエスタブリッシュメントに敗北したのである。とりわけ、「カネ」と「コネ」とが結びついた「コーラップチャン（汚職）」および独裁のイメージが強く、都市中間層を味方にできなかったことが、敗北の基本要因であった。そして、究極的には、「チカラ」の合法的持ち主である軍警を味方に引き込めなかったため、逆にクーデタにしてやられたと言えよう。加えて、タックシンに欠けていたのは、経済分野以外の「チャート・タイ」といった文化的側面などへの配慮であり、理解であった。

エスタブリッシュメントが「外来人国家性」に染まった社会的性格を持っているのはもちろんであるが、タックシン勢力も同じように染まっていたわけで、両者は所詮同じ穴の貉である。その対立も、新しい要素を持ち込もうとしているかに見えるが、実際は同じ土俵での争いであり、けっして生産的ではない。「外来人国家性」が、現在もタイ社会の深層部分に残留しており、「カネ」と「コネ」の枠組みで対立し、最終的には「チカラ」を持った軍警が処理するという現代タイ政治社会を巣食っている病理を引き起こしている。

幸いなことに、タイという国家の枠組みが見え始めてから今日まで、他の東南アジア諸国と異なり、多大な犠牲を払う独立運動を経験していない。また、国家の存亡を賭けるような事態もなかった。つまりは、いわゆる総動員体制を敷く必要がなかった。私は、総動員体制未経験国としてタイをクローズアップし、国家のために犠牲者となった国民がきわめて少ない「平和国家」であるとの主旨の一文を発表したことがある。[*3] もっとも、そうした歴史こそが社会的紐帯を生まなかったという見方もできるが。

ここまで、私は「外来人国家性」をほとんど評価しなかった。しかし、タイ社会が備えている「オープン性」は「外来人国家性」の最大の特徴である。多様な人種や民族からなる社会は、外部からいかなる類の者が入ってこようと、基本的にわからないし、だれも気にしない。「外来人国家」は、外部から入ってくる者を拒まない。それは、人だけではなく、文化もそうである。タイには、外国の新しい音楽や映画、さらにはファッションなどが簡単に入ってくる。今日でも、タイを訪れる観光客を魅了するのは、そのオープンな国民性である。グローバル社会を迎えたいま、その「オープン性」は一層評価されねばなるまい。

もう一つ評価しなければならないのは、これまで否定的に捉えてきた「カネ」と「コネ」である。「カネ」と「コネ」は「外来人国家」を支えた交易（商業）が生んだ産物とも考えられるからである。交易経営の本質は、「カネ」と「コネ」の使い方である。もう少し言葉を変えて言えば「商業感覚」である。とりわけ、交易に携わっていた層は、相当の「商業感覚」を養っており、利益を生むためには何をしなければならないかよく心得ていたに違いない。

タイ経済を支え、発展させてきたのは一九六〇年代から始まる外資導入政策であると言われている。おそらくは、外国からの直接投資を税制などにおいて優遇するという政策を生み成功させた背景としては、「外来人国家」が長い歴史の中で育んだ「オープン性」と「商業感覚」を指摘せざるを得ない。優れた「商業感覚」が経済人や官僚層に存在し、それが経済政策や経済運営に生かされたのではなかろうか。まさに、一九六〇年代以降の財閥の形成発展を深層で支え、タイ経済の国際化を促したのは、これらの「外来人国家性」であろう。今日の合弁企業や外国企業の多さを見るにつけても、「オープン性」と「商業感覚」の豊かさが経済界には生きている。タイ経済に疎い私は、少々タイ政治が混乱しても、タイ経済はそれなりに成長していくのではないかと考えているが、その理由はまさにその辺りにある。

以上を踏まえて、タイの今後について少し付言しておきたい。

ここまで来れば、これからのタイが背負っている課題ははっきりしている。早く「外来人国家性」の負の部分を克服し、「タイ化」を推進する方向でなければならない。「カネ」と「コネ」が横行する社会から脱するために、教育を先頭にすべての手段を総動員し、時間がかかろうとも人々の意識を改革する根気強い努力が求められる。一般社会のあらゆるところに入り込んでいる賄賂慣習の克服をはじめ、政界や官界を中心とした汚職の撲滅に真剣に取り組まねばなるまい。

また、「サヤーム世界」、「タイ世界」、「マレー世界」という「三つの世界」を結びつける紐帯となる新しい「チャート・タイ＝タイ的価値」を発掘していかねばならない。「ラック・タイ」という「チャート・タイ」は、「チャクリー改革」の過程で「サヤーム世界」の優越性と主導のもとで創り出された言説であり、伝統的な権力構造を維持するために常に強化されてきた。しかも、理念化された「スコータイ」がいい例であるが、「タイ化」の方向があまりにも過去を向き過ぎている。復古的である。確かに、「チャート・タイ」のような価値は、過去の歩みの中から探求される場合が多いが、「タイ世界」や「マレー世界」と一緒になった現代タイは、「サヤーム世界」の都合で持ち出された「ラック・タイ（民族・宗教・国王）」ではもはやこれからの時代には堪えられない。より未来志向の、より普遍的なタイ族概念や政治システムのあり方が検討されねばならない。

そのためには、自己を知る作業から始めなければなるまい。つまり、タイ研究を進展させ、「三つの世界」をブリッジできるような新しい「チャート・タイ」とそれに向けた国造り設計図（理念）を国民に提示する責任が、知識人や政治家にはある。

＊3　［赤木 1998］

スラックは、前述した通り、そうした作業に孤軍奮闘している。ただ、彼の主張する仏教の世俗（政治）世界への持ち込みは、賛成であれ反対であれ、他からの反応がほとんどない。そこに、タイでは未だ言論界が存在しない点を指摘できる。また、マスコミの体質も、他の分野と同様、概して「外来人国家性」に毒されており、健全な世論形成の場に向けた改革が強く望まれる。本来であれば、「マレー世界」などからは積極的な意見表明がなされ、多様な意見の交換が行なわれるのが望ましいのだが。

そうした「チャート・タイ」をめぐる意見を交換する場合、思い切って、「三つの世界」が一緒になって現代のタイという国家の姿がほぼはっきりしてきた一九六〇年代からの時代を主たる対象に議論検討したらどうであろうか。開発独裁に始まり、教育や仏教の大改革が断行されたサリット時代以降のタイを射程に、「サヤーム世界」だけではない「三つの世界」からなるタイを視野に入れた自国研究を推進し、そこから新しい国家造りの設計図を構想したらどうであろうか。既述の通り、タイ語は国語として完全に定着した唯一の「タイ化」成功例である。社会の基底をなす国語を有する国家社会に成長したのは、大きな強みである。また、外資系企業などで働き国際感覚を身につけ、「外来人国家性」に染まらない中間層が増大しつつある。彼らの意識と共鳴する「タイ化」に向けての設計図が用意されなければならない。

「タイのかたち」を知る上で重要な基本点は、次の通りである。

①現タイ国の出発点は、アユッタヤー王朝（サヤーム世界）である。

②きわめて多様な「外来人」の寄り合いであった「サヤーム世界」は、中核的民族を欠き、社会的紐帯を持たない「外来人国家」として出発した。

③「サヤーム世界」は、一九世紀中葉からの西欧の進出と圧力を契機に、異質な「タイ世界」および「マレー世界」を抱え込み、近代（国民）国家形成という課題を負う。

④「サヤーム世界」は、「三つの世界」を「チャート・タイ＝タイ的価値」に満ちた「タイ国」という一つの世界にまとめ上げる方向を採った。それは、より具体的な言葉で表現すれば、「タイ化」であった。

⑤独自の文化を欠いていた「サヤーム世界」は、長年保持してきた「王権」および「タイ語」というタイ的文化資産を主要武器とし「タイ化」を進めた。と同時に、本来的タイ文化を有する「タイ世界」や疑似タイ文化を持つ「マレー世界」から「借景」することで「タイ化」の基盤整備を行なった。それは、まさに「外来人国家」からの脱皮作業であった。つまり、タイ近現代史は、王権とタイ語を武器に領域内の住民を「タイ国民（民族）」に仕立て上げ、「民族共同体的基盤」（社会的紐帯）を育成し、国民国家を創造する過程であった。

⑥一九六〇年代以降、王権とタイ語が領域内にほぼ行きわたり、国民国家の大枠が見えてきた。とりわけ、王権は、プーミポンという類い稀な資質を有する国王の登場により、タイを支える精神的支柱に成長した。二〇一七年一〇月に執り行なわれた同王の荼毘の儀に見られた光景は、その傍証と言える。また、タイ語もほぼ全国の初等教育で学習する体制が完成し、本来的な国語に成長した。

⑦「外来人国家」からの脱皮は制度面では大きく進んだが、「外来人国家性」はしぶとく生き残っている。とりわけ、政治的民主化が遅々として足踏みしている要因は、「外来人国家性」の負の部分にある。

⑧「サヤーム世界」の主導で創造され「チャート・タイ」として強力な作用を果たしてきた過去志向の「ラック・タイ」を超克しなければならない。そして、「外来人国家性」の正の部分を生かし、「三つの世界」を包括できる新しい「チャート・タイ」を模索し打ち建て、真の国民国家へ成長するという課題を抱えている。

最後に、述べておかねばならいことが残っている。

私がここで描いた「タイのかたち」は一つの見方に過ぎず、しかも日本というある意味で異質な国家に生まれ育った者の「偏見」があちこちに入り込んでいると思う。私は、常々日本は「ガラパゴス文化国家」であると考えている。ガラパゴス諸島やマダガスカルでは、海で大陸から隔離されたために特有の生態系が発達したことで知られているが、長い歴史を持つ島国である日本でもきわめて特有の文化が誕生し、タイのような大陸国家とはおよそ正反対の社会的性格を備えている。多分、地球上に多数存在する国家社会の中では日本がより異質であり、タイの方がより一般的であると言えるであろう。

しかし、外の異質な世界から観察した方が、同質の世界からよりも、対象がよく見えるのも確かである。ここで展開した私の「タイのかたち」が批判的トーンであるとしたら、理由はそこにある。

あとがき

一つの作品を仕上げるには思いのほか時間を要することを、また経験することになった。

本来の計画では、遅くとも二年くらい前には完成していなければならないこの『タイのかたち』だが、執筆を始めてからだけでも六年は十分に経過してしまった。それだけ時間をかけたのに、原稿を読み直してみると不備が次々と出てきて、不満が募る。しかし、もう切りがないと擱筆することにした。

二〇歳代の半ば頃から「地域研究（タイ研究）」に取り組み始めて、半世紀が経とうとしている。常にタイとはどんな国かと自問自答し続けてきたのだが、なかなか確固たる答えが見つけられなかった。一〇年くらい前から、「タイのかたち」がぼんやりと浮かんでくるようになった。その「かたち」を練り上げたのが本書である。これまでの一般的なタイ観とは異なった新しい姿を描いたつもりである。いい出来かどうかは、読者の判断にお任せしなければならない。

それにしても、執筆に際しては多くの内外の先学のお世話になった。衷心から深く感謝したい。とりわけ、ここ一五年ぐらいのタイにおける歴史学をはじめとする学問の発展には著しいものがある。従来の枠組みを打ち破ろうとする新しい流れが感じられる。その流れが、大きく後押ししてくれた。

一九九九年に大阪外国語大学学長に就任して以来今日まで、管理職に就くことが多く、教育研究の現場から離れた時間が長かったが、気ままにタイについて語る場を、『タイ国情報』（公益財団法人日本タイ協会）が提供してくださったおかげで、タイについての思考を持続できたように思う。そこに掲載された拙文が本書の執筆に大きく貢献している。同協会には、あらためて謝意を表したい。

私と同年配で、本郷の事務所でコーヒーをいただきながらアジア雑論を語り合う仲でもある㈱めこんの桑原晨さんには、気長に待っていただき心からお礼を申し上げねばならない。また、これまで一度も言葉にしたことがないのであるが、永年傍らで支えてくれた荊妻静子に「ありがとう」とねぎらいの言葉をかけたい。

二〇一九年深秋

三田市のオーサーム・バンナニッティ（おさむ文庫）にて

赤木 攻

Bangkok: Sangsan Publishing House, 227-242.

Vickery, Michael. 1991. "Piltdown Skull-Installment 2 Remarks Offered to The Ramkhamhaeng Panel," Chamberlain, James R. ed. *The Ramkhamhaeng Controversy: Collected Papers*, Bangkok: The Siam Society, 333-418.

Woodward, Hiram. 2015. "Bangkok Kingship: The Role of Sukhothai," *JSS* Vol. 103, 183-197.

Wyatt, David K. 1994. "Contextual Arguments for the Authenticity of the Ramkhamhaeng inscription", in Wyatt, David K. *STUDIES IN THAI HISTORY Collected Articles*. Chiangmai: Silkworm. 49-59.

————. 2011b. "Note on the *Testimonies* and the *Description of Ayutthaya*," *JSS*, Vol. 99. 72–80.

Beemer, Bryce G. 1999. *CONSTRUCTING THE IDEAL STATE: The Idea of Sukhothai in Thai History, 1833-1957*. Master's Degree Thesis in Asia Studies, University of Hawaii at Manoa.

Bhawan Ruangsilp and Pimmanus Wibulsilp. 2017. "Ayutthaya and the Indian Ocean in the 17th and 18th Centuries: International Trade, Cosmopolitan Politics, and Transnational Networks," *JSS*, Vol. 105, 97–114.

Chamberlain, James R. ed. 1991. *The Ramkhamhaeng Controversy: Collected Papers*, Bangkok: The Siam Society.

Charnvit Kasetsiri. 1976. *THE RISE OF AYUDHYA A History of Siam in the Fourteenth and Fifteenth Centuries*, Kuala Lumpur: Oxford University Press, 1976.

Ishii Yoneo, Akagi Osamu, Endo Noriko. 1972. *A Glossarial Index of The Sukhothai Inscriptions*, (Discussion Paper No. 53). Kyoto: The Center for Southeast Asian Studies.

Ishii Yoneo, Akagi Osamu, Tanabe Shigeharu. 1974. *AN INDEX OF OFFICIALS IN TRADITIONAL THAI GOVERNMENT Volume I, Part 1 The Law of Civil Hierachy and The Law of Military & Provincial Hierachies*, (Discussion Paper No. 76). Kyoto: The Center for Southeast Asian Studies.

Iwamoto Yoshiteru and Bytheway, Simon James. 2011. "Japan's Official Relations with Shamuro. Siam, 1599–1745: As Revealed in the Diplomatic Records of the Tokugawa Shogunate," *JSS*, Vol. 99, 81–104.

Koizumi Junko. 1990. "Why the Kula Wept; A Report on the Trade Activities of the Kula in Isan at the End of the 19th Century," *Southeast Asian Studies*, Vol. 28, No. 2, September, 131–153.

Piriya Krairiksh. 1991a. "Towards a Revised History of Sukhothai Art: A Reassessment of the Inscription of King Ram Khamhaeng," Chamberlain, James R. ed. *The Ram Khamhaeng Controversy: Collected Papers*, Bangkok: The Siam Society, 53–159.

————.. 1991b. "The Date of The Ram Khamhaeng Inscription," Chamberlain, James R. ed. *The Ram Khamhaeng Controversy: Collected Papers*, Bangkok: The Siam Society, 257–272.

————. 1991c. "An Epilogue to the Ram Khamhaeng Inscription," Chamberlain, James R. ed. *The Ram Khamhaeng Controversy: Collected Papers*, Bangkok: The Siam Society, 553–565.

Platt, Martin B.. 2013. *Isan Writers, Thai Literature*, Singapore: NUS Press.

Plubplung Kongchana. 2015. "The Chularajamontri and the changing face of Islam in modern Thailand," Chatthip Nartsupha and Chris Baker ed. *In the Light of History Essays in Honor of Yoshiteru Iwamoto, Eiicji Hizen, and Akira Nozaki*,

เริงวุฒิ มิตรสุริยะ, *ฝรั่งบันทึกสยาม*, สำนักพิมพ์ยิปซี

ワサン・パンヤーケーオ. 2012.『我、コンムアン：クライシー・ニムマーンヘーミン生誕100年』
วสันต์ ปัญญาแก้ว (บรรณาธิการ), *ตัวคนเมือง ๑๐๐ปี ชาตกาล ไกรศรี นิมมานเหมินท์*, ศูนย์วิจัยและบริการวิชาการ คณะสังคมศาสตร์ มหาวิทยาลัยเชียงใหม่,

ワラーンカナー・ニパットスックキット. 2007.『鹿皮. 蘇芳. 象. 林産物；仏暦22-23世紀におけるアユッタヤー交易』
วรางคณา นิพัทธ์สุขกิจ, *หนังกวาง ไม้ฝาง ช้าง ของป่า การค้าอยุธยาสมัยพุทธศตวรรษที ๒๒-๒๓*, สำนักพิมพ์เมืองโบราณ.

――――. 2012.『アユッタヤーからバンコクへ』
วรางคณา นิพัทธ์สุขกิจ, จา*กอยุธยาถึงรัตนโกสินทร์*, โรงพิมพ์มหาวิทยาลัยศิลปากร.

ワンナシリ・デーチャクップ. プリーディー・ピットプームウィッティー編. 2011.『物語：アユッタヤーの都』
วรรณศิริ เดชะคุปต์, ปรีดี พิศภูมิวิถี, *กรุงเก่า เล่าเรื่อง*, สำนักพิมพ์มติชน.

ワンラパー・ルンシリセーンラット. 2002a.『タイの祖先：スコータイ以前およびスコータイ時代』
วัลลภา รุ่งศิริแสงรัตน์, *บรรพบุรุษไทย สมัยก่อนสุโขทัยและสมัยสุโขทัย*, สถาบันวิชาการ นานาชาติ มหาวิทยาลัยเชียงใหม่.

――――. 2002b.『タイの祖先：アユッタヤー時代』
วัลลภา รุ่งศิริแสงรัตน์, *บรรพบุรุษไทย สมัยอยุธยา*, สถาบันวิชาการนานาชาติ มหาวิทยาลัยเชียงใหม่.

――――. 2003a.『タイの祖先：トンブリー時代およびラッタナコーシン時代初期』
วัลลภา รุ่งศิริแสงรัตน์, *บรรพบุรุษไทย สมัยกรุงธนบุรีและรัตนโกสินทร์ตอนต้น*, สถาบันวิชาการ นานาชาติ มหาวิทยาลัยเชียงใหม่.

――――. 2003b.『タイの祖先：ラッタナコーシン新時代』
วัลลภา รุ่งศิริแสงรัตน์, *บรรพบุรุษไทย สมัยรัตนโกสินทร์ยุคใหม่*, สถาบันวิชาการนานาชาติ มหาวิทยาลัยเชียงใหม่.

『三印法典　第1巻』. 1972a.
กฎหมายตราสามดวง เล่ม ๑, องค์การค้าของคุรุสภา.

『三印法典　第2巻』. 1972b.
กฎหมายตราสามดวง เล่ม ๒, องค์การค้าของคุรุสภา.

【英語】

Baker, Chris. 2011a. "Markets and production in the city of Ayutthaya before 1767: Translation and analysis of part of the *Description of Ayutthaya*," *JSS*, Vol. 99. 38-71.

มหาวิทยาลัยเชียงใหม่, 169-218.
プラーミン・クルアトーン. 2012.『メン王子反乱』
ปรามินทร์ เครือทอง, *กบฏเจ้าฟ้าเหม็น* (ฉบับปรับปรุง), บริษัท มติชน จำกัด, พิมพ์ครั้งที่ ๓.
プラーミン・クルアトーン編. 2012.『タークシン王の謎』
ปรามินทร์ เครือทอง (บรรณาธิการ), *ปริศนาพระเจ้าตากฯ*, บริษัท มติชน จำกัด.
プラユット・シッティパン. 1977.『シャムのクンナーン』
ประยุทธ สิทธิพันธ์, *ขุนนางสยาม*, สำนักพิมพ์สยาม.
プレーマー・サッタヤーウッティポン. 2009.「ラッタ・ニヨム：ピブーン元帥時代文書」
เปรมา สัตยาวุฒิพงศ์, "รัฐนิยม: เอกสารสมัยจอมพลห. พิบูลสงคราม", วินัย พงศ์ศรีเพียร (บรรณาธิการ), *๑๐๐ เอกสารสำคัญ สรรพสาระประวัติศาสตร์ไทย ลำดับที ๑* (จารึกและเอกสารภูมิปัญญาไทย), โครงการวิจัย "๑๐๐เอกสารสำคัญเกียวกับประวัติศาสตร์ทยในค วามสนับสนุนของสำนักงานกองทุนสนับสนุนการวิจัย (สกว.), 251-318.
ペッチャルン・ティエンピウロート. 2007.「アユッタヤーの市場と庶民生活」
เพชรรุ่ง เทียนปิ๋วโรจน์, "ตลาดกับชีวิตชุมชนพระนครศรีอยุธยา", วินัย พงศ์ศรีเพียร (บรรณาธีการ) *สรรพสาระประวัติศาสตร์-มนุษยศาสตร์* เล่ม ๒, สามลดา, 179-210.
ベンチャワン・ナーラーサット. 2009.『東北部の民衆智の歴史』
เบญจวรรณ นาราสัจจ์, *ปรัวัติศาสตร์ภูมิปัญญาอีสาน*, ศูนย์วิจัยพหุลักษณ์สังคมลุ่มน้ำโขง.
マイケル・ヴィッケリー. 1989.「ピルトダウン人頭蓋骨」(Vickery, Michael. 1991. のタイ語訳)
ไมเคล วิคเคอรรี (ฉลอง สุนทราวาณิย์ แปล), "กะโหลกมนุษย์พิลต์ดาวน์ -ภาค 2", ข้อสังเกตนำ เสนอต่อการอภิปราย เรืองศิลาจารึกพ่อขุนรามคำแหง ในการประชุมใหญ่ประจำปี ค.ศ.1989 ของสมาคมเอเชียนศึกษา กรุงวอชิงตัน ดีซี วันที17-19 มีนาคม ค.ศ.1989, *สมุดสังคมศาสร์* ปีที12 ฉบับที2 พฤศจิกายน 2532-มกราคม2533, 4-95.
マイケル・ライト. 2003.「ラームカムヘーン大王碑文と 3 ～ 4 世時代の知識人：導入できなかった未来への青写真」
ไมเคล ไรท์, "ศิลาจารึกหลักที ๑ กับปัญญาชนรุ่นรัชกาลที ๓-๔ พิมพีเขียวสำหรับอนาคตทีนำมา ใช้งานไม่ได้", สุจิตต์ วงษ์เทศ (บรรณาธิการ), *วรรณกรรมการเมืองเรืองอานุภาพพ่อขุนอุปถัมภ์ ศิกศิลาจารึกทีพ่อขุนรามคำแหงไม่ได้แต่งยุคสุโขทัย*, สำนักพิมพ์มติชน, 151-159.
マーノップ・ターウォーンワットサクン. 1990.「クンナーン；歴史と意味の変容」
มานพ ถาวรวัฒน์สกุล, "ขุนนาง: ประวัติศาสตร์และการเปลียนแปลงความหมาย", *อักษรศาตร์ มหาวิทยาลัยศลปากร*, ปีที ๑๒ ฉบับที ๒, 110-131.
ルーンウット・ミットスリヤ. 2009.『西洋人が書き留めたシャム』

建設．民族創生およびタイ市民社会について―」
ชัยอนันต์ สมุทวณิช,
"ไตรลักษณไทยในพหุสังคมสยาม-ว่าด้วยการสร้างชาติและปะชาสังคม",
สมุดสังคมศาสตร์ ปีที 12 ฉบับที 2, พฤศจิกายน 2532-มกราคม2533, 96-122.

チャヤン・ワッタナプーティ．2012.「"コンムアン"：自己再生産およびコンムアンの社会的立ち位置」
ชยันต์ วรรธนะภูติ, " "คนเมือง": ตัวตน
การผลิตซ้ำสร้างใหม่และพืนทีทางสังคมของคนเมือง", วสันต์ ปัญญาแก้ว (บรรณธิการ), *ตัวคนเมือง 100ปี ชาตกาล ไกรศรี นิมมานเหมินท์*, ศูนย์วิจัย และบริการวิชาการ คณะสังคมศาสตร์ มหาวิทยาลัยเชียงใหม่, 75-122.

ニッティ・イオシーウォン．1995.『タイ民族、タイ国、教科書、記念物―文化、国家および意識の形―』
นิธิ เอียวศรีวงศ์, *ชาติไทย,เมืองไทย, แบบเรียนและอนุสาวรีย์ ว่าด้วยวัฒนธรรม,รัฐ และรูปการ จิตสำนึก*, สำนักพิมพ์มติชน.

パーサコーン・ウォンターワン．2008.『アユッタヤー物語　その3：商人、クンナーン、海賊』
ภาสกร วงศ์ตาวัน, *เรืองเล่าครั้งกรุงเก่า เล่ม ๓ ตอนพ่อค่ ขุนนาง โจรสลัด*, สำนักพิมพ์ สยามบันทึก.

――――．2010a.『アユッタヤー朝におけるプライ、クンナーン、王族の王位簒奪』
ภาสกร วงศ์ตาวัน, *ไพร่ขุนนางเจ้าแย่งชิงบัลลังก์สมัยอยุธยา*, บริษัทยิปซีกรุ๊ปจำกัด.

――――．2010b.『戦争と権力：王位をめぐって』
ภาษกร วงศ์ตาวัน, *สงครามและอำนาจเหนือบังลังก์*, บริษัทยิปซีกรุ๊ปจำกัด.

――――．2012.『誕生と没落：サヤーム国における古いムアン』
ภาษกร วงศ์ตาวัน, *กำเนิดและล้มสลาย เมืองโบราณเหนือแผ่นดินสยาม*, บริษัทยิปซีกรุ๊ปจำกัด.

――――．2013.『サヤーム大地の上の諸民族』
ภาษกร วงศตาวัน, *นานาชาติเหนือแผ่นดินสยาม*, นานาสำนักพิมพ์.

ピリヤ・クライルーク．1989.『ラームカムヘーン王碑文　美術史的分析』
พิริยะ ไกรฤกษ์, *จารึกพ่อขุนรามคำแห่ง การวิเคราะห์เชิงประวัติศาสตร์ศิลปะ*, บริษัทอมรินทร์ พรินติ้ง กรุ๊ จำกัด.

――――．2004.『ラームカムヘーン王碑文　サヤーム国政治史文芸』
พิริยะ ไกรฤกษ์, *จารึกพ่อขุนรามคำแห่ง วรรณคดีประวัติศาตร์การเมืองแห่งกรุงสยาม*, สำนักพิมพ์ มติชน, พิมพ์ครั้งที ๒.

ピンヤパン・ポッチャナラーワン．2012.「ラーンナー・ユートピアと地域主義派の地平：タネート・チャルーンムアンの60年」
ภิญญพันธุ์ พจนะลาวัณย์, "ล้านนายูโทเปียกับเส้นขอบของสำนักท้องถินนิยม: 60ปี ธเนศวร์ เจริญเมือง", วสันต์ ปัญญาแก้ว (บรรณาธิการ), *ตัวคนเมือง ๑๐๐ปี ชาตกาล ไกรศรี นิมมมานเหมินท์*, ศูนย์วิจัยและบริการวิชาการ คณะสังคมศาสตร์

訓辞について」
ศุภการ สิริไพศาล, "เอกสารหมายเลขที่ ๑๘ โอวาทของเสนาบดีกระทรวงมหาดไทย พระนิพนธ์ในสเด็จฯ กรมพระยาดำรงราชานภาพ", วินัย พงษ์ศรีเพียร (บรรณาธิการ), *๑๐๐ เอกสารสำคัญ สรรพสาระประวัติศาสตร์ไทย ลำดับที่ ๒* (จารึกและเอกสารภูมิปัญญาไทย), โครงการวิจัย "๑๐๐เอกสารสำคัญเกียวกับประวัติศาสตร์ทย" ในความสนับสนุนของสำนักงานกองทุนสนับสนุนการวิจัย (สกว.), 227-256.
————. 2010b.「第19文書　ラーマ 6 世著：公務の基本について」
ศุภการ สิริไพศาล, "เอกสารหมายเลขที่ ๑๙ หนังสือหลักราชการ พระราชนิพนธ์ในพระบาท สมเด็จพระมงกุฎเกล้าเจ้าอยู่หัว", วินัย พงษ์ศรีเพียร (บรรณาธิการ), *๑๐๐ เอกสารสำคัญ สรรพสาระประวัติศาสตร์ไทย ลำดับที่ ๒* (จารึกและเอกสารภูมิปัญญาไทย), โครงการวิจัย "๑๐๐เอกสารสำคัญเกียวกับประวัติศาสตร์ทย" ในความสนับสนุนของสำนักงานกองทุน สนับสนุนการวิจัย (สกว.), 257-284.
セークサン・プラスートクン. 1995.『タイ国における国家・社会関係の発展』
เสกสรรค์ ประเสริฐกุล, *พัฒนาการของความสัมพันธ์ระหว่างรัฐกับสังคมในประเทศไทย*, สถาบันพัฒนาและฝึกอบรมนักข่าว.
タウィーサック・プアックソム. 2003.『王都サヤームの多様な異人』
ทวีศักดิ์ เผือกสม, *คนแปลกหน้านานาชาติของกรุงสยาม*, สำนักพิมพ์มติชน.
タッサナー・タッサナミット. 2010.『サヤームにおける西洋人商店の最初』
ทัศนา ทัศนมิตร, *แรกเริ่มร้านค้าฝรั่งในสยาม*, สำนักพิมพ์ ร.ศ.๒๒๙.
タネート・チャルーンムアン. 2012.「クライシー・ニムマーンヘーミン（仏暦2455-2535）：中央集権国家の中の地方戦士」
ธเนศวร์ เจริญเมือง, "*ไกรศรี นิมมานเหมินท์ (พ.ศ.2455-2535) นักรบท้องถินในรัฐรวมศูนย์*", วสันต์ ปัญญาแก้ว (บรรณาธิการ), ตัวคนเมือง ๑๐๐ ปี ชาตกาล ไกรศรี นิมมานเหมินท์, ศูนย์วิจัยและบริการวิชาการ คณะสังคมศาสตร์ มหาวิทยาลัยเชียงใหม่, 221-247.
チットラシン・ピヤチャート. 2008.『アユッタヤー朝における反乱』
จิตรสิงห์ ปิยะชาติ, *กบฏกรุงศรีอยุธยา*, บริษัทยิปซีกรุ๊ปจำกัด.
チャーダー・ノンタワット. 2014.『パッターニーの 4 人の女性国王　権力・政治・交易および海賊（貿易）風の大地の上で』
ชาดา นนทวัฒน์, *สึกษัตริยาแห่งปาตานี อำนาจ การเมือง การค้า และ โจรสลัด บนแผ่นดิน ใต้สายลม*, บริษัทยิปซีกรุ๊ปจำกัด.
チャイアナン・サムットワニット. カッティヤー・カンナスート編. 1975.『タイの政治・統治に関する文書』
ชัยอนันต์ สมุทวณิช, ขัตติยา กรรณสูต (รวบรวม), *เอกสารการเมืองการปกครองไทย*, สำนักพิมพ์ ไทยวัฒนาพานิช.
————. 1989-1990.「多様なサヤーム社会における三要素国家タイ—国家

๗.
カムポン・チャムパーパン. 2012.『カー・チュワン：プライの反乱』
กำพล จำปาพันธ์, *ข่าเจือง กบฏไพร่ ขบวนการผีมีบุญหลังสถาปนาพระราชอาณาเขตสยาม-ล้านช้าง*, เมืองโบราณ.
カンラヤー・クアトラクーン. 2009.『サヤームのクンナーン始祖』
กัลยา เกือตระกูล, *ต้นตระกูลขุนนางสยาม*, สำนักพิมพ์ยิปซี.
――――. 2012.『サヤームの王族姓』
กัลยา เกือตระกูล, *ราชสกุลสยาม*, สำนักพิมพ์ยิปซี, พิมพ์ครั้งที่ ๓.
クリッサナー・ブンヤサミット. 2004.『三印法典：タイ社会の鏡』
กฤษนา บุณยสมิต, *กฎหมายตราสามดวง แว่นส่องสังคมไทย*, สำนักงานกองทุนสนับสนุนการวิจัย (กวส.)
クンウィチットマートラー. 1935.『ラック・タイ』
ขุนวิจิตรมาตรา. สง่า กาญจนาคพันธ), *หลักไทย*, ขุนวาทีทุรารักษ์, พิมพ์ครั้งที่ ๓.
サーイサクン・デーチャーブット. 2012.『プライの反乱かピーブンか』
สายสกุล เดชาบุตร, *กบฏไพร่หรือผีบุญ*, บริษัทยิปซีกรุ๊ปจำกัด.
サーイチョン・サッタヤーヌラック. 2014a.『サヤーム（タイ）の知識人10人 第1巻』
สายชล สตายานุรักษ์, *๑๐ปัญญาชนสยาม เล่ม ๑*, บริษัท โอเพ่นโซไซตี จำกัด.
――――. 2014b.『サヤーム（タイ）の知識人10人　第2巻』
สายชล สตายานุรักษ์, *๑๐ปัญญาชนสยาม เล่ม ๒*, บริษัท โอเพ่นโซไซตี จำกัด.
サワナ・スパワンナキット. 1966.『タイの勲章』
สวนะ ศุภวรรณกิจ, *เครื่องราชอิสริยภรณ์ไทย*, น.จ.
サンキート・チャンタナポート. 2009.『サヤームの入れ墨』
สังคีต จันทนะโพธิ, *รอยสักสยาม*, สำนักพิมพ์ สยามบันทึก.
サーンティ・パックディーカム. 2010.『クメールが使い、タイが借りる』
ศานติ ภักดีคำ, *เขมรใช้ ไทยยืม*, สำนักพิมพ์อมรินทร์.
スウィライ・プレームシーラット他編. 2004.『タイ国の民族言語地図』
สุวิไล เปรมศรีรัตน์ ฯลฯ (แต่ง), *แผนที่ภาษากลุ่มชาติพันธุ์ต่าง ๆ ในประเทศไทย*, สำนักงาน คณะกรรมการวัฒนธรรมแห่งชาติ.
(Suwilai Premsrirat et al. ed. *Ethnolinguistic Maps of Thailand.*)
スチット・ウォンテート編. 2003.『政治的文芸作品「偉大な大君の加護」碑文戦争；ラームカムヘーン王がスコータイ時代を記したのではない』
สุจิตต์ วงษ์เทศ (บรรราธิการ), *วรรณกรรมการเมือง "เรืองอนุภาพพ่อขุนอุปถัมภ์" ศึกศิลาจารึก ทีพ่อขุนรามคำแหงไม่ได้แต่งยุคสุโขทัย*, สำนักพิมพ์มติชน.
スチット・ウォンテート. 2005.『タイ文字の起源』
สุจิตต์ วงษ์เทศ, *อักษรไทยมาจากไหน*, สำนักพิมพ์มติชน.
――――. 2014.『シースダーチャン官女、傾国美人、悪女か？』
สุจิตต์ วงษ์เทศ, *ท้าวศรีสุดาจันทร์ "แม่หยัวเมือง" ใครว่าหล่อนชั่ว*, สำนักพิมพ์ดรีมแคทเชอร์.
スッパカーン・シリパイサーン. 2010a.「第18文書　ダムロン親王著：内務大臣

第84号. 118-135.
村田翼夫. 2007.『タイにおける教育発展―国民統合・文化・教育協力―』東信堂.
桃木至朗他編. 2008.『新版　東南アジアを知る事典』平凡社.
吉川利治. 2012.『タイ政治史・文化史論集』大阪大学言語文化研究科タイ語部会（大阪大学外国語学部外国語学科タイ語専攻）.

【タイ語】
アーナット・アナンタパーク. 2006.『民族・種族の多様性』
อาณัติ อนันตภาค, *หลากชาติ หลายพันธุ์*, บริษัทสยามอินเตอร์มัลติมีเดียจำกัด.
アノータイ・アータマー. 2004.『ラームカムヘーン王碑文問題論評』
อโณทัย อาตมา, *วิพากษ์คดีศิลาจารึกพ่อขุนรามฯ*, สำนักพิมพ์สุขภาพใจ.
アルンラット・ウィチエンキオ. 2012.「歴史の中のコン・ムアン／ラーンナータイ人の歴史」
อรุณรัตน์ วเชียรเขียว, "คนเมืองในประวัติศาสตร์ ประวัติศาสตร์ของผู้คนในล้านนา", วสันต์ ปัญญาแก้ว. บรรณาธิการ), *ตัวตนคนเมือง ๑๐๐ปีชาตกาล ไกรศรี นิมมานเหมินท์*, ศูนย์วิจัย และบริการวิชาการ คณะสังคมศาสตร์ มหาวิทย่ลัยเชียงใหม่, 43-72.
ウィナイ・ポンシーピエン. 2009.「第1文書　ラームカムヘーン王碑文について」『100の重要文書：タイ歴史　第1巻』
วินัย พงศ์ศรีเพียร, "เอกสารลำดับที ๑ จารึกพ่อขุนรามคำแหง", วินัย พงศ์ศรีเพียร. (บรรณาธิการ), *๑๐๐ เอกสารสำคัญ สรรพสาระประวัติศาสตร์ไทย ลำดับที ๑*, โครงการวิจัย" ๑๐๐เอกสาร สำคัญเกียวกับประวัติศาสตร์ไทย" ในความสนับสนุนของสำนักงานกองทุนสนับสนุนการ วิจัย (สกว.). 1-36.
ウェーティン・チャートクン. パーキン・リキットタナクン. 2015.『これはタイだけ』
เวทิน ชาติกุล, ภาคิน ลิขิตธนกุล, ***Thailand Only*** *เรืองแบบนีมีแต่ไทย ๆ*, สำนักพิมพ์อมรินทร์.
ウォーラポーン・プーポーンパン. 2012.『王室典範における王制』
วรพร ภู่พงษ์พันธุ์, *สถาบันกษัตริย์ในกฎมณเฑียรบาล*, ศูนย์หนังสือจุฬาลงกรณ์มหาวิทยาลัย.
汚職・利益追求を見抜く国民のための手引き計画. 2014.『汚職のメニュー』
โครงการคู่มือประชรชนรู้ทันคอร์รัปชันและการแสวงหาผลประโยชน์, *เมนูคอร์รัปชันและ การแสหวงหาผลประโยชน์*, มูลนิธิสถาบันวิจัยเพือการพัฒนาประเทศไทย.
オン・バンチュン. 2010.『シャム：民族的多様性』
องค์ บรรจุน, *สยาม หลากเผ่าหลายพันธุ์*, สำนักพิมพ์มติชน.
カチョーン・スックパーニット. 2013.『プライの身分』
ขจร สุขพานิช, *ฐานันดรไพร่*, สมาคมประวัติศาสตร์ในพระราชูปถัมภ์, พิมพ์ครั้งที

ジア史第4巻　東南アジア近世国家群の展開』岩波書店. 161-187.
小泉順子. 2006.『歴史叙述とナショナリズム──タイ近代史批判序説』東京大学出版会.
ショワジ、タシャール. 1991. 鈴木幸司・二宮フサ訳『17・18世紀大旅行記叢書7　シャム旅行記』岩波書店.
新谷忠彦. 2008.『タイ族が語る歴史「センウィー王統記」「ウンポン・スィーポ王統記」』東京外国語大学アジア・アフリカ言語文化研所.
新谷忠彦・クリスチャン・ダニエルス・園江満編. 2009.『タイ文化圏の中のラオス　物質文化・言語・民族』東京外国語大学アジア・アフリカ言語文化研所.
末廣昭. 2009.『タイ　中進国の模索』岩波書店.
菅原昭. 1990.「タイ東北部経済の歴史的変動と『農家の再生産』」『研究論集』第13号. 神奈川大学大学院経済学研究科. 1-86.
スラック・シワラック／赤木攻. 1984. 赤木攻訳『タイ知識人の苦悩』井村文化事業社.
ソムチョート・オーンサクン. 1989. 赤木攻訳「〈超能力者〉反乱──南タイにおける〈ピー・ブン〉」『現代アジアにおける地域政治の諸相』大阪外国語大学アジア研究会.
ソンブン・スクサムラン. 1996. 綾部真訳「民族の存続に向けた戦略──ハート・スィオのプアンにおけるケース・スタディ」綾部恒夫編『国家の中の民族──東南アジアのエスニシティ』明石書店. 117-144.
タック・チャルームティアロン. 1989. 玉田芳史訳『タイ──独裁的温情主義の政治』井村文化事業社.
玉田芳史. 2001.「タイの近代国家形成」斉藤照子編『岩波講座東南アジア史第5巻　東南アジア世界の再編』岩波書店. 213-235.
チャーンウィット・カセートシリ／吉川利治. 2008.『アユタヤ』トヨタ財団.
冨田竹二郎編訳. 1981.『タイ国古典文学名作選』井村文化事業社.
友杉孝. 2001.「港市バンコクの誕生と変容」斉藤照子編『岩波講座東南アジア史第5巻　東南アジア世界の再編』岩波書店. 265-293.
トンチャイ・ウィニッチャクン. 2003. 石井米雄訳『地図がつくったタイ──国民国家誕生の歴史』明石書店.
日本タイ学会編. 2009.『タイ事典』めこん.
野津隆志. 2005.『国民の形成──タイ東北小学校における国民文化形成のエスノグラフィー──』明石書店.
林行夫. 2000.『ラオ人社会の宗教と文化変容』京都大学出版会.
弘末雅士. 2004.『東南アジアの港市世界』岩波書店.
プオイ・ウンパーコーン. 1987. 赤木攻訳『タイ現代史への一証言』井村文化事業社.
前田成文. 1989.『東南アジアの組織原理』勁草書房.
村嶋英治. 1987.「現代タイにおける公的国家イデオロギーの形成」『国際政治』

赤木攻. 1972.「プリーディー・パノムヨンについて」『大阪外国語大学学報』28号. 1-42.
———. 1978.「タイ国の近代化過程における海外留学」『国立教育研究所紀要』第94集. 215-230.
———. 1980.「タイにおける『コーミュニット』の政治学」『アジア経済』第21巻第2号. 32-56.
———. 1984.「〈ラック・タイ〉の成立と状況化に関する覚え書き」『タイ・ベトナムと日本』冨田竹二郎教授退官記念論集）大阪外国語大学タイ・ベトナム語学科. 35-59.
———. 1998.「国民国家形成におけるタイの意思決定」五百旗頭真編『アジア型リーダーシップと国家形成』TBS ブリタニカ. 175-202.
———. 2002.「『王政』と正当性—タイ政治の核心—」東アジア地域研究会・赤木攻＋安井三吉編『講座東アジア近現代史5　東アジア政治のダイナミズム』青木書店. 105-132.
———. 2008.『復刻版　タイの政治文化—剛と柔』㈱エヌ・エヌ・エー.
アントニー・D・スミス. 1999. 巣山靖司・高城和義他訳『ネイションとエスニシティ—歴史社会学的考察』名古屋大学出版会.
飯島明子. 2001.「タイ人の世紀再考」石澤良昭編『岩波講座東南アジア史第2巻　古代国家の成立と展開』岩波書店. 257-286.
———. 2003.「ラームカムヘーン」綾部恒雄・林行夫編『タイを知るための60章』明石書店. 286-288.
石井米雄. 1975.『上座部仏教の政治社会学』創文社.
———. 1992.「『港市国家』としてのアユタヤ」石井米雄・辛島昇・和田久徳編著『東南アジア世界の歴史的位相』東京大学出版会. 75-91.
———. 1999.『タイ近世史研究序説』岩波書店.
———. 2001a「前期アユタヤとアヨードヤ」石澤良昭編『岩波講座東南アジア史第2巻　古代国家の成立と展開』岩波書店. 231-255.
———. 2001b「後期アユタヤ」石井米雄編『岩波講座東南アジア史第3巻　東南アジア近世の成立』岩波書店. 179-203.
石井米雄、飯島明子解説. 2015.『もうひとつの「王様と私」』めこん.
石澤良昭・生田滋. 1998.『世界の歴史13 東南アジアの伝統と発展』中央公論社.
今永清二. 1998.『東北タイ・ラオス・カンボジアのムスリム共同体の学術調査』平成7・8・9年度文部省科学研究費補助金国際学術研究. 学術調査研究成果報告書.
岩佐敦士. 2018.『王室と不敬罪　プミポン国王とタイの混迷』（文春新書）文藝春秋.
柿崎一郎. 2007.『物語タイの歴史』（中公新書）中央公論新社.
加藤和英. 1995.『タイ現代政治史』弘文堂.
川口洋史. 2013.『文書史料が語る近世末期タイ』風響社.
黒田景子. 2001.「マレー半島の華人港市国家」桜井由躬雄編『岩波講座東南ア

主要参考・参照文献

【日本語】

赤木攻『タイ国情報』日本タイ協会.

2008年３月「『タイ（サヤーム）国歴史地図』―新しいタイ史の提唱―」第42巻第２号. 1-4.

2009年７月「称号（尊称）―『タンプージン』と『クンジン』の由来」第43巻第４号. 20-25.

2009年11月「スコータイの弱化？」第43巻第６号. 45-51.

2010年７月「港市国家アユッタヤーはだれが支えたのか？―『外来人国家』―」第44巻第４号. 141-148.

2010年９月「クンナーン考」第44巻第５号. 96-103.

2010年11月「山田長政は日本人か―『外来人国家』（続）―」第44巻第６号. 128-33.

2011年３月「チャクリー改革の核心―『クンナーン』から『カー・ラーチャカーン』へ―」第45巻第２号. 91-96.

2011年７月「もうひとつのタイ・カンボジア関係―タイ語の中のクメール語―」第45巻第４号. 89-94.

2011年９月「アユッタヤーはムスリムの故郷―ムスリムのタイ社会への参入事始め―」第45巻第５号. 97-103.

2012年３月「『タイ人』の例：モン人」第46巻第２号. 70-74.

2012年５月「『アユッタヤー』の前に『アヨータヤー』あり」第46巻第３号. 57-61.

2012年７月「スコータイ朝はひそかにアユッタヤー朝を乗っ取った？―アユッタヤー朝によるスコータイ朝吸収の実相―」第46巻第４号. 72-78.

2013年１月「ラッタナコーシン王朝初期のバンコク居住者―『タイ人』とは？―」第47巻第１号. 75-83.

2014年３月「ラーンナー人民民主共和国―分離主義の背景―」第48巻第２号. 25-31.

2014年５月「庶民にみる民族的多様性」第48巻第３号. 23-30.

2015年１月「ラーマ６世の男性観」第49巻第１号. 29-34.

2015年11月「ルワン・ウィチットワータカーン（1898～1962）について」第49号第６号. 21-28.

2016年９月「『タイのアイデンティティー』を考える―『サヤーム（タイ）の知識人10人』」第50号第５号. 26-31.

2017年３月「『旧いスラック』と『新しいスラック』」第51巻第２号. 21-30.

わ

や

ら

ま

は

な

た

さ

か

索引

あ

赤木攻（あかぎ・おさむ）
大阪外国語大学名誉教授
1944年岡山県生まれ。大阪外国語大学教授、同大学学長などを歴任。専門は、東南アジア地域研究（タイ政治・社会論）。
著書に、『タイの永住日本人』（めこん、1992）、『続・タイ農村の構造と変動』（共著、勁草書房、2000）、『東アジア政治のダイナミズム』（共著、青木書店、2002）、『復刻版　タイの政治文化ー剛と柔ー』㈱エヌ・エヌ・エー、2015）など、訳書に、プーミポン・アドゥンヤデート国王陛下『奇跡の名犬物語ー世界一賢いロイヤル・ドッグ　トーンデーンー』（世界文化社、2006）などがある。

タイのかたち

初版第1刷発行　2019年10月25日

定価2500円+税

著者　赤木攻
装幀　菊地信義
発行者　桑原晨

発行　株式会社 めこん
〒113-0033　東京都文京区本郷3-7-1
電話03-3815-1688　FAX03-3815-1810
ホームページ http://www.mekong-publishing.com

印刷　株式会社 太平印刷社
製本　株式会社 新里製本所

ISBN978-4-8396-0318-2　C0036　¥2500E
0036-1905318-8347

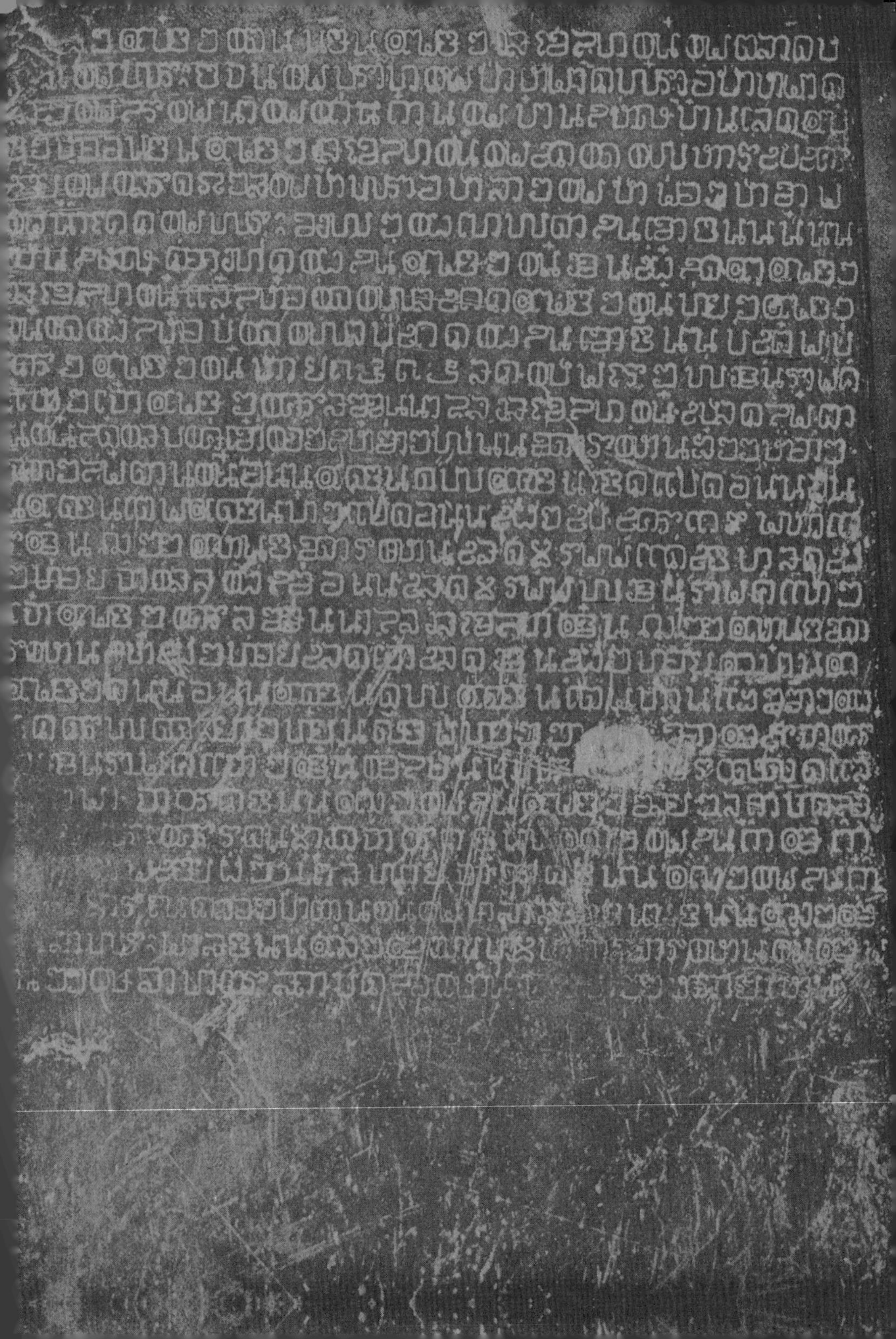